# 人口浪潮

## 人口变迁
## 如何塑造现代世界

［英］保罗·莫兰 著
李果 译

# THE HUMAN TIDE

## How Population Shaped
## the Modern World

Paul Morland

中信出版集团 | 北京

图书在版编目（CIP）数据

人口浪潮：人口变迁如何塑造现代世界 /（英）保
罗·莫兰著; 李果译. -- 北京：中信出版社,2019.6
书名原文: The Human Tide：How Population
Shaped the Modern World
ISBN 978-7-5217-0532-4

Ⅰ.①人…　Ⅱ.①保…　②李…　Ⅲ.①人口经济学—
研究—世界 Ⅳ.①C92-05

中国版本图书馆CIP数据核字(2019)第086139号

The Human Tide by Paul Morland
First published in Great Britain in 2019 by John Murray (Publishers)
An Hachette UK Company
© Paul Morland 2019
Simplified Chinese translation copyright © 2019 by CITIC Press Corporation
ALL RIGHTS RESERVED
本书仅限中国大陆地区发行销售

人口浪潮：人口变迁如何塑造现代世界

著　　者：［英］保罗·莫兰
译　　者：李果
出版发行：中信出版集团股份有限公司
　　　　　（北京市朝阳区惠新东街甲4号富盛大厦2座　邮编　100029）
承 印 者：北京通州皇家印刷厂

开　本：787mm×1092mm　1/16　　印　张：22　　字　数：255千字
版　次：2019年6月第1版　　　　　印　次：2019年6月第1次印刷
京权图字：01-2019-2518　　　　　广告经营许可证：京朝工商广字第8087号
书　号：ISBN 978-7-5217-0532-4
定　价：68.00元

献给我的孩子们

**索尼娅、朱丽叶和亚当**

# 目　录

# 第二部分　欧洲人口浪潮的合流之势

# 第三部分　涌向全球的人口浪潮：欧洲以外的人口

# 第一部分

# 人口与历史

第一章

# 引言

　　1754 年，19 岁的琼·朗博尔德（Joan Rumbold）与约翰·菲利普斯（John Phillips）相遇，当时她正住在伦敦的切尔西区。三年后，菲利普斯抛弃了有孕在身且染上了淋病的琼，她最后走投无路，被济贫院收容。当一个带服务性质的工作机会出现后，她便被派往临近的布朗普顿工作，把儿子小约翰留在济贫院，小约翰在两年后夭折。[①] 如今，这个与绝望、抛弃和婴儿死亡相关的普通人的故事，会令多数发达国家中的人感到羞耻，社会福利机构和媒体也会对此进行自我检讨甚至推诿责任。但在 18 世纪的英国乃至当时其他任何地方，这实在不足为道。甚至，人类有史以来便是如此。在当时或者更早的时候，欧洲成千上万，甚至全世界数以百万计的女性身上可能都发生过类似的事情。那时的物质生活极为匮乏，对于大多数人来说，他们每天都要与饥饿、疾病或其他灾祸做斗争。

　　从历史长河中回望，仿佛就在昨天，人类依旧过着肮脏、野蛮和寿命短暂的生活。早期工业化甚至前工业化时期，普通人生活的

----

① Hitchcock, p. 70.

任意一个侧写，从饮食、居住环境，到生老病死、愚昧无知；从卫生条件缺乏，到健康无法得到保证等，都很容易触动当代读者。例如，对西班牙葡萄酒产区的农民来说，每年的关键季节都需要所有帮手齐上阵，养育小孩的妇女只好把孩子"留在家中，任其裹着肮脏的尿布，眼巴巴地哭泣和挨饿"。结果，无人看管的小孩可能就被院子里放养的家禽啄伤了眼，或者被家猪啃伤双手，甚至还可能"掉进火堆中，或者……溺死在无意中留在门口的水桶或洗衣桶里"[①]。因此，18世纪西班牙出生的婴儿中，有1/4到1/3在活到一岁之前夭折，这一点并不让人感到奇怪。

而在比利牛斯山的另一侧，法国普通农民——占当时法国人口的大多数——的生活则相对好些。如今，法国的洛泽尔省是一个因皮划艇运动和鳟鱼垂钓而令人向往的地方，但在18世纪的时候，当地多数居民都穿着破烂的衣服，居住在破败的村舍里。那里"遍地粪便"散发着令人窒息的恶臭，村舍绝少装有窗户，地板上铺着残破的帆布和毛料当作床用，"年迈的人、新生婴儿……健康的人、生病的人或者将死之人都躺在上面"，而刚刚过世的人也并排放在一旁。[②] 大约一万年前人类进入农耕社会以来，全世界绝大多数地方、绝大多数时间里都可以见到类似的悲惨描述。

早期乡村生活的田园诗幻想不过如此，它只有在一个城市化由来已久，乃至丧失了对前工业化时代真实乡村生活记忆的社会中才可能存在。这种真实的生活场景是简·奥斯汀笔下所有追求继承富有财产的贫穷女主人公们极力避免的，即便这种追求不是为了她们自己，也很可能是为了后代——他们生活在条件艰苦、经济下行、

---

① Sherwood, p. 80; 本书作者的译文。
② Hufton, pp. 62 - 3.

社会流动性弱且享受不到任何福利的世界中。

如今世界大部分地区的乡村生活与18世纪西班牙或法国的乡村生活相比已大为改观。城市生活也从19世纪常见的悲惨状况（甚至当时世界上最发达的地区也是如此）中走出来，得到明显改善。这一点在伦纳德·伍尔夫（他的妻子弗吉尼亚·伍尔夫的名气更大）的回忆录中得到了很好的体现。他生于1880年，卒于1969年，一辈子生活在英格兰东南部（但有10年时间担任殖民地斯里兰卡的总督），目睹了当地生活条件的转变。晚年的伍尔夫写道，他震撼于伦敦"从野蛮社会到文明社会的巨大转变"（实际上在他的一生中，英国绝大部分地区都已实现这种转变），并将之视为"经济和教育取得的奇迹之一"。伍尔夫认为，贫民窟及其"可怕的附属物"已不复存在。到了20世纪中期，那些从未见过19世纪80年代的伦敦的人，压根无法想象彼时生活在"匮乏、肮脏、酒气熏天和粗陋的贫民窟"中的穷人的状况。[1]

这些变化不仅发生在英国。与伦纳德·伍尔夫一样，但比他晚一年出生在维也纳的回忆录作者斯蒂芬·茨威格，也注意到第一次世界大战前那些年的生活的惊人改观。电灯照亮了曾经昏暗的街道，更加敞亮和商品品种更加丰富的商店散发着"诱人的光彩"，便捷的电话、各种曾经专为上流社会享受的舒适品及奢侈品现在已进入中产之家。人们不再从井中打水，也不再"费劲地从壁炉中"生火。卫生条件改善了，污秽物减少了，基本生活水平逐年提高，"公众的贫困这个终极问题也不再是无法克服的了"。[2]

在发展中国家最糟糕的贫民窟或者仅存的贫困乡村中，我们仍

---

[1]　Woolf, pp. 57–8.
[2]　Zweig, pp. 25–6.

然可以看到悲惨的、物质匮乏的景象。但对世界上绝大多数人而言，这些景象不过是过往的回忆（如果他们真正经历过的话）。对于一些地方的人而言，这些回忆远在天边；对于另外一些地方的人而言，这些回忆近在眼前。

进入 19 世纪以来，全球大部分地区的物质条件、营养状况、住房、卫生和教育条件都实现了巨大改善，这显然与经济发展有关，但也与人口发展有关。也就是说，这些改善不仅与人们的生产和消费方式相关，还与人类出生的数量、存活至成人的比例、新生儿存活率、平均寿命，以及各地区和国家或大陆间迁徙的可能性相关。在人口数据，尤其是出生和死亡数据上，可以直观反映出来。

简而言之，与琼·朗博尔德及其 1757 年出生的不幸的儿子所生活的社会相比，现如今多数人生活的社会，则以婴儿死亡率显著降低、婴幼儿夭折数量显著降低，以及几乎所有出生的婴儿都能存活到成年为标志。当今社会的预期寿命也更长，原因不仅在于婴儿死亡率降低，还在于成年人死亡数量的减少，以及越来越多的人能活到数百年前人们不敢想象的寿命。在享受教育和节育工具的情况下，当今社会中的女性生养的小孩也比以前少得多。很多女性选择不生育，到 19 世纪中期，英国很少有女性养育 6 个或更多的孩子。从琼·朗博尔德生活的时代一直到今天，人口统计学表明人口规模增长迅速。回到 18 世纪，地球上生活的人数不足 10 亿。而如今的数字已经超过 70 亿。正如当今社会政治学、经济学和社会学已完全不同于过去一样，人口统计学亦是如此。

1800 年左右，从英国、美国和英国治下其他国家发端的人口增长过程，首先影响整个欧洲，然后蔓延至整个世界。非洲大部分地区尚未完成这一转变，但它们正在这条路上快步前进。除了撒哈拉以南非洲，如今只有不到 6 个国家的女性人均生养超过 4 个孩子，而在 20 世纪 70 年代，这还是一种全球普遍的现象。此外，除了非洲，没有哪个地方的人均预期寿命低于 60 岁，这是 20 世纪 70 年代的全球水平，欧洲早在 20 世纪 50 年代就已达到。20 世纪中期取得的最高水平在几十年后成了全球标准，而几十年前的全球平均水平，如今已成为世界多数地区的最低标准。这一切都经由最基本和最复杂的手段达成，比如勤洗手、优化水源供应、避免受孕、节制生育等基本措施，以及普遍改善医疗卫生和饮食水平等。如果教育没跟上，这些手段就不可能在世界范围内得以推广。不过有这些最基本但又最关键的措施总比没有强，对女性而言尤其如此，要让她们认识生育保健并加以传播和实践。除此以外，从农业到运输等领域的科学和技术方面的进步也得跟上。

长期以来，历史哲学家一直在争论塑造历史事件的根本因素是什么。一种观点认为，巨大的物质力量最为重要，它决定了人类历史的大体轮廓（即便忽略具体细节）。另一种观点则认为，历史的本质与意识有关。还有一种观点认为，偶然性和机遇起主导作用，试图从偶然事件背后找到长时段因素纯属徒劳。历史学家甚至一度认为历史是由"伟人"创造的。前述所有解释路径无一能完全令人满意，也没有哪一种能完全解释历史。横贯时空，人类活动过于庞大和复杂，没有哪个理论能将其完全覆盖。如果我们要理解过去，物质力量、意识、偶然性乃至伟大的个人，以及这些因素之间的相互影响，都必须加以通盘考虑。

人口规模在过去的 200 多年里曾经历了变革，这次变革改变了世界。不仅关系到国家的兴衰，权力和经济的巨大转变，而且还改变了个人的生活。具体包括，英国的女性仅在一代人之内便不用再担心自己的孩子会在成年之前夭折，膝下无子的日本人在自己的公寓里孤独终老，来自非洲的儿童跨过地中海去别的国家寻找机遇。

上述现象中，像英国婴儿死亡率显著下降等已成历史。其他一些现象，例如日本孤独终老的无子人群和移民欧洲的非洲儿童，则仍与我们密切相关，并且有可能继续发展。人口旋风（demographic whirlwind，不断加快的人口变化速度）在全球不同地方席卷，让这些地方经历了生活方式破旧立新的转变。这是与人口浪潮（human tide，人口的巨大流动）此起彼伏，及其如何对历史进程做出巨大但常常被忽视或低估的贡献相关的故事。

数十亿人的生活已经大为改观，以及世界应该能够供养 70 亿或者更多人口的事实抵消不了人口故事的阴暗面。西方世界引以为傲，它们创造出让早期世界的人能够存活并且实现物质富足的条件。如果缺少了从药物到肥料，再到肥皂和污水处理系统等科学技术方面的进步，那些批判西方的人也活不到今天，自然也无法过上富足和有教养的生活。然而，这一令人敬畏的成就不应让我们忽视欧洲以外其他人群的边缘化遭遇，以及针对他们制造的种族灭绝。比如，从美洲到塔斯马尼亚的原住民大量灭绝，以及在工业规模的大西洋奴隶贸易中将黑人视为可任意处理的商品。

19 世纪，英国人的预期寿命上升是一项伟大的成就，但我们也不应忘记彼时爱尔兰曾遭受的饥荒。20 世纪初，整个欧洲的儿童死亡率下降的确值得庆祝，但这并不能掩盖两次世界大战和犹太人大屠杀的野蛮行径。中东的婴儿死亡率已经下降，这给当地许多国家增加了青年人口，但也造成了不稳定的局面，因为大量无法就业的青年人会转而诉诸原教旨主义和暴力。近些年，撒哈拉以南非洲大部分地区人口寿命增长，我们在对此感到高兴的同时，也不应忘记1994年卢旺达发生的种族灭绝事件，以及此后不久刚果战争造成的可怕伤亡。我们还应考虑到人口增长造成的实际或潜在的环境破坏。人口浪潮的故事不应该是一段"辉格式历史"——描绘出一幅愉悦的、不断取得进步的画卷，在其中，历史进程朝着更加宏伟和光明的方向发展。这在19世纪的英国精英中很常见，当时的英国人认为自己是全世界最富有和最有权势的人群，如今的人可不这么认为了。

但警告归警告，我们也应恰当地认识到人口数量的巨大增长以及为数十亿人提供生活、医疗保健和教育所代表的伟大成就，这是过去最富有之人都钦羡的。我们应该毫无保留地讲述人口浪潮的故事，但也应该指明它是什么：它无异于人性的胜利。贩运奴隶的船只和毒气室不应被遗忘，但这些恐怖不应让我们无视如下事实，即今天无数像琼·朗博尔德一样的父母，满怀自信而不必担忧孩子的健康。从巴塔哥尼亚到蒙古，数十亿人口都可以满怀憧憬地享受自己的生活。放到比较近的历史背景下看，这些地方实现的富足和寿命延长实在令人激动。人口增长增加了人类的创造力和独创性，这反过来又有助于人类取得新的成就——从疫苗到登月，再到民主权利的传播（哪怕还不彻底）。

## 本书的主旨以及它为何重要

《人口浪潮》讲述的是人口在历史进程中的作用。本书并不认为人口的滚滚浪潮——出生率和死亡率的升降、人口规模的起落以及移民浪潮等——决定了历史的全部。相反，人口只是决定人类命运的一部分。此处的立论并非指向某种简化、单一因素或者决定论的历史观，也不是说人口在某种程度上是一种主要因素、第一推动力、一种决定性因素，或者历史进程衍生的表面现象和结果（而非原因）。相反，人口这个因素本身受诸多其他复杂因素的推动，比如物质力量、意识，还有偶然因素。如同原因复杂多样一样，人口所带来的影响也是多种多样、持续且深刻的。

人口深深地体现在生命现象之中。从某种意义上说，它就是生命本身——生命的诞生和终结。人口必须与其他因果要素一并加以理解，比如技术创新、经济发展以及不断变化的信仰和意识形态等，但是人口也可以用来解释很多现象。我们以女权主义的理念及其视角为例加以说明。我们说不清楚女权主义运动是否预示着人口的变化，或者推动了这种变化，又或者是其结果，但我们可以描绘出人口与女权主义是如何相互影响的。如今，女权主义观念几乎已经渗透到社会、经济的各个方面（尽管程度有所不同），从婚前性行为的接受程度到女性进入职场，不一而足。然而，如果不是因为避孕药的发明使生育选择成为可能，社会对性和性别的态度也不会发生转变。反过来再看避孕药，它也不只是大量饮食男女天才和勇气的产物，而是世人对待性、性行为以及性别的态度发生转变的产物，这意味着对其展开研究在学术界已获得认可，并且可以得到公司和慈善事业的资助。女权主义意识形态、避孕药技术，以及公众对待性行为和生育的态度的变化，都在降低生育率（即女性在一生中预期可生育的婴儿数量）方面发挥了作用；反过来，这些因素又分别对社会、经济、政治和历史进程产生了深刻影响。提问哪个因素在先——公众态度还是避孕药——便是提出了类似先有鸡还是先有蛋的问题。我们可以讲述这些因素相互影响的故事，但若想将其中一项归为所谓的"主要"或"终极"原因，同时将其他因素降低为单纯的结果，则纯属徒劳。

同样，用人口决定论替代"阶级决定论"作为解释世界历史进程的隐含因素也是不正确的。然而，如果我们将人口因素排除在外，则会错失过去 200 多年世界历史中至关重要的解释因素。数千年来，历史都在讲述同一段故事：人口稳定增长，偶尔因为瘟疫、饥荒和战争的出现而倒退。然而，进入 1800 年以后，人类已经越发能够控制自身的规模，由此造成的影响也颇为惊人。人口学已从变化最慢的学科跻身变化最快之列。人口规模的变化趋势也不再像蜗牛般缓慢，偶尔还伴随着黑死病造成的令人震惊的人口衰退。生育率和死亡率下降，而曾经需要数代人才能完成的人口增长和人口转变，现在仅需几十年就能完成。

第二章

# 人口数量的重要性

想象一辆汽车匀速缓慢地一点儿一点儿挪动。然后它逐渐加速，开出几米后忽地猛然提速，直至达到惊人甚至可怕的速度。接着，它在飞奔一小段距离后，突然制动，速度骤降。这便是1800年以来世界人口增长模式的概况。

那么，问题来了。为什么要关注过去200多年的情况？为何选择1800年作为起点？答案在于，18世纪末和19世纪初是人口历史的分界点，它标志着一个巨大的转变。在此之前，人类历史上没有出现过戏剧性的人口转变，其间，人口变化主要发生在人口事件的死亡方面，比如瘟疫和大屠杀，但这些事件都是偶然的，而非长时段趋势的组成部分。从历史的长时段来看，人口的变化一直都较为温和，只是偶尔出现不愉快的挫折，从欧洲到更大范围的世界人口增长趋势均如此。

大致在1800年，盎格鲁－撒克逊人逐渐摆脱了托马斯·马尔萨斯所定义的人口增长限制。马尔萨斯是一位英国牧师、作家和思想家，他生活在18世纪末到19世纪初，我们后文将对其详加分说。自相矛盾的是，盎格鲁－撒克逊人正是在被定义的过程中，摆脱了这一定义的限制。这个时代标志着人口历史上一次有意义的突破，它是由工业革命带来的人口变化，不论是从地理层面，还是历史层面，都产生了全球性的永久变革，具有里程碑式意义。

工业化带来的人口爆炸推动了相关国家的军事、经济实力变化，大规模移民也随之涌现。这些人口方面的驱动性事件形成了某种趋势，它挑战、破坏并且在一定程度上推翻了已有的秩序。

## 大转变

为了对过去 200 多年人口变革的彻底性有所了解，从历史长时段了解人口变化进程会有所助益。当尤利乌斯·恺撒于公元前 44 年成为罗马共和国的终身独裁官时，罗马的领土跨度从现在的西班牙一直延伸到现在的希腊，北至法国诺曼底以及地中海大部分地区也包含在内，领土辐射范围囊括了今天的 30 多个国家。这片辽阔土地上约有 5 000 万人口，大致占当时世界上 2.5 亿人口的 20%。[1] 相隔 18 个世纪，维多利亚女王于 1837 年登上英国王位时，地球上的人口已增至恺撒时代的 4 倍，即 10 亿规模。然而，在维多利亚女王加冕之后不到 200 年的时间里，世界人口又进一步增长了 6 倍——几乎在不到 1/10 的时间里，以此前 2 倍的速度增长。后一种人口增长十分迅速，并且带来了具有变革性的全球影响。

1840 年到 1857 年间，维多利亚女王诞下 9 个孩子，所有孩子都活到了成年。而英国的前一任君主安妮女王于 1714 年逝世，享年 49

---

[1] Potter (ed.), p. 564; Livi-Bacci, *Concise History of World Population*, 2017, p. 25.

岁。她曾先后18次怀孕，但其悲剧在于每一个孩子竟都先于她过世。到维多利亚女王逝世仅29年之后的1930年，另一位了不起的英国女王（伊丽莎白二世王太后）只生了两个孩子，伊丽莎白二世（英国现任女王）和玛格丽特。三任女王——安妮女王、维多利亚女王和伊丽莎白二世王太后——完美呈现了18世纪至20世纪，始于英国随后传遍全世界的两种人口趋势。

首要的趋势是婴儿死亡率的急剧下降。儿童的死亡不再是父母常常要忍受的巨大悲痛，相反变得少见起来，这对于父母而言不可谓不是一种仁慈。随之而来的第二个趋势便是，普通女性的平均生育数量急剧减少。在安妮女王时代，孩子一个接一个地死去是常见之事；在维多利亚中期的英国，虽然生养一大堆孩子仍然很常见，但最终养大成人则不那么容易（在这方面，维多利亚女王的运气和财富都是她的有利因素），不过这很快也会变得不再稀缺。到20世纪两次世界大战期间，伊丽莎白二世王太后期望自己的两个女儿能够长大成人已不是什么难事了，至少在英国如此。

1819年维多利亚女王出生的年份里，仅有一小部分欧洲人——约3万人——移民到澳大利亚。当时澳大利亚的原住民数量无法确定，但其估算范围在30万到100万。到20世纪初维多利亚女王逝世时，原住民的数量已经不到10万，而欧洲裔澳大利亚人的数量则接近400万，是80年之前的100多倍。仅仅在一代人的时间里就完成了大陆人口群体规模和构成上的转变，彻底而永久地改变了澳大利亚，并对澳大利亚以外的地区产生重大影响，因为该国在两次世界大战中为英国提供战时补给和人员配备发挥了重要作用。类似的故事也发生在加拿大和新西兰。

这些惊人的事实——人口规模迅速但有选择性地加速增长、婴儿死亡率的直线下降、生育率的降低以及 19 世纪欧洲人口大规模迁往其他地区——都是相互关联的。它们是与工业革命相生相伴且同样深刻的社会变革的产物，并经证明对历史进程产生了重大影响。它们使一些国家和群体的强大建立在了其他国家和群体之上，决定了各经济体和帝国的命运，并且奠定了当今世界的基础。然而，当这些趋势在 1945 年后真正遍布全球时，它们又引发了更大规模的浪潮，其中的大趋势与 19 世纪的大转变类似，但势头更快更猛。

## 历史上的人口大趋势

始于 19 世纪英国的人口加速过程，背后是一个复杂的故事。从人类文明诞生到 19 世纪初，世界人口达到 10 亿规模耗时数十万年，但从这一数字增至 70 亿规模则仅用了 200 年左右时间。如今，人口增速已逐渐放缓。20 世纪 60 年代末期，地球人口数量大约每 30 年会翻一番，如今则是每 60 年翻一番。到 21 世纪末，全球人口很可能会完全停止增长。一些国家的人口数量已经开始下降。

快速的人口激增和减少会为经历这一过程的地区带来冲击，它还以我们都没意识到的方式塑造了历史。例如，西方的很多人会对如下情况感到惊讶：较之 20 世纪 60 年代晚期，如今的泰国女性会少生育 4 个孩子，格拉斯哥男性的预期寿命低于加沙的男性，世界人口增速仅仅是 20 世纪 70 年代早期的一半。一旦我们理解人口这种先激增再陡降的现象，便可能对世界人口变化的大起大落和我们如今所处的这个转折点有所领悟了。从根本上讲，这便是人口浪潮。

各国和各个大陆在这幅全球大图景中形成了鲜明的对比。例如，

1950 年的时候，欧洲人口规模约为撒哈拉以南非洲人口规模的 2～3 倍。到 2100 年，非洲人口规模则很可能达到欧洲的 6～7 倍。在同期的 150 年时段里，日本与尼日利亚的人口比例则会从日本占优的 2∶1 变为尼日利亚领先的 9∶1。如此规模的人口变化改变了一切，从地缘战略到宏观经济，从对摇篮的需求到对墓地的需求，不一而足。如果不理解这一点，我们便无法恰当地看待过去与未来。

人类的大规模人口变化始于不列颠群岛，以及出生于这里并且散布于北美和澳大拉西亚的人。很快，这种变化便传播至欧洲其他国家，并从这些国家又传播到了亚洲及拉美各民族。今天，这种变化的强大影响在世界不同地区上演，尤其是在非洲，人类 10 万多年前首次出走的这片大陆正在受到冲击甚至重塑。因此，巨大的人口浪潮正在向人类的故土回归。《人口浪潮》将以浪潮起源的西北欧为起点讲述这个故事，并追溯它在全球范围内愈加迅猛的影响。本书首先会关注人口变化最先发生的地方。随着人口浪潮逐渐突破其最初的狭窄范围并成为真正意义上的全球现象，我们的关注点也将循着这条轨迹从欧洲转向中国、日本、中东、拉丁美洲以及南亚，并最终定格在非洲。我们会介绍每个地方的背景知识，但我们的故事基本上会以这些国家和地区旧有人口秩序被新的秩序取代为开端，这一过程在不同地方发生时先后有别。

## 人口统计公式是怎样运算的？

人口增长的最大驱动因素是婴儿死亡率的降低。维多利亚女王坐拥那个时代所能提供的最佳照料条件。良好的健康状况以及好运

的眷顾等都是其优势条件，但直到她的统治临将终了之际，英国每
6 名婴儿中就有一名无法迎来自己的第一个生日。仅仅一个多世纪
之后的今天，英国境内出生的每 300 名婴儿中才仅有一名无法活到
1 岁。而在世界上的某些地方，比如阿富汗和安哥拉等国，即便
情况正在逐渐改善，这些地方的婴儿如今存活的境况并不比百年
之前的英国好多少。然而，世界其他地方的进展甚至比英国都要
迅速。就在晚至 20 世纪 20 年代时，韩国几乎每 10 名婴儿中就有
3 名会在 1 岁之前夭折，但如今这一比例仅为 3‰，不到百年的时
间提升了 100 倍。进展来得如此迅速，乃至多数人无法理解这种
规模的转变究竟意味着什么。尽管如此，婴儿死亡率令人目眩的
下降速度可能在短短数十年间就使人口翻两番，这会对一国之经
济和环境，及其招募军人或向海外移民的能力造成深远的影响。

在没有战乱、瘟疫或其他自然灾害的情况下，排在婴儿死亡率
之后的第二大人口驱动因素是婴儿出生数量。这个因素在过去 200
多年间也发生了天翻地覆的变化。平均而言，维多利亚中期的英国
女性平均生养 5 个孩子（这是个很大的数字，尽管比她们的女王生
得少）；到 20 世纪 30 年代，英国女性就同伊丽莎白二世王太后一
样仅生养两个孩子了。出人意料的是，婴儿的出生数量在第二次世
界大战后经历了 20 年的上升期。西方世界普遍如此，这一势头在 20
世纪 50 年代晚期的美国达到了 3.7 的峰值，而在 60 年代初的英国则
再次降到仅为 3 出头。到了 21 世纪，全世界的生育率都在下降。如今，
伊朗女性生养的孩子少于法国女性，而孟加拉国的女性生养孩子的
数量则与法国女性大致持平。

社会因此受到巨大的影响。随着社会上平均年龄的迅速升高，
学校变得人去楼空，养老院则人满为患。瑞士国内的和平局势与其

公民平均年龄已超过 40 岁之间的联系显而易见。同样明显的是，也门的暴力事件与其公民平均年龄不到 20 岁之间也存在关联。尽管其他因素——瑞士非常富裕，也门十分贫穷——也起了作用，但实际上，人口年龄越大的国家，往往越比人口年龄小的国家富裕得多。而就贫穷国家而言，人口年龄最年轻的国家发生的暴力事件往往也最多。例如，南非人的经济状况并不比马其顿人差多少，但南非人口的年龄中位数在 26 岁左右，马其顿则在 38 岁上下。因此，南非的凶杀犯罪率比马其顿高出 20 倍并不奇怪。另一方面，萨尔多瓦和孟加拉国的人口年龄中位数约为 27 岁，与南非持平，但前者的凶杀犯罪率为南非的两倍，而孟加拉国的凶杀犯罪率仅不到南非的 1/10。社会经济和文化因素也十分重要。在本案例和其他例子中，人口因素并不能解释一切。然而，年龄和暴力之间仍存在很强的相关性。几乎所有凶杀犯罪率高的国家人口年龄都较年轻，当然也不排除人口年龄年轻的国家，凶杀犯罪率较低。

重新塑造世界的第三个因素是移民。当代英国的情形就很好地说明了这一点。一度是大规模人口——盎格鲁－撒克逊人、维京人和诺曼人——流入地的不列颠群岛，在 1066 年后便停止了大规模人口迁入过程。1945 年以前，数以百万计的英国人前往海外生活，人口繁殖很快覆盖了新大陆。但这种移民运动几乎是单向的，即向外流出。17 世纪末，迁往不列颠群岛的胡格诺移民——至多 20 万，很可能更少——是数百年来迁徙至此地的唯一大规模外来移民群体[1]，而 19 世纪末和 20 世纪初流入不列颠群岛的东欧犹太人移民，很可能在其高峰时期也未超过每年 1.2 万人。

---

[1] Livi-Bacci, *Population of Europe*, p. 120.

如今，这种局面已彻底扭转。英国人仍会前往海外生活，尽管他们的目的地更可能是阳光海岸的养老别墅，而非前往加拿大草原度过艰苦的生活。与此同时，每年都会有来自全球的数十万移民抵达英国。无论这是否令人满意，如果不承认移民运动的史无前例性，我们便难以理解人口变迁在改变社会方面带来的深远影响。那些在2011年的英国人口普查中声称自己为"白种英国人"，或者至少其祖先自1066年以来便是不列颠群岛原住民的人，很可能会在21世纪中期以后成为英国境内的少数族裔。

## 人口带来的变化

如果没有人口浪潮，诸多历史事件便绝无发生之可能。如果没有19世纪的人口爆炸，英国就不可能在包括澳大利亚在内的广阔地域建立殖民地，并进一步创造如今所谓的"全球"概念，从广泛使用的英语到自由贸易准则等，都是其主要内容。如果不是因为20世纪初俄国婴儿死亡率大幅下降，希特勒的军队很可能就在1941年占领了莫斯科，不至于正面遭遇一拨又一拨苏联士兵。而无法每年吸引数百万移民，并且自20世纪50年代以来人口没有翻番的美国，则可能早已在经济上落后于中国。如果日本并未经历持续半个多世纪的出生率下降趋势，那它也很可能不会面临长达25年的经济停滞期。如果叙利亚人口的平均年龄更接近瑞士而非也门，那它可能永远不会陷入内战。如果黎巴嫩的人口在过去40年中并未迅速老龄化，那它可能会重新陷入内战。

我们并无把握人类是否永远挣脱了降低人口规模的强大的自然

力量，尤其是战争、瘟疫和饥荒。实际上，自核时代肇始以来，摧毁全球人口的战争的可能性从未如此之大。如果不是喷气式发动机的发明和大规模洲际旅行的到来，疾病的传播速度也不会如此迅速。环境灾难也可能会让我们所有人丧命。基于事实而得出结论说人类在过去两百多年已逐渐从此前向来抑制人口膨胀的自然力量中解脱出来，并不等于说未来的情况也必然如此。

## 人口数量与军事实力

人口数量对于人类历史的重要性首先体现在军事实力上。以少胜多的战例之所以被世人铭记，原因正是在于打破了更多更强的兵力（无论个人层面还是集体层面）具有更显著优势这一规律。相比较而言，遵循这条规律的常规战斗简直像"狗咬人"一样无趣。许多大国或威武之师碾压小国的例子早已被遗忘或直接成了历史的注脚。

在古代，在军事冲突中掌握数量上的优势比其他一切都重要。众所周知，一旦涉及数字，古代的记载就显得十分不可靠。1.7 万马其顿部众未必真的就在格拉尼库斯河战役中正面遭遇 60 万波斯军队，但毫无疑问，亚历山大大帝在亚洲取得的第一场胜利的确是一次数据上的强力反转。[1] 尽管当代人对中世纪的描述也常常和古代一样有夸大之嫌，并且需要加以质疑和审视，但人们仍然认为征服阿金库尔的英国军队与法国军队的人数比例悬殊，达到了 1∶6。[2]

---

[1] English, pp. 38‑9.
[2] Neillands, p. 212.

　　然而，这些战斗之所以令人难忘，是因为它们违背了人数优势的规律。人类战争史上更为常见的情形向来是人数起着决定性作用，而在几乎所有战例中，人数都起了一定的作用。的确，十分不起眼的特殊战例常常被认为是至关重要的，在双方军队实力相差无几，并且无法把握巨大战略优势的情况下尤其如此。滑铁卢战役之前，惠灵顿甚至不可能设想对拿破仑采取先发制人的策略，因为他仅有 6.7 万部众，而对方军队人数为 7.4 万。[1] 在"一战"残酷且因循守旧的堑壕战中，交战双方几乎都没什么战略优势可言，部队的装备、受教育水平和动机也都接近，这种情况下人数就成了关键。1917 年至 1918 年间，首批开往西线的 280 万美国应征入伍的部队打破精疲力竭的对阵双方的均衡局面，使德国陷入绝境，最终无力应战。[2]

　　前线人数的背后是构成整个社会的总人口数量。1800 年，虽然法国人口占欧洲总人口不足 1/5，但它却有实力试图一统整个大陆；到 1900 年，人口已不到欧洲总人口 1/10 的法国逐渐沦为二流国家。自打史前时代相互竞争的群体或部落彼此争战以来，出生率和人口规模在绝大多数情况下决定了战争的胜负。与此同时，战场上的人数则有赖于二三十年前处于襁褓之中的婴儿数量，而在全民动员和总体战时代更是如此。

　　一些社会在军力动员方面比其他社会做得成功，但即便再高的动员率也无法完全弥补人数上的不足。留守后方的人常常需要开展支援战事所需的必要活动，而现代社会中更大基数的女性则意味着工厂拥有更多可为前线制造军备物资的潜在人员。具备人口优势——

---

[1]　Harvey, *War of Wars*, p. 885.
[2]　Keegan, *First World War*, pp. 379, 402.

简单地说，就是拥有更多达到参战年龄的男性——通常在战争中占有明显的优势。通过将人口权重转变为军事优势，人口便对世界历史产生了强有力的影响。

尽管被许多历史记载遗漏，但世人仍然时常注意到人口在世界事务中的突出作用。相应地，那些带有爱国倾向之人鼓励生育的思想和作品也就得以流传。古罗马历史学家和政治家塔西佗认为，罗马的小规模家庭与鼓励生育的日耳曼人比起来相形见绌。中世纪阿拉伯历史学家伊本·赫勒敦将人口减少与文明的死寂和倒退联系了起来。① 路易十四的伟大军事工程师塞巴斯蒂安·沃邦对国家力量的终极驱动因素有着清醒的认识，无论防御工事如何创新，他都宣称"国王的伟大之处……由其臣民的数量得以衡量"。生活在拿破仑一世时期的普鲁士军事理论家卡尔·克劳塞维茨将人数优势视为"最为普遍的制胜原则"。伏尔泰更是主张上帝会站在大兵团一方。亚当·斯密曾宣称："任何国家繁荣的最具决定性的标志是其居民数量的增加。"② 据记载，当拿破仑被问及最喜欢哪个女人时，他回答："生孩子最多的那个。"③

当然，巨大的技术优势无疑起着决定作用。然而，无论是马克沁机枪还是原子弹所带来的技术优势都无法永久维持，因为它们总需要军队来使用，于是，人口再次成为关键因素。近几十年来，伊拉克和阿富汗军队已具备了对其领土的首批入侵者部署杀伤性武器的能力。苏联人在20世纪80年代试图主导阿富汗局势的努力，以及美国人在21世纪头10年中主导伊拉克和阿富汗的企图，很大程

---

① Jackson and Howe, p. 21; Mahdi, pp. 208 - 9.
② Bashford and Chaplin, p. 51.
③ Reinhard, pp. 78, 129, author's translations; Jackson and Howe, pp. 22, 81.

度上都受挫于那些国家的人口年龄中位数低于 20 岁这一事实，而当时苏联和美国的人口年龄中位数已达三十几岁。可以说，苏联人和美国人最终缺乏的不单单是人数，也是意志；但即便在这些例子中，人口因素仍占据一席之地。与生育率超过 7 或接近 5（2002 年和 2003 年美国入侵阿富汗和伊拉克时期便分别体现了这两种情形）的国家相比，一个生育率为 2 或者更低的国家更可能形成一种无法接受平民或军人伤亡的文化。在最后一种情形中，每个母亲所能失去的儿子数量都更少。设想大家庭中的母亲更愿意在战争中失去自己的孩子似乎有些麻木不仁，但有令人信服的证据表明，由较小家庭组成的社会通常不那么好战。[①]

## 人口数量与经济实力

除了军事力量，一个国家实力最具决定性的因素便是其经济体量。大型经济体通过自身供给大部队的能力——在现代社会中它还能以工业规模为军队配备武器——为军事力量做出贡献。除了能够为军事提供支撑而间接地为国家实力做出贡献以外，大规模经济本身就是一种国家权力资产，它能在世界市场上以充当商品、服务买家以及他国货物之买方市场的方式发挥杠杆作用。这一点也早已得到认可，腓特烈大帝便曾宣称"人口数量创造了国家的财富"[②]。

在一个多数人口的生活水平仅够维持生计的世界中，经济规模

① Urdal.
② Jackson and Howe, p. 22.

与人口规模密切相关。如果几乎所有人的收入都大致相同，而且国民经济不多不少刚好是个人收入的加总，那么各国经济规模的差异便完全取决于其人口规模的差异。一旦各国人均收入不再持平，这种情况就会发生变化。当人均收入有所不同时，人口相对较少的国家便可能拥有特别大的经济体量，那些人口众多的国家则可能因为经济规模很小而变得十分贫穷。

这种情况在工业革命时期表现最为明显，先是英国，然后是西欧和北美其他地区开始转变经济并实现人均收入的持续增长。1800年左右，西欧和美国东海岸的人均收入大致与中国沿海地区持平。百年之后，其人均收入水平已高出中国 10 倍。[①] 因此，尽管事实上英国人口少得多，但其经济规模却数倍于中国。当一些经济体迅速发展并赶超其他经济体后，人口和经济规模大致的对应关系也会失去平衡。

然而，工业化有其扩张趋势，最近几十年，这一趋势所带来的巨变最突出的是中国。促进经济增长的技术正在加速扩散，因此，近年来发展中国家的经济增长速度比发达国家快得多也就不足为奇了。我们并不是说全世界都在进行工业化，或者它们的工业化速度相同，但它的确意味着，随着穷国中许多人变得越来越富和富国中多数人收入止步不前，全球范围内的人均收入差距正在大幅缩小。在前工业化的世界中，各国之间的个人收入并无根本差异，因此，当时的经济规模很大程度上取决于人口规模；同样，由于当今世界现代化经济占绝对多数，人口规模对经济规模也起着越发重要的决定作用。

---

[①] Jacques, p. 36.

然而，现代化与人口规模之间的关系并非一目了然。[①]的确，在多数女性接受教育、多数人生活在城镇，以及生活水平相对较高的国家里，也即那些符合我们对"现代化"定义的国家，生育率几乎都不高于 3，预期寿命则达到了 70 多岁。现代化是人口转变朝低生育率和长预期寿命阶段发展的充分条件，仅此一项便能确保人口转型的发生。拥有大学学位的女性通常不会生养 7 个孩子。生活在配有污水处理系统和汽车的家庭中的上班族，将比他们的乡下祖辈更为长寿，后者劳作于田间，远行主要靠双脚以及鞋子——如果条件好的话。

但全面的现代化并非实现人口转变的必要条件。随着 20 世纪的发展，收入和教育水平较低且相对落后的国家也可能实现低生育率，并延长人均预期寿命。政府资助的计划生育（常常得到国际援助）及其提供的基本公共卫生和医疗设施（这些方面也经常得到国际支持），可让人口转型的速度超过现代化。这就是像摩洛哥这样的国家

---

① 我们无可避免地要面对"现代"、"现代性"以及"现代化"等术语。这些术语免不了大量地贯穿本书始终。现代化理论方面的著述已然很多，总而言之，这些术语及其含义曾引发相当大的争论。简单讲，就我们论述的目的而言，现代化指的是朝向现代性的运动，而现代性得以实现的社会则具备三个特征，但这些特征也都不特别与人口相关，首先是城市化（多数人生活在城镇，无论你如何定义这些事项），其次是识字和教育（多数人能够阅读和写作，并且占比较高的人口接受了高等教育，即大学或学院教育），第三则是工业化或后工业化（即大部分经济由非农活动组成，并且多数人在工厂或办公室工作，而非劳作于田间）。紧随最后一个特征而来的是每个人的高能耗，这些消耗的能量通常来自煤炭、石油、天然气，再近一些则来自水力发电、核能或日益增加的太阳能，而非人力、畜力或更早时候的原始水力和风力等。通常，与这种定义的"现代"社会相关联的人口学特征为：婴儿死亡率下降，然后维持在一个较低的水平（例如，无法活满一周岁的婴儿比例从 20% 或者更高比例降到仅为 3‰）；预期寿命的延长——部分原因在于婴儿死亡率的下降（从出生时大约可预期活到 30 岁一直增加到 60 岁或者更高）以及生育率的下降（从每个女性生育 6 个或者更多数量的孩子下降到 3 个或者更少）。当然，并非所有社会都按照某种一致或统一的模式进入"现代性"，其进入时间也必然各异。在某些情况下，城市化可能走在工业化之前，或者工业化走在教育之前；在另一些情况中，所有这三个非人口方面的变化都可能引发人口变化，也可能落后于它。尽管如此，各国、各社会明显都会沿着英国 1800 年以来开启的这条道路不断前进。迄今为止，各方前进的方向还是一致的，尽管会有小幅波折或暂时的倒退。

生育率能降低至仅为 2.5 的原因（2009 年时该国半数以上女性仍不识字）。这也是越南等国人均收入仅为美国的 1/5 或 1/6，但却能实现预期寿命仅落后美国几年的水平的原因。[①] 廉价的技术、私人和公共慈善事业让人口转型能够在某种程度上赶超经济发展。

　　一旦大量人口都已达到或正迅速走向现代化，随之而来的便是人均收入的增加。像中国、印度和印度尼西亚等人口众多的国家不可能保持相对较小的经济体量，而像美国或德国等人口相对较少的国家也无法长期保持在绝对经济规模榜单上的领先位置。例如，印尼人口 3 倍于德国，只要德国保持人均收入 3 倍于印尼，则德国经济规模将一直领先印尼，而一旦德国人均收入不足印尼人均收入的 3 倍——这是个相对遥远的愿景，但也不是此前人们设想的那般遥不可及——印尼的经济规模就会大于德国，即便德国人均经济状况仍超出印尼很多。此外，由于工业和商业技术现已广泛传播，较大的技术优势已越发难以建立和保持，人口规模开始重新成为决定经济相对规模的因素。

　　这样的观点可能会遭到批评，因为它相当粗略地看待了经济的整体规模，并且忽视了人均收入的重要性。我们对此有两种回应。首先，人口增长本身有助于人均经济增长，不断增加的年轻人口可以提供劳动力并形成国内市场。庞大的人口规模打开了拓宽国内市场的可能性，这在国内市场闭关自守时尤其重要，此种情形贯穿历史始终。其次，当我们谈到权力和历史的推动因素，而非衡量个人福祉的因素时，经济的整体规模便显得很重要了。荷兰在 18、19 世纪一直保持繁荣，但由于不具备较大的人口规模，它在世界舞台上

---

① UN Social Indicators, UN Population Division 2017 Revisions.

已不再像 17 世纪那般重要了。由于英国人口规模在 19 世纪末的时候逐渐被美国赶超，它也开始失去对美国的主导优势。卢森堡是如今欧洲最繁荣的国家之一，但也是最不重要的国家之一，因为尽管其公民可能很富裕，但架不住人少，所以其经济规模依然不值得关注。相比之下，中国可能很快就会成为世界首屈一指的经济体（在某些指标上已经是最强者了），尽管其人均收入仍相对较低，但是其人口众多。这使得中国作为买方和卖方在世界经济中发挥强大的影响力。

"软实力"的问题则更为微妙，并且可能不容易受到人口数量的影响。然而，绝对人口权重更可能让一个国家在世界文化舞台上施展拳脚。印度的人口规模支撑宝莱坞成为全球现象，而阿尔巴尼亚的电影则不然。这种差异可能部分取决于产品的质量或者一般意义上的吸引力，但也取决于它们各自的人口规模。如果日本人口数量少于千万而非过亿，那么日本的设计便不太可能在世界上产生如今的影响力。可以肯定的是，软实力的范围并不完全由人口决定，也不完全由军事或经济实力决定，但在所有情况下，人口数量都占有一席之地——总是有意义，常常很重要。

## 国内人口而不仅仅是国际人口

人口不仅关乎国际事务，而且关乎国内事务。如果 2008 年的美国像 50 年前一样"白"，那贝拉克·奥巴马可能就不会成为总统。与约翰·麦凯恩获得 55% 的白人选票相比，奥巴马的相应得票率仅为 43%。但在美国变得不再像"欧洲"，而白人因为选票更少而无法阻止他当选之际，奥巴马赢得了绝大多数非白人选票。相反，美国 2040 年民族构成预测显示，像唐纳德·特朗普这种主张支持美国白领、蓝领的候选人几乎无法取胜，尽管美国的选举团制度对较小的农村地区赋予了不成比例的权重，但这些地方往往是白人占主导的州，比如白人占 90% 左右的怀俄明州和北达科他州等。

2016 年，那些将自己视为非拉丁裔白人的人，分别占美国人口比例的 60% 和选民比例的 71%。特朗普在 2016 年大选中占据白人候选人的领先地位：58% 自视为"白人"的选民投了他的票，而希拉里·克林顿的这一得票率仅为 37%。由于白人群体仍占多数，这让特朗普顺利入主白宫。但到 21 世纪中期，美国白人比例会降至总人口的 50% 以下，到时候，这些人的支持很可能不足以弥补特朗普在非白人群体中收获的惨淡支持。与心目中的头等大事为移民问题的美国人相比，那些首先看重不平等议题的美国人为特朗普投票的可能性更低，这也证明了对人口结构的迅速变化的担忧是 2016 年美国大选的核心问题之一。

在英格兰和威尔士境内，那些并不视自己为白种英国人的人，占总人口的比例也从 20 世纪 60 年代的约 2% 升至 90 年代的约 7%，2011 年的时候则接近 20%。一项针对个人在英国脱欧问题上会如何投票的预测表明，与脱欧最为紧密的是人们对移民的态度，仅次于对欧洲移民和英国主权丧失的担忧。而对投票数据的分析表明，林肯郡的波士顿和斯塔福德郡的斯托克等地在 2005—2015 年的移民人口增长最多（但有趣的是，外国出生的人口比例最高的伦敦则并非如此），这些人最可能投票赞成脱欧，他们认为，在本地人口民族结构变化之际，身份议题对投票具有至关重要的作用。[①]

　　而在法国，如果该国境内仅有数百或数千而非 500 万穆斯林的话，那政府便不太可能走到立法反对布尔基尼[②]的地步。魁北克也很可能投票脱离加拿大，如果当地占主导地位的天主教法语人口在 20世纪 60 年代以来一直保持极高生育率，那么其生育率甚至会一度位居所有工业化社会最高之列。讲法语的人口再多一些，就能扭转 1995 年魁北克独立公投的局面，当时反对独立的一方仅有 5.4 万张选票的优势——仅占一个百分点。

　　国内民族构成的变化不仅会对发达国家产生影响，也会影响选举政治，还与内乱有关。[③]人口在最近一些时期变得越发重要，尤其可能成为国内冲突的一个因素。[④]人口绝对数量的变化及其随时间的加速过程——人口旋风——是造成内乱的诸多原因之一。随着出生率达到前所未有的高位和死亡率直线下降，结果就是人口快速增长，就像 19 世纪的英国一样。事实上，那些经历过出生率、死亡率如此变化的民族后来也迎来了人口增长，而且它们取得的成就远高于 19 世纪的英国。由于社会、宗教文化不同或者社会经济发展水平的差异，此类人口增长通常仅会对某个民族产生影响而不及其余。显而易见，不同民族和社会群体之间的人口多寡可能以史无前例的速度发生变化，这可能会对社会造成错位效应或者使其迷失。

　　尽管民族构成的变化有时候会成为国际现象，但它往往表现在国内层面，因为多数国家都由少数族群构成，而很多少数族群又会

[①] *The Economist*, 15‒21 April 2017, pp. 25‒6.
[②] 布尔基尼（burkini）即专门为女性穆斯林制作的泳衣。——译者注
[③] Marshall and Gurr, p. 1.
[④] Morland, *Democratic Engineering*, pp. 1‒26.

表现出与主流群体明显不同的人口学行为。浮现在人们脑海中的例子包括俄罗斯的车臣人、塞尔维亚的阿尔巴尼亚人（以前也唤作塞尔维亚人）和北爱尔兰的天主教徒。这些都是少数族群出生率高于主流群体的例子，其结果便是现行权力结构遭到更换或受到挑战。有时候则是出生率更低的少数族群，比如南非的白人，会对国内政治再次造成影响。

人口统计在当代的重要性比过去更高，因为现代政治的民族性越发强烈，自法国大革命以来更是如此。特定精英民族（无论是英格兰的诺曼人，还是南非的白人或叙利亚的阿拉维人）统治多数群体的时代已行将结束。在这个日益民主的环境中，人口数量很重要，而政治又有其民族特性，于是，不同民族群体彼此之间的相对数量就显得尤为重要。

纵观整个现代，国际冲突逐渐减少，民族冲突却愈演愈烈，而且通常发生在国内。人口统计变得非常重要，因为民族群体往往带有截然不同的人口学概况。[1]考虑到民族人口数量以及民族数量在冲突中的重要性，人们可能会设想这些群体会采取旨在壮大自身人口实力的策略，比如增加自己的人口或者减少竞争群体的人口，或者双管齐下。这些统称为人口工程的策略可以有"刚"或"柔"等多种形式。刚性人口工程涉及人口的生育、破坏和迁徙，可通过选择性的生育激励、种族灭绝或鼓励特定地区人口的迁入或迁出等方式来实现。此类令人扼腕的例子数不胜数。20世纪20年代，美国就制定了明确的移民政策以确保其"盎格鲁 – 撒克逊"属性，以防南欧和东欧移民的进一步侵蚀。20世纪中期，北爱尔兰的新教领导人心

---

[1]　对人口随工业化、现代化和民主化进程的扩散而变得越发重要的原因的全面讨论可见：*Democratic Engineering*, pp. 9 – 21。

照不宣地鼓励天主教徒向外移民，因为天主教徒更高的生育率壮大了他们的群体。斯里兰卡僧伽罗人领导的政府则将较新的来自南印度的泰米尔人迁往国外，从而提高整个国家的僧伽罗人特质。而在罗马尼亚，匈牙利人比罗马尼亚人更容易获取避孕用具，也更容易堕胎，日耳曼人和犹太人则被唆使统统离开该国，所有这一切都是为了增强这个国家的罗马尼亚特性。[1]

相比之下，尽管柔性人口工程也致力于增加某个族群相对于其他族群人数的人口政策，但它用到的方法包括重新划定边界、控制民族身份，或者操控人口普查和民族分类等。相关例子包括巩固斯里兰卡境内康提人和低地区域（Low Country）人口的僧伽罗人身份，以及将库尔德人重新定义为"山地土耳其人"（mountain Turks）的建议。[2] 这是人口统计塑造族群命运的方式之一。

据估计，20世纪50年代，世界上的冲突有一半发生在国家之间，另一半发生在国内，而到90年代，后者与前者的比例已达悬殊的6∶1。与1945—2008年间世界上57%的冲突均为"民族"冲突相比，2000—2010年间的所有冲突都可划入此列。[3] 曾经在黎巴嫩占主导地位的基督教徒现已被穆斯林反超，后者在更长的时间内维持了更高的生育率，并且更不可能离开这片土地。如今，黎巴嫩的权力斗争主要在穆斯林的逊尼派和什叶派之间，而不是穆斯林和基督教徒之间展开。无论在内战、公投还是选举中，人口数量都会造成优势和边缘、胜与败、去与留的差异。当一些群体的出生率超高或者人多势众，而其他群体仅由小家庭组成或者只能迁居别处时，常常是

---

[1] *Democratic Engineering*, pp. 9 – 21.

[2] *Democratic Engineering*; Bookman, p. 61.

[3] Fearon and Laitin.

人口决定了哪个族群能够掌控某个社区、地区和国家。

行文至此，值得说明的是，国家和民族群体都是实际存在的，它们在历史上发挥了重要作用。人类天然不是独来独往的物种，他们合群而居。忠诚是聚落或部落的先决条件。在狩猎－采集社会中，人们对共同的祖先、语言和习俗的感知无处不在。这些感情要如何融入复杂的现代社会尚需大量学术讨论，但它们存在的事实不容否认。这些隶属关系解释了世界如何运作的大部分内容，它们在最近的过去仍在发挥作用，比如对冲突和选举的结果产生影响等。

当然，很多人都想忽略世界各地政治中极高的民族属性，并假设如果我们忽略了其他人的民族主义和种族中心主义，我们看待世界主义的视角就会变得越发普适。然而，在世界大部分地区，民族特性仍有其政治重要性。至少直到最近，它仍在世界各地发挥了重要作用。可能一些真正意义上的后民族、多元社会才刚刚在西方世界一些更加都市化、更具世界主义精神的地方出现（例如美国沿海地区和伦敦等地），但即便这些地区也存在民粹主义的反噬。英国的脱欧运动和美国特朗普当政都可视为这种反噬的组成部分。

## 简易人口学指南

要了解人口学如何推动了历史的发展，我们首先必须概述其三个永恒的基本面。好消息是，这很简单。仅有三个因素可以改变一个国家或地区的人口数量：首先是出生人数，它导致人口增加；其次为死亡人数，它导致人口减少；再次为移民，人口迁入或迁出的净流动。

　　出生率（有时候又称"粗出生率"）是出生人数相对于总人口的数量。死亡率（又称"粗死亡率"或"毛死亡率"）则是死亡人数相对于总人口的数量。例如，2014 年英格兰和威尔士每 5 800 万人中出生人数为 70 万，则其粗出生率为 12‰。[①]（请注意，人口统计数据常常用"千分号"而非百分位或百分数表示。）同年，两地死亡人数约为 100 万，则其粗死亡率约为 8.5‰。如果没有人口的迁入或迁出，则两地人口增长率为 3.5‰（即 12‰减去 8.5‰）。这个数值大约对应 20 万人，即出生人数和死亡人数的差值。而美国的粗出生率约为 12.5‰，死亡率仅为 8‰左右，因此得出其年均人口增长量（不包括移民数量）接近 150 万人。德国则经历了多年的人口滑坡，其粗出生率在 8‰左右，粗死亡率接近 11‰。若无移民，德国人口每年将减少近 25 万。

　　在许多发展中国家，特别是在（但不限于）非洲，出生率十分高，但死亡率又经历了大幅下降。即便非常基本的医疗保障和营养状况也能改善婴儿死亡率并延长预期寿命，从而大大降低死亡率。撒哈拉以南非洲的整体粗出生率约为 38‰，相比之下，欧洲则仅为可怜的 11‰。20 世纪中期时，非洲的粗死亡率并不比 30‰低多少，如今，这一数字也只是 10‰出头。伊朗和伊拉克的出生率都很高（约为 35‰），尽管两国都历经战乱，但它们都成功地降低了死亡率。在 20 世纪 90 年代末到 2010—2015 年这个时间段内，阿富汗的死亡率从 13‰降至低于 8‰的水平，伊拉克则从本来就很低的 5.7‰降到了

---

① 英格兰和威尔士的数据与整个英国有所不同，前者的人口规模约占后者的 90%。

5.3‰。多数人在了解到伊拉克的死亡率比英国低后都会感到惊讶，这证明了伊拉克人口很年轻，就像阿富汗一样。尽管我们的电视荧屏上呈现的战乱造成上万乃至数十万人的死亡，但营养和卫生保健状况的改善仍然造福了上千万人。这就是即便在20世纪初深陷"一战"的泥潭，而且还遭受了接踵而至的致命大流感，但欧洲大陆的人口仍持续增长的原因。

粗出生率和粗死亡率的优势在于它们简便易得，它们反映了人口增长或下降的速度有多快。它们的缺点——这也是它们名中带"粗"的原因——则在于并未考虑到某个国家的人口年龄结构。你可能会预期，像日本这种到处是老年人口的国家的死亡率比爱尔兰高，后者的人口仍相对年轻。同样，你也会料想爱尔兰的人均（相对于总人口）出生人数会更高，因为当地的育龄女性人数比日本多。为了适应这种情况，人口学家也会测量总和生育率（Total Fertility Rate，简称TFR）和总体预期寿命。这些指标描述了普通女性预期可生养多少孩子——无论特定人群中有多少年轻女性，平均可预期寿命为多少以及总人口的年龄有多大。〔因此，"生育"意味着实际的生产，而非生育孩子的生物学潜力。一个生育条件良好（即能够生育一个或多个孩子）的女性可能因为各种原因从未生育。当人口学家谈到生育的时候，他们指的是实际出生的孩子。〕这些预期的基础是女性的实际生育数，以及不同年龄阶段人口的实际死亡数（更多相关信息，请参阅本书末尾的附录）。

基于多种原因，生育率的引用总是跟着"每个女性"[①]。首先，这

---

① 基于这个理由，我们在后文中更多直接给出生育率的具体数字，从而省略"每个女性"这样的表达。比如，假设生育率为3，则不写作每个女性生育3个孩子。——译者注

一点差不多是确定的每个生产情况中的母亲是谁；相比之下，父亲的身份则更难确定。结果，计算每个父亲的生育数可能会导致重复计算或遗漏。其次，女性能够生育的孩子数量范围在 0 到很少出现的 15 之间。而对男性而言，这一范围从 0 到上千（至少理论上如此）不等，因此，它只是一个对女性而言更方便统计的数字。第三，可能生育孩子的女性世代比男性更为确定。从统计学上来看，45 岁以上女性的生育能力多少会被忽视。年纪大的女性的确能生孩子，但因为数量稀少而不足以对统计数据产生有意义的影响。相比之下，男性至少理论上可以活到老生育到老。因此人口学总是关注女性，至少在涉及出生问题时如此，尽管这样做有时候会给人留下将她们视为统计数据或统计单位的印象，同时更关注她们是否生育孩子以及生育几个孩子，等等。然而，生育能够而且的确必须从统计学的角度加以看待，并在不同地点、时间对其进行比较，从而发现它是如何变化的，这比通过观察每个女性的生活状况及其选择而可能得出的见解深刻得多，后者会呈现出女性的愿望、焦虑和抉择。做这样的统计并不只是在描绘数据，它也是在呈现过去 200 年的人口演变故事中最鼓舞人心的一个因素，即女性是如何逐步掌控自己的决定权和生育孩子的数量的。

粗出生率和粗生育率之间的差异，可通过比较南非和以色列的情形得到说明。南非的女性受教育程度、城市化水平和政府提供节育控制服务的协调能力在过去都得到了提升，因此其生育率也经历了急剧下降的过程——南非在这个方面远远领先于撒哈拉以南非洲的其他国家。但直到最近，南非的生育率依然很高，总人口中的年轻人占比也较大，这反映了此前数代的生育决策。相反，以色列则是个异乎寻常的例外，近几十年来，这个发达国家事实上经历了生育数量的攀升。南非的出生率略高于以色列，二者分别为22‰和21‰，但这并非简单地由南非女性人均生育更多孩子所导致的。如今，以色列平均生育率在3以上，南非则低于2.5。南非稍高的出生率是其近期生育率（现在也不再高了）的产物，就在20世纪70年代末的时候，该国女性尚且人均生育5个孩子。这种情况产生了一个年轻的世代，育龄女性也很充足，但她们现在已不再会做出生育许多孩子的选择了。相比之下，20世纪70年代后期，以色列的总和生育率与南非相比低了1.5。而育龄女性占以色列总人口的比例较小，但她们每个人生育的孩子数更多，因此以色列的生育率很高，但其粗出生率并不高。

总和生育率是当下情况的良好指标，它是特定时间点生育情况的快照。对其进行明确的衡量反映了某一代人的完整生育情况，但这在一定程度上只能事后获取，即在这一代女性全都超出了生育年龄之后。我们将生于19世纪70年代和生于19世纪90年代的德国女性生育孩子的数量进行对比是可能的，因为这两个群体都已不能再生育孩子。但要对生于20世纪70年代和生于20世纪90年代的德国女性的生育情况进行对比则更为困难，因为这两个群体可能还处于生育期内，并且可能还会生育。尽管如此，总和生育率仍是确定当下生育状况的最佳衡量标准。

相应地，死亡率和预期寿命的道理与出生率和生育率相同。我们以日本和西非的几内亚为例来说明这一点。这两个国家的粗死亡率都是10‰。但两国死亡率的原因却各有不同。日本是个老龄化国家，几内亚则是个人口十分年轻的国家。如果二者的预期寿命相同，则几内亚的死亡率将远低于日本，因为这个年轻国家人口中的死亡人数会低得多，而日本人口的年龄则大得多。由于这两个国家的粗死亡率相同，而几内亚人的平均年龄又比日本年轻很多，那么我们可以得出几内亚人死亡时的年龄一定比日本人小许多的结论。日本人可以期待自己活到 85 岁左右；而对多数几内亚人而言，生命在 30 岁或者更早的时候便终结了。想象一所寄宿学校和一所养老院，两个地方都住有 1 000 人。如果这两个机构在某个特定的年份都有 20 人死去，则它们的粗死亡率均为 20‰，但养老院中的人口平均而言比寄宿学校的活得长久得多。

我们也可以通过展示儿童或 65 岁以上人口的百分比来分析人口的年龄结构。最简单的方式便是计算年龄中位数：如果所有人口按年龄顺序排列，位于这个序列中间的那个人年龄是多大？几内亚人口的年龄中位数低于 19 岁，日本则超过 46 岁。

## 数据

我们依靠数据来理解和追踪这一切。数据肯定不统一，其准确性也因时间、地点而异。通常，数据越晚，国家越发达，其可靠性就越高。[①] 始于 19 世纪初的英国人口普查的人口总体规模数据通常是可靠的。人寿保险行业的诞生——如此，保险公司便需要计算某人在某个特定年龄去世的概率——意味着我们能对早至 18 世纪的死亡率和预期寿命状况有清楚的了解。一些地方的方志（通常是教区记录）经由人口学家的专业推断后，便能构建起更广泛的社会图

---

① 关于确定中世纪英格兰人口规模问题的讨论，会让我们对此处的问题有很好的理解，见 Goldberg, pp. 71 - 83。

景。而在另外一些国家，人口普查可以回溯至很久以前。事实上，人口普查几乎与国家一样古老，它证明了各国了解其居民的固有愿望，而其动机有时候主要出于军事目的，有时则出于税收。数千年前的古埃及和古中国就开展过人口普查，《圣经》便谈到了古以色列的人口普查，罗马人进行人口普查则主要在于确定其军事实力。土耳其人也基于同样的理由开展人口普查，但其中存在缺陷，至少在现代历史学家看来如此。只有特定年龄的穆斯林才有资格加入奥斯曼帝国军队作战，因此，人口普查官仅对这部分人口感兴趣。如果要计算当地不同时间段的总体人口规模，我们需要一些推断和假设。现在，多数发达国家的人口普查仍在继续，最近有关终止这项调查的建议——他们表示替代性数据来源已可资获取，复杂的统计技术让采样足以应付这项任务，并且可以节省成本——已遭到强有力的反驳。

今天的人口学家可以很幸运地获取来自各处的标准测量数据，尤其是来自联合国的，它提供了按国家和大陆分列的出生率、死亡率、生育率、寿命和年龄中位数，这些数据可追溯至 1950 年，并附有一直到 21 世纪末的预测。虽然没有完美的数据，但联合国的数据被认为可信度很高，因此本书后续章节主要参考这一数据。我在数据可靠性及其质量都值得商榷的地方用到了可资获取的最佳数据源，但并未就这个主题展开详细讨论。

为了对这些数据意味着什么有所了解，表 1 列出了英国当前人口统计数据中的高值、低值及其变动，由此为我们提供了有用的指南。

表1　人口统计数据：高值与低值

出生率 (每1 000人出生人数)

| 高值 | 51.8 | 阿富汗, 1965—1970 |
|---|---|---|
| 英国2010—2015 | 12.4 | |
| 低值 | 9.0 | 香港, 2005—2010 |

生育率 (每位女性生育的孩子数量)

| 高值 | 9 | 以色列境内的阿拉伯人, 20世纪60年代 |
|---|---|---|
| 英国2010—2015 | 1.9 | |
| 低值 | 1.4 | 日本, 2010—2015 |

死亡率 (每1 000人中的死亡人数)

| 高值 | 37.3 | 南苏丹, 1950—1955 |
|---|---|---|
| 英国2010—2015 | 9.0 | |
| 低值 | 1.5 | 阿拉伯联合酋长国, 2010—2015 |

出生人口的预期寿命 (年)

| 短 | 24 | 俄国, 18世纪50年代 |
|---|---|---|
| 英国 2010—2015 | 81.0 | |
| 长 | 83.3 | 日本, 2010—2015 |

年均人口增幅 (%)

| 高值 | 3.9 | 肯尼亚, 1982 |
|---|---|---|
| 欧洲 | 0.20 | 1000—1800 |
| 世界 | 0.06 | 公元 1—1750 |

　　是什么让人口统计如此振奋人心？又是什么让它比通常看上去更能让我们深刻地理解这个世界？是每个统计数字都能以三种方式加以看待这一事实。

　　首先，统计数据本身就是对社会重要方面的某种呈现。例如，阿联酋非常低的死亡率证明了该国人口近期的巨大增长（其总人口中的老年人较少，阿联酋超过 60 岁的人口比例为 2%，世界平均值为 12%，德国则为 27%），当地人口极高的预期寿命（仅比美国短几年）得益于世界一流的医疗保健和公共卫生水平，以及庞大规模的移民人口（约占总人口的 90%），他们多数人可能会回到自己位于南亚或欧洲的家乡，而不会客死异乡。只要解读数据的某个方面，我们便能详细了解今日阿联酋的状况。

其次，作为链条中的一环，数据能说明丰富的变化过程。肯尼亚的人口在 1982 年的增速可能接近 4%，但到 2000 年时已降至 2.5% 的水平，这多亏了当地成功地将生育率从 7 降到了 5。（自那时起，肯尼亚的人口增长率已逐步稳定，这意味着当地人口仍会快速增长，只是速度略低于 20 世纪 80 年代。）

最后，数据不过是万千个体故事的集合，这些故事与活得比过去任何人预想的都长的年迈父母、前途未卜的婴儿的命运以及做出在新地方开始新生活的抉择有关。这些个体的故事说明了数据，但数据也说明了故事，它将家庭的命运置于更广阔的社会和整个族群的背景之中。

## 结论

无论如何描述人口浪潮，它都将继续发展。我所提供的解释根本上是历史性的而非评价性的，它是对过去之事的描述，而非对未来应该如何的预测，更不涉及对过去好坏的评判。尽管如此，我在此亮明自己对人口学的评价仍是值得的。我只想指出两点。

首先，人类生命本质上是善好的，拯救并延长生命是一件值得追求的好事。如果拯救一个婴儿的生命是值得的，那拯救数百万婴儿的生命则更有意义，与之相对应的便是婴儿死亡率的下降。健康、文明和长寿好过肮脏、野蛮和短命。暴力和灾难性的大规模死亡天生就是件坏事。如果我们对单个生命的逝去感到扼腕，那么众多生命的逝去所带来的悲痛相应也会更大。我们不希望自己亲友承受之事，也不应该希望其他人来承受，无论是以平等、环境决定论的名义，还是为了其他有意但却抽象的目标，都不行。

其次，当女性能自主决定生育时，无论是否有其男性伴侣的投入，她们都会做出明智的决定。当女性受过教育并且有能力避孕时，她们生育小孩的数量便不会超过自己的供养能力。就像市场中那双看不见的手在经济学中发挥的作用一样，人口学中那双看不见的手也会在条件许可之际发挥作用。强制性的生育限制不仅是错误的，而且毫无必要。人口学中的情形和很多其他学科类似，在一定的教育和技术条件下，普通人的决定对其身处的社群甚至整个人类都是最好的。

人口学体现在生命之中，并且在一定意义上它就是生命本身。出生、迁徙、结合以及死亡都是人生重要的里程碑，只不过人口学从整体层面看待这些事项，但这并不会、不应该也无法剥夺生命的价值和神圣以及个体所瞩目的人生体验。无论其概括多么普遍，人口学家和历史学家都绝不应该对此浑然不觉。事实上，那些有权加总和概括这些事项之人有其特殊的责任，即牢记他们所处理的数字不多不少刚好是所有人的希望、爱和恐惧之所系。

第二部分

# 欧洲人口浪潮的合流之势

第三章

# 盎格鲁 - 撒克逊人的胜利

　　1846 年，弗兰克・麦科平（Frank McCoppin）生于爱尔兰中部的朗福德郡。同年，半个地球之遥的墨西哥上加利福利亚地区（Upper California）被美国占领，这个后来成为旧金山的小镇当时不过 500 多人；到麦科平 1897 年去世时，当地居民已达 30 万。说来似乎有些令人震惊，在麦科平出生的时代，他本可以成为一个刚刚成立的村镇的镇长，也可以代表一个直到 1848 年才归入美国的州在参议院中参政议政。到 19 世纪末北美最西部这个小而充满活力的都市建立时，这里的居民以英裔和爱尔兰裔为主似乎也不足为奇，就像现在一样。像麦科平一样的故事比比皆是，来自不列颠群岛的小镇居民纷纷前往遥远的土地，并在那里的新社会中成长为富裕且有权势的代表。从阿德莱德到俄勒冈，从开普敦到芝加哥都上演着这样的故事，而这些城市也都是创造了今日世界的人口爆炸的产物。

# 领先者英格兰

专家们对哪个因素——工业生产的快速增长还是人口的大幅增长——首先出现及它们的因果关系莫衷一是。无论是人口增长刺激了工业起飞，还是工业起飞让人口增长得以可能，有一点是肯定的：这两件事发生在同一时期。无论哪一个在先，若无另外一个则无法走得太远。只有大规模的工业人口能够为工业起飞和世界规模的制造业补充人手，也只有大规模的工业生产和出口才能让不断增长的人口维持下去。发端于英国的人口浪潮逐渐席卷全世界，撼动了各国、各大陆赖以生存的基础。人口爆炸先是让英国和当时更大范围的欧洲各民族在全球占据了主导地位，然后又在迫使它们回撤的过程中扮演了重要的角色。这就是人口浪潮的故事。在本章中，我们会描述这个逐渐席卷全球的浪潮的发端，它起源于不列颠群岛的居民，以及当时被唤作"盎格鲁－撒克逊"的姊妹民族中间。

不列颠群岛是人口革命开始的地方。我们的重点在于了解其原因，它何以称得上是革命，及其与以往类似事件的真正不同之处。人口的迅速扩张并不是头一遭。然而，始于18世纪末的英格兰并贯穿整个19世纪的人口扩张，首次与工业化和城市化同步发生。因此，发端于19世纪的事件就不只是漫长历史进程中的人口数字的起落了，而是一个波及全球的持续转变模式的组成部分。无论在时间上还是空间上，它都带有革命性：从时间坐标上看，这次人口增长不仅快速而且具有可持续性；从空间坐标上看，它建立了一个逐渐在全球范围起作用的增长模式。（值得注意的是，得自英格兰或者得自英格兰和威尔士的数据，与得自大不列颠的明显不同，后者包含了苏格兰，而联合王国的数据也有所不同，它在这一时期还包含整个爱尔兰。可资获取的最佳数据主要得自英格兰。）

　　为了理解英格兰的人口起飞，我们有必要将视线拉回到几百年前，并一直回溯至 16 世纪末伊丽莎白女王一世统治时期的最后几年以及莎士比亚时代。当西班牙舰队启航之时（后来战败），当莎士比亚炙手可热之际，英格兰人口约为 400 万。而早在亨利八世统治末期，当地人口约为少得多的 300 万。按历史标准，半个世纪 1/3 的增幅是迅速的（相当于每年增长 0.5% 出头）。都铎王朝统治时期的英格兰基本上是和平与繁荣之所在，政治局势相对稳定——尽管当时也存在宗教争端——其内部贸易及其与欧洲的贸易也都处于扩张态势。此外，当时的英格兰仍处于黑死病、玫瑰战争以及中世纪末其他灾害造成的惨淡光景后的恢复期，这些都导致了人口规模的缩减。因此，当瘟疫消失、局势渐趋稳定后，就有足够多的土地供养更多的人口了。彼时所谓的"快活的英格兰"（Merry England）并不完全是维多利亚时代那些怀旧商人的虚构。人口的增长通常意味着生活条件的改善。16 世纪的都铎王朝和伊丽莎白时期的英格兰的确是快活的，至少与刚刚过去的日子和后来一些时期相比的确如此。

　　随着内战和瘟疫的再度袭来，英格兰的人口增长逐渐放缓，并在随后的 17 世纪发生了小幅缩减，但在 18 世纪早期又恢复增长。[①] 18 世纪上半叶的年均人口增幅约为 0.3%，下半叶则在 0.5% 左右。情况至此都还不错，从历史的角度讲倒也再正常不过。然而，这却是局势发生永久性改变的时刻，人口浪潮开始沿着前所未见的路径袭来。英格兰的人口增长在 19 世纪逐渐加快，尽管有大规模人口迁

---

① 　Wilson, p. 787.

出，但其年均增幅仍在 1.33% 左右。以 1811—1825 年为例，排除迁出人口影响后的自然增速峰值可达 1.7% 以上。[①] 如此增速比其他任何时期都快得多，无论是黑死病之前的中世纪盛期还是都铎治下的"快活的英格兰"时期都难以企及，这为英格兰带来了前所未有的人口规模。当人口规模——或其他任何事项——以每年 1.33% 的速度增长时，其总量 50 年便可翻一番，再过 50 年则会再次翻番，这便是英格兰的人口在 19 世纪经历的发展过程。

就在这场人口革命方兴未艾之际，托马斯·马尔萨斯牧师终于确定了这场革命所颠覆的"旧体制"。马尔萨斯是来自英格兰南部繁荣之郡萨里的一名乡村牧师，他找到了他认定的历史规律。在其 1789—1830 年间撰写、出版并逐步加以修订的《人口原理》一书中，马尔萨斯认为增长的人口总会超过土地的供养能力，而这无可避免地会导致穷苦和死亡。在这种情况下，马尔萨斯主张战争、饥荒和疾病会将人口规模降低至土地可以供养的水平。至此，随着人口数量的下降，共享可资获取的资源的人也减少了，于是，活下来的少部分人中每个人可资获取的资源份额就越大，这能让他们过得更好、活得更长，从而养育更多的后代。但如果不加以"阻止"（生育控制）或"约束"（晚婚和禁欲），人口规模很快就会恢复至自然的极限，普遍的苦难也会再度袭来。正如马尔萨斯所言："人口的力量远远超过了地球为人提供生存能力的承载力，人类迟早会以某种方式迎来过早的覆亡。"[②]

---

[①] Wrigley, pp. 348‑9.
[②] Malthus, p. 51. 马尔萨斯的想法在其各版论述中都有所推进。他越发倾向于认为，随着生育控制和晚婚的出现（就像在西欧观察到的那样），社会可以避免极度的苦难局面。对马尔萨斯的思想发展，以及对马尔萨斯是否就是马尔萨斯主义者的解释可参见 Wrigley, pp. 216‑24。

尽管马尔萨斯已经为到那时为止的人类发展提出了一个标杆式的解释，但就在他著书立说之际，他周围的世界也发生了变化。他的家乡英国先后上演了农业革命和工业革命，食物的生产方式和贸易方式随之发生了转变，这让当地人口规模的增长超出了以往任何时期的限度。[①]人口规模不再受地域生产的限制。一个工业化国家可以在世界市场上销售其产品，并购买来自全球的食品。新的农业技术意味着更多的产出。例如，18世纪的时候，新的播种和轮作技术便提高了农业产量，到19世纪，农业机械化程度也日益提高。19世纪早期，每英亩[②]土地的产出增加了50%左右，而到19世纪下半叶，加拿大、美国和澳大利亚大片新开垦的土地也已用上欧洲的技术，远在欧洲的人也能购买这些机械了。

随着新土地不断被开垦，这些土地上的原住民逐渐被新居民替代甚至灭绝。现代农业技术逐渐占领这些土地，作物开始被运输并销往英国和欧洲其他地方，这意味着上百万英亩的额外土地也可被用于供养迅速增长的人口。而实际上，英国是通过开垦大片新土地并在上面使用最新的种植技术来推动其人口增长的。仅在马尔萨斯时代，这种全新的、更高效的和多产的世界才是可以想象的。如果马尔萨斯在这场革命的中心曼彻斯特生活和传教，或者前往新世界的社区中服务，他可能就会对人类崭新的未来有不一样的领悟了。但生活在萨里乡下让他错失机会。

---

① 工业革命的概念及其出现的时机本身就很复杂且存在争议性。Wrigley（pp. 64 - 5）曾描述了一个具有决定性的断裂，即从根本上利用短期光合作用生成的有机产品来满足食物、燃料、住所和衣物之基本需求的阶段（例如，食用当年的谷物，燃烧至多几百年树龄的木材等），到能够从光合作用中发掘上百万年累积而成的能量阶段的转变，后者最初是通过大规模生产和使用煤炭实现的。因此，Wrigley对英国18世纪末发生的事情和从更早阶段发展到19世纪初的事情（例如荷兰的情况）做出了明确区分。

② 1英亩约等于4 047平方米。——编者注

并非所有人都将英国人口的增长视为国之福泽。随着人口的扩散，大量土地和不同文明的出现，知识分子——不仅是那些可能不被重视的保守派或反对派——中间明显出现了担忧情绪。1904年，《泰晤士报》哀叹伦敦南部郊区正在成为"一个异常单调、丑陋和沉闷的地方"。赫伯特·乔治·威尔斯绝望地认为"如今英格兰一半的地方都成了杂乱无章的郊区"，他还谈到了无尽的街区和平淡无奇的房屋"像肿瘤一样疯狂增长"。戴维·赫伯特·劳伦斯则毫不掩饰自己对大众抱持的种族灭绝式的态度："如果按我的想法来，我会建造一座水晶宫那么大的毒气室……然后将大街小巷中所有老弱病残统统关进去。"

知识分子对底层人民充满势利的轻慢态度至少可以追溯至古希腊时期，但此处表达的特定厌恶（和憎恨）情绪则可视为知识分子对前所未见的人口增长的真实反应。德国哲学家尼采比任何人都更为直白和惊人地表达了这一观点："绝大多数人都没有生存的权利，对高贵之人来说，他们不过是一场灾难。"[1]当人口规模较小且毫无变化，以及多数穷人快要饿死的时候，这种情绪不太可能那么明显被感知到。

## 解释人口增长

人口增长为何会发生，尤其是，它又为何会发生在英国？这在一定程度上与运气好有关。莎士比亚笔下这个充满王者气象的群岛

[1] Carey, pp. 46, 120, 12.

此前经历过一场内战，后来在 18 世纪重新成为一个相对安全的地方。与欧洲大陆大部分地区形成鲜明对比的是，至少在 1746 年詹姆斯党叛乱结束后，英国便再没有遭受过外来军队的侵扰。可能是因为卫生和营养状况开始得到改善，瘟疫以及其他流行性疾病也逐渐减少。有人甚至将茶叶消费的攀升作为解释当地人口健康状况提升的一个指标。[1]

人口增加的可能性有两种，二者必有其一，也可能同时存在。第一个可能是出生人数超过了死亡人数，第二个可能是迁入人数超过了迁出人数。就 19 世纪的英格兰而言，第二个解释可以被排除在外。通常的说法是，英格兰一直都是移民迁入之地，但这种说法简单地说并不正确。1800—1900 年，英格兰人口的增加肯定与迁入移民毫无关系。相反，在此期间，英国和爱尔兰迁出了大量人口去往加拿大、澳大利亚和新西兰等广阔殖民地，而且它们在此间大部分时段内都是美国移民群体的最大输出地。的确，苏格兰，尤其是爱尔兰（当时二者都隶属于联合王国）也有大量人口迁往英格兰，特别是在 19 世纪末，东欧犹太人也曾大量移民英格兰，但这些与当地迁出至殖民地和美国的人口相比则差距明显。各方的估计有所不同，其间的记录断断续续，当然也有很多人迁回至英格兰从而使得情况变得复杂，但一项估计表明，单就 19 世纪 50 年代而言，离开英格兰的人口便超过了 100 万。[2] 相比之下，在"一战"前一个世纪的移民峰值年份中，仅有 1.2 万人移居英格兰。[3]

鉴于英格兰生活着大量外来移民，而且其人口规模在 19 世纪

---

[1]　Macfarlane, pp 144 - 53, 303 - 4.
[2]　Tranter, p. 53.
[3]　Morland, *Demographic Engineering*, p. 7.

以内几乎翻了两番，则其人口增长的原因一定是出生人数大大高于死亡人数，这不仅足以产生庞大的国内人口，而且还推动了向外移民的势头。伦敦东区贫瘠狭窄的街道到19世纪末的时候已经挤满了犹太人，这表明大量移民已涌入英格兰，但这与从中涌出的大量移民投奔的广阔天地（加拿大、美国、澳大利亚和新西兰等地）相比则不值一提。出生人数对死亡人数的任何超出都是对庞大的外迁移民数的补充，之后它才能对人口增长有所助益。事实正是如此。

随着英国人口革命的展开，最先发生变化的便是人们结婚的年龄。而在更早的18世纪初到18世纪中期，女性结婚年龄便已从26岁下降到了23岁。[1] 这意味着，女性多出了生育能力最强的三年时光生育孩子，而非待字闺中（多数时候是保持贞洁）。[2] 与此同时（仍然与贞洁问题相关），婚外出生人口下降了（这与维多利亚时代道德风气的改善有关）。总体上，这一点可由婚内出生人口的增加得到弥补。无论婚内还是婚外，总和生育率从18世纪初看起来十分低的水平得以提升，每个女性生育小孩的数量也从四五个上升至19世纪初的6个左右。这个因素令英格兰的人口增长与紧随其后的其他地区稍有不同：尽管在多数情形中，出生率居高不下的话，死亡率就会降低，但是在英格兰，出生率的确上升了。[3]

同时，除了结婚更早和家庭人口更多以外，人们的寿命也更加长久，这意味着每年死去的人数减少了。17世纪后期，瘟疫仍相当普遍，生活条件也很不卫生，当时一般人的预期寿命仅在30岁出

---

[1]　Wrigley et al., pp. 134, 355.

[2]　对潜在婚姻的早期生育能力超过晚期之程度的讨论可见：Wrigley et al., p. 411。

[3]　这并非没有争议。一些人认为英格兰19世纪初的人口增长更多是由于死亡率下降而非生育率上升所推动的。参见 Wrigley et al.,pp.431‑8。

头。到 19 世纪初，尽管世人多数时候的生活条件仍于健康不利，但也在不断改善，此时的预期寿命已超过 40 岁。[①] 死亡率的稳定下降是人口增长过程中最为重要、最为连贯和最为持续的有利因素，尽管这一过程首先表现为出生率的上升。而生活水平的变化——以我们今天的标准来看显得不足为道，但与此前的标准相比则是重大改善——反过来又降低了死亡率，更便宜、更卫生的服饰，更实惠的食品等方面的巨大变革让这一切成为可能。

对我们而言，维多利亚时代的城市可能看起来还比较肮脏，但与较早时代贫困的乡村生活相比（更不用说英王乔治以及更早时期的伦敦这样的危险之地了），当时的巨大"进步"的确推动了人口爆炸。英国比欧洲其他地方更早解决瘟疫，当霍乱出现时，其影响也没那么严重了。[②] 城市开始铺设下水道，最有名的当数约瑟夫·巴泽尔杰特爵士在伦敦建立的下水道。基本的医疗保健措施变得更加普遍易得。这个时代也是铁路首次登场的时代。伊桑巴德·金德姆·布鲁内尔等先驱铺设了贯通英国的铁路线，他们的后继者则在数十年内将铁路铺设到了别的国家，甚至跨越大陆。蒸汽船开始遨游海洋，公路路况得到改善。这意味着更快、更便宜的运输方式，与农业创新结合则意味着更多、更便宜的食物。当食物可以很方便且廉价地从外部运来后，个别地区的食物短缺便不太可能造成饥荒了。

废除《谷物法》后，英国向世界开放了自己的市场，人们可以吃上从各地低价进口的食物，随着运输技术的进步，选择范围也越来越广。如果英国独自生产与其从美国进口的棉花等量的羊毛，则将耗尽其几乎所有牧场，如此，则几乎没什么地方留给羊毛生产或肉类生

---

[①]　Wrigley et al., p. 295.
[②]　Macfarlane, pp. 110, 184, 192－3.

产。而如果将其每年的煤炭产量换算成等量的木炭，英国每年需砍伐的森林面积将超过其森林总面积的 7 倍。[①] 公共和私人卫生条件以及饮食方面的变化大大降低了死亡率，从而提高了人口的总体规模。

尽管英格兰正在形成一种全球各地竞相效仿的模式，但正如我们所见，其人口爆炸的与众不同之处在于，不仅死亡率降低，而且出生率在一开始也有适度上升。[②] 英格兰人口结构转型的另一个特点是，尽管人口增长肯定由总体死亡率的下降推动，但婴儿死亡率的下降却并不明显。我们在后文中会看到，在紧随其后的许多地方的人口增长过程中，由于生活条件的改善，每年死亡人数也不断降低，通常，恰好是弱小的婴儿和儿童的死亡率降幅最大。以也门为例，自 1950 年以来，当地一岁以下婴儿的死亡比例已从 1∶4 降至 1∶20，这是解释这段时间当地人口从不到 500 万增长到 2 500 万以上（至少直到前几年也门内战爆发之前的情况如此）的主因。[③] 而在英国，19 世纪的大部分时间里，其婴儿死亡率并未比 150‰下降多少，只是到 1900 年之后才大幅下降。[④] 一旦人们摆脱了危险的童年，他们的确就会活得更长，这会降低死亡率并增加人口，但即便到现在，童年时期也都还是一个危险的阶段。

在 19 世纪的英格兰，城镇和城市儿童的存活率并不比乡村更高，这一事实会让目前在经济发达地区工作的人感到惊讶。如今，哪怕雅加达地区的家庭也比印尼边远岛屿上的家庭更可能获得更好的医疗保障和便利设施。城市婴儿的死亡率还要更低。早在 18 世纪

---

① Pomeranz, p. 276.
② 但是也请见前文注释第 52 页第 3 条。
③ UN Population Division 2017 Revisions.
④ Woods et al., p. 35; 然而，请注意内生性婴儿死亡率和外生性婴儿死亡率的区别，参见 Wrigley, pp. 321 - 4.

的时候，至少英格兰的情形恰好相反，尤其是伦敦的卫生条件，对儿童而言还远不如乡村。而到 19 世纪，尽管城镇和城市的情况都在改善，但情况依然是它们的健康程度赶不上乡村。然而，随着越来越多的人口前往城市居住，从城市发展中获益的人也越来越多，整个局面正在改观。因此，从乡村迁往城镇的人口便是从婴儿死亡率更低的地方搬到了更高的地方。这减缓了英格兰婴儿死亡率的下降过程，而对如今正在经历城市化过程的国家而言，情况刚好相反。[①]

然而，通常而言，从 18 世纪后期开始在英格兰观察到的模式将成为社会转型的典型特征，人们将其称为"人口转变"。随着生活条件的改善，人们的寿命也更长了。但有那么一段时间，人们仍会继续组建 6 ~ 7 口人的大家庭。只是到后来，家庭规模才得以下降。

## 与海峡对岸比较

与此同时，海峡对岸的欧洲大陆又在发生着什么呢？

传统上被视为英国主要竞争对手的法国不仅地理范围更大，而且供养的人口规模也更大。在女王伊丽莎白一世统治时期，英格兰的人口规模仅占法国的 1/5。[②]1800 年，拿破仑很快控制了局势，四年之后加冕称帝，此时法国的人口几乎是英格兰的 4 倍。英国在过去几个世纪中对法国的胜利确保了其全球霸主的地位，尽管这些胜利并非靠人口规模获得的。然而，纵观整个 19 世纪，法国不仅在工

---

① Wrigley.
② Wrigley., pp. 431 – 2.

业和军事方面，在人口方面也开始落后。到 1900 年，法国人口规模
与一个世纪以前 4 倍于英格兰相比已相去甚远，联合王国此时的人
口仅为当时的 1/4（少于人口的总和）。

考虑到整个 19 世纪英格兰有大批外迁移民，但几乎没什么人离
开法国这个事实，二者的局面便更具戏剧性了。的确，法国在 1871
年失去了阿尔萨斯和洛林两省，但两地的人口规模占比较小。奇怪
的是，法国的家庭规模比英格兰的家庭规模小得多。法国女性生育
的孩子也更少。人们就此提供了诸多解释：法国的继承法案；教会
招募没有孩子的牧师、修女和修道士带来的影响；或者，最为有趣
的一点，法国农民中间流传的关于节育的知识，这些压根没有传到
海峡对岸。无论原因为何，19 世纪的法国至少从人口学上讲已经陷
入了困境。与人口爆炸的情形一样，城市化与工业化也在英国齐头
并进，因此，法国人口的缓慢增长则与其有限的工业化程度和一直
以来占据主导地位的乡村生活方式相伴而生。到 19 世纪中期，英国
已经有半数以上的人口居住在城镇或城市，而法国直到 20 世纪中
期才达到这一水平。法国人口规模的停滞及其有限的工业化水平令
其优势尽失。事实上，这是法国人口定式的开端，人们担心，如果
没有沦为他国的附属，难看的人口数字注定会永久地降低其国际
地位。

有两个国家的人口增速几乎或完全与英国本土一样快，它们是
丹麦和苏格兰。然而，就此而论，丹麦在国际舞台上并未展现与
其人口规模相应的地位，而苏格兰则与英格兰共同附属于联合王
国，它也同样经历了工业化、城市化的起飞，其外迁移民比例同样
很高。

在 19 世纪的大部分时间里，我们实际上无法将"德国"作为一

个完整的政治实体主权国家讨论，因为它直到 1871 年才统一。但是它所覆盖的领土最终并入俾斯麦建立的德意志帝国。英国本土以及联合王国中的其他成员也推动了类似的进程。在 20 世纪上半叶，大英帝国（包含英格兰、威尔士和苏格兰，但不包括爱尔兰）人口从仅占德国人口规模的 40% 上升至 60% 左右。德国在实施降低死亡率从而提升人口规模的基础改革方面仍旧落后于英国。而在欧洲其他地区，比如西班牙、意大利和奥匈帝国，则更为落后，它们的人口增长速度甚至更慢。

　　英国人口增长如此之快这件事很重要。正如人口浪潮一如既往向我们展示的那样，人数很重要，更多的人口可能意味着组建大兵团的能力，也可能意味着吞吐资源量更大的经济体。英国以及欧洲范围内更为宽泛意义上的英语民族人口增长，是英国在 19 世纪崛起为主导力量的主要原因。考虑到此间欧洲以外的英国人口同样在不断增长，人口因素就成了英国崛起为全球领导力量的关键。而在检讨英国人口革命对世界的影响之前，我们有必要先了解一下爱尔兰，那里正在上演一个截然不同且晦暗得多的人口故事。

## 爱尔兰：例外中的例外

　　尽管 19 世纪初英国人口的增长已属例外，但此时爱尔兰人口的减少却是例外中的例外。

　　爱尔兰是个农业国家，当地的气候和土壤适宜栽培马铃薯。然而，直到伊丽莎白一世统治时期马铃薯才引入爱尔兰，引入之后，它便在人口层面产生了重大的影响。正如马尔萨斯所言，土地的人口承载量是有限的。然而，偶然的时间内发生的异常之事也会大大提高土地的人口承载力，就爱尔兰而言，这便是马铃薯带来的新世纪。当沃尔特·雷利从美洲带回马铃薯时，他的货船中还承载着爱尔兰的命运。这种作物花费了一段时间才得以传播，并对人口规模产生影响，在 1600 年时，爱尔兰的人口可能在 200 万左右（这个数据和得自更早时期的众多数据一样有待讨论），但到 1840 年左右，其人口规模已飙升至 800 多万。[①] 而在此前几十年中，阿尔斯特（爱尔兰北部地区的旧称）还有大量人口（多数信奉新教）迁往美国并定居在阿巴拉契亚山脉偏远地带，他们后来成了美国人所谓的"苏格兰 – 爱尔兰后裔"。

依靠马铃薯过活的爱尔兰农民可能活得很悲惨，但他们的数量却增长迅速，而这恰恰是马尔萨斯观点的体现。如果不加以控制，农民的人数就会超过悲惨的界限。由于不存在任何种类的发达产业提供出口物资以支付食物的进口，爱尔兰的人口规模在缺乏马铃薯的情况下绝无可能增至如此大的规模，而在爱尔兰潮湿的气候中，马铃薯比小麦、大麦或其他任何作物都能养活更多的人口。

然后在 1845 年，马铃薯晚疫病袭来。爱尔兰饥荒中最令人震惊的一点——尽管这场饥荒并非人类历史上最大或最晚的一次，但却是欧洲最令人难忘的一次——是它发生在不列颠群岛大部分地区正摆脱残酷的马尔萨斯陷阱之际，它意味着人口规模已扩张到无法供养的规模，然后随自然灾难和战争的发生而缩小。当英格兰阔步迈向现代之时，爱尔兰则迎头赶上了中世纪的噩梦。英国官员面对爱尔兰饥荒时的铁石心肠从某种马尔萨斯式的精神特质中便可得知，

①  Connell, p. 25.

其中无疑还掺杂着在今天看来简直不可理解的种族主义。一种观点认为，如果挨饿的群众得到救济，他们只会生养更多的人口并将土地耗尽。这是毫无底线的反慈善（或者反人类）的观点。任何减缓痛苦、接济和偏向穷人及其患病后代的倾向，都只是让更多人活下来并耗尽有限的资源，这最终又会将他们推向痛苦。（这也是维多利亚时代的人们对待穷人的惯用伎俩，狄更斯的作品已让我们对此耳熟能详了。他在《雾都孤儿》和《荒凉山庄》中都曾描述和批判这种观点。）因此，小麦和大麦的商业出口仍在继续，但民众却在挨饿。

《水孩子》的作者、女王的私人牧师查尔斯·金斯利谈到爱尔兰人的时候称他们为"白猩猩"。一些当代评论家则更富同情心，正如《伦敦新闻画报》在 1847 年 2 月报道的：

> 我看到将死之人、活人和死者不加区分地横陈在同一层楼，他们被直接扔在地板上，身上也只有可怜的一点破布裹体……每500户人家中没有一户敢于夸口说家中无人死亡或无人发烧。尽管死人与活人同屋而居的时间可能长达三四天乃至六天，但却无人尝试将这些尸体埋到永久的安息之所。[1]

饥荒正在爱尔兰蔓延。在 1845—1852 年的 7 年间，约有 100 万人死于饥荒，另有 100 万人在可怕且往往要命的生存条件下选择了移民。随后的几十年中又有数十万人选择离开，他们改变了美国东北部的大城市，就像早先阿尔斯特的移民对阿巴拉契亚山脉一带的改造一样。如今，美国境内宣称自己为爱尔兰血统的人数是整个爱

---

[1] Charwood, p. 58.

尔兰相应人数的 7 倍。另外还有数十万人口前往英格兰和苏格兰，通常他们会选择利物浦、格拉斯哥和伯明翰等不断扩张的大都市落脚。

饥荒和大规模移民，外加维多利亚女王统治时期爱尔兰人口的下降都巩固了英国的统治。1837—1901 年，爱尔兰的人口从 800 万减少到了 400 万，其占联合王国人口的比例也从近乎 1/3 降至不足不列颠群岛总人口的 1/10，这种情况不仅在于当地人口的灾难性下降，还在于其他地区的人口也在增长这一事实。[①] 如此局面会产生重大的长期影响，对英国政治而言尤其如此。19 世纪，英国的公民权逐步扩展至天主教徒，并逐步扩展到工人阶级和农业劳动者。到 19 世纪末，爱尔兰的男性天主教农民（受新近人口锐减的影响，他们在爱尔兰的代表地位有所提升）便涌现出足够多的国会议员以操纵议会。如果爱尔兰仍然占据新时期联合王国人口规模的 1/3 而非 1/10，那么，在维多利亚时代和爱德华时代的英国占主导地位的地方自治问题将会更加突出。本就难以回绝的爱尔兰民族主义要求——即自治（如果不是完全独立的话）——会来得更快，而分治也不再是可行的选项。

然而，如果爱尔兰在英国是个例外，那么阿尔斯特在爱尔兰也是个例外。在爱尔兰北部工业化和城市化如火如荼之际，其余地方仍处于农业社会。贝尔法斯特的造船业和伦敦德里郡的衬衫制造业意味着阿尔斯特正蓬勃发展，它不仅融入了英国经济，也融入了帝国经济。然而，随着阿尔斯特的新教徒逐渐成为后来组成北爱尔兰的 6 个郡的多数，乃至（更具体地说）占据了传统上组成这个地区更大

---

① Townsend, p. 271.

范围的 9 个郡中的多数人口，于是，阿尔斯特更偏远的天主教徒占主导的地区的命运，也变得与爱尔兰其他地区一样了。与此同时，在新教北爱尔兰与英格兰及大英帝国的关系日趋密切的情况下，作为工业化标志而蓬勃发展的贝尔法斯特的人口也从 2 万增至 3.5 万。[①]

## 世界工厂：人口如何使英国成为世界领先的经济体

19 世纪英国的帝国式扩张与其成为世界工厂密切相关。它是领先崛起的工业强国，在服装、钢铁制造和铁路铺设方面处于领先地位。这是一个由汉弗莱·戴维这样的科学家引领化学领域进步的时代，其成果的应用使采矿变得更加安全；这也是亨利·贝塞麦等发明家改进钢铁制造工艺的时代，他们使钢铁成为一种用处更为广泛的材料。我们无可否认这些人和他们的发明以及对产品做出的革新的重要性。然而，只有在人口快速增长的背景下，这些创新才能将英国变成世界上第一个伟大的工业强国。工业化为英国增长的人口提供了就业机会，又通过贸易为其激增的人口提供了食物，但人口增长也促进了工业化，它提供了建设交通基础设施的工人，也为工厂的生产提供了人手。

的确，人口规模小的国家可以是富国，反之也可能是穷国。可以这么说，一方面，英国在一定时期内成为世界工厂及其领先的经济力量，是因为其人口增长的过程十分简单。许多国家也都经历了迅速的人口增长，但依然贫困，而另外一些国家则随着人口增长的

---

① Brett, pp. 67, 120.

放缓变得富裕。另一方面，二者——英国的人口增长及其工业的崛起——的关系也不容忽视。一个国家的人口规模可从两个基本的方面对其经济影响力做出贡献。首先，人口数量带来的直接权重。卢森堡很富裕，其人口指标的某些得分是美国的两倍还多，但它并不像中国或印度一样是经济舞台上的主要参与者。卢森堡的公民建立了一个富有而成功的国家，但卢森堡几乎毫无经济影响力可言，因为这个国家实在太小了。对中国或者印度这样的国家而言，的确可能在人口众多且十分贫困而毫无国际经济地位的情况下拥有经济影响力——两国在 20 世纪多数时间里均如此。然而，一旦人口规模上亿的国家开始走上正轨，即便其普通民众仅仅从赤贫走向贫困，人数的权重也开始变得有意义。与此同时，美国并非因为其民众比欧洲和日本富裕得多而成为世界最大经济体的，实际是因为其人数众多。

其次，如卢森堡这样规模的国家能在当今世界存活下来，是因为它位于自由贸易区内——深深地扎根于欧盟，并通过世界贸易组织在很大程度上与更广阔的世界融为一体。卢森堡人对高价值服务的专注让他们得以从世界其他地方购买生活必需品以及奢侈品。如果被迫回到完全依靠自身资源的情况，他们将只能够维持生计，就好比几十万人的群体完全隔绝于世界贸易一样。今天，由于自由贸易的规则，小国也能在世界上立足。19 世纪初英国的人口开始起飞的时候，世界经济还未这么开放。在不太自由的贸易环境中，更大的人口规模不仅为工厂提供了更多的人手，而且还提供了更多的消费者和更大的市场。人口规模从供给和需求两方面塑造经济。生产和制造能力达到与人口规模相称的，要么仰赖与广阔的全球市场接轨，要么至少国内存在可资利用的大型市场。

将英国和法国的人口和经济进行对比会为我们提供大量信息。

经济规模数据的争议性比人口更甚，但就可能是可资获取的最佳数据而论，英国经济规模从 1700 年占法国经济不足三成，一直稳定地增长到"一战"前超过后者三成的水平。[①]因此，相对于法国经济规模而言，英国经济增长了 4 倍。同一时期，英国的人口从不到法国的一半增至超过其 15% 的规模。因此，英国经济相对于法国的大部分增幅都必须归功于其人口规模的相应增量。

如果人口规模未在 19 世纪大幅增长，英国便不可能在该世纪初发展成为世界工厂，也不可能在该世纪下半叶成为头号金融强国。即便忽视不断增长的人口对扩大市场和增加人口财富的影响，而仅关注人口绝对量的增长如何扩充了经济，此间英国经济增长的半数成就也是人口增长的结果。就像增长的人口规模会对经济增长做出贡献一样，经济发展也会带来人口的增长。凭借增长的财富，英国能够更好地投资公共卫生事业，其居民也能因为它与定居在加拿大大草原和澳大利亚内陆的兄弟姐妹的贸易而吃得更好。根据其累积的财富，英国拥有可成为世界工厂进而跻身世界金融强国的人口规模。正如没有人口的暴增，英国就不会成为世界领先的经济角色一样，其一路领先的帝国角色同样无从谈起。

## 为了女王和国家：帝国移民

伟大的文化历史学家费尔南·布罗代尔谈到西班牙人的时候说，虽然他们能够征服南美洲，但却无法掌控它。[②]这意味着，尽管西班

---

① Maddison, pp. 160, 169–70, 180.
② Braudel, p. 437.

牙人名义上坐拥庞大的帝国，但实际上他们却几乎无法对之施加影响，也不能在很大程度上控制它，从而才会在 19 世纪早期几乎失去整个帝国。这主要是因为西班牙缺乏足够的人口对其占领的土地产生实质性的影响，尽管它成功地（无论有意还是无意）消灭了此前生活在这些土地上的多数原住民。结果，美国在 1848 年很容易就吞并了墨西哥北部一半领土（包括今天的加利福尼亚州、亚利桑那州和新墨西哥州等），因为这些地方几乎没什么西班牙人或墨西哥人。这与英国人形成了鲜明的对比，他们会居住在自己的帝国领土内，这自然需要人口，因而英国人遍布世界各地。西班牙和英国在这方面的差异主要取决于如下事实：当时的英国正处于人口膨胀阶段，从而不仅产生了足够多的国内人口，还向殖民地和其他地方输送了数以百万计的人口；西班牙则从未做到这一点。

　　来自不列颠群岛的大批人口定居在加拿大、澳大利亚和新西兰等大英帝国管辖的领土上，同时还给当地的原住民带去了致命的疾病——就像两三个世纪以前西班牙人在拉丁美洲的情况一样——而他们自己的人数却在迅速攀升。似乎有些令人咋舌的是，上百万移民能够在半个世纪之内在规模如澳大利亚的大陆中占据主导地位，但考虑到原住民相对较小的人口规模，及其在欧洲人的疾病和暴力面前的劣势地位，外加欧洲人良好的健康状况和繁殖能力让他们即便在无移民涌入的情况下也能在一代人的时间内人数倍增等因素，这也就没什么可惊讶的了。从人口角度讲，定居的农业人口取代基本上还过着狩猎生活的人口时，这一过程通常因为前者的高出生率、低死亡率（他们能够耕种新的土地，因此至少可以短暂地摆脱马尔萨斯陷阱）以及后者的高死亡率（有时至少一部分是大屠杀的结果，通常更大部分是外来者带来的疾病造成的）而加速。

移民涌入的动机——从正反两方面来讲——比较复杂，各有不同。的确，向殖民地移民的运动先于人口爆炸数百年，但如果人口不断减少的英国国内没有经历人口爆炸，则 19 世纪成规模的移民潮绝无出现之可能。在一定程度上，人口过剩本身就会产生移民涌出的压力。殖民地很遥远，路途艰辛且危险重重，但却充满机遇和可能。移民们常常无功而返，有时也可能心生悔意，但成功的故事也比比皆是。在男性人数超过女性的殖民地中，女性可能会被迫迁出。1853 年移居澳大利亚的艾伦·克兰西（Ellen Clancy）多年后在家乡写道：

> 如果你能够得到恰当的保护，并且健康状况良好，不是太挑剔或不是"精致的淑女"，能够挤牛奶、搅拌黄油……你承担的最大风险便是结婚，你会发现自己受到的尊重和礼遇比在英格兰高出不知多少倍。

克兰西补充道，因为女性数量相对男性较少，女性"很可能会闯出自己的一片天地"。[1]

我们并不能格外夸大这种局面在多大程度上令英国领先对手一步。在英国移民定居的土地上，原住民们仍然遵循着马尔萨斯描绘的人口模式，对土地和水等资源感兴趣的移民大军很容易就在数量上超过了原住民，有时差距甚至相当悬殊。英国逃脱马尔萨斯陷阱的能力是允许其民众从原住民手中攫取整个大陆的领土。正是人口的加持——以及新的工业技术——让英国及其后代能够将他们的语言、文化和政治制度变成全球典范。

---

[1]　Charlwood, pp. 66 - 7.

　　尽管英格兰在人口增长方面处于领先地位，但苏格兰也不甘示弱。威尔士通常被归入英国的数据之中，爱尔兰却有些不同。意识到这些差异和相似之处后，我们才有可能说人口爆炸不仅局限于英格兰一隅，它还覆盖了整个英国。这对大英帝国而言十分重要，因为苏格兰和威尔士都为欧洲以外的土地提供了大量移民。英国崛起成为全球领导者不仅在于其国内的人口爆炸，更在于其民众在海外广阔的大陆上占据主导地位。正如历史学家蒂莫西·斯奈德在1940年底和1941年初时谈到的，如果说苏联和纳粹德国重新塑造了欧洲，"那英国则塑造了世界"，它们都是通过人口输出实现这一点的。[①]

　　我们有必要区分英国产生影响的三个区域。首先，英国人涌入殖民地，他们淹没了原住民的人口，并在这些地方强力塑造了新的社会。加拿大、澳大利亚和新西兰可归入此列。其次，也存在美国这种脱离英帝国控制的国家，但其人口主要来自英国，并且在19世纪的大部分时间里仍不断有不列颠群岛为主的移民浪潮涌来。最后则是印度以及非洲的大片土地，大批殖民者并未定居于此，但英国的统治却因其不断增加的人口（更多人迁往此地）及其工业实力（尤其是军事方面）而得到加强，这意味着大量被殖民的人口可在其生活的地方加以统治和控制。

　　让我们从加拿大这个领土面积全球第二大的国家谈起。的确，该国大部分地区都是不宜居住的不毛之地，但也存在大片适宜集约化农业作业的地方。这片广阔土地上的人口到19世纪中期的时候尚不到250万，但到"一战"爆发时已增至3倍于此的700多万。这

_____

① Snyder, p. 158.

是来自英格兰、苏格兰和爱尔兰的移民贡献的增长率。到 1914 年，超过半数的加拿大人直接来自不列颠群岛，或者是当地人的后裔。主要生活在魁北克的法裔加拿大人占总人口的比重已从近 1/3 降至 1/4 出头。法裔加拿大人以其高出生率闻名，一些人将这解释为"来自摇篮的复仇"，即从英国在加拿大击败法国后找回自我。这在某种程度上抵消了不列颠群岛移民的影响，从而确保了在后来建省的魁北克中法裔的多数地位。然而，19 世纪期间也有很多美国移民来此定居，但几乎很少有法国人来到这里补充他们的数量。①

英国和爱尔兰移民在 1867 年加拿大自治领成立前后曾大量涌入，也正因此，加拿大原住民数量也减少到不足总人口的 1/3。一些爱尔兰移民维持着对抗英国的传统，但英国的印记却牢牢地刻在了这片广阔的领土上——无论是语言、地名、宪法还是政治。这对英国国内也造成了巨大的影响。加拿大成为联合王国的主要食品出口国之一，这在自由贸易的鼎盛时期为英国农民带来了竞争和挑战，但也意味着"一战"前的二三十年中更多便宜食品的涌入，以及工人阶级生活水平的切实提升。"一战"期间，来自加拿大的食物成了英国的生命线，而在战壕中冲锋陷阵的加拿大人则被视为服务于当时多数人所谓的祖国。

澳大利亚的故事也大同小异。在"一战"爆发前的百年中，澳大利亚的欧洲人口从不到 1 万增加到 400 多万，同样，其中绝大部分由来自不列颠群岛的移民组成。其中近 20 万是在 19 世纪 80 年代迁入的，19 世纪 90 年代涌入的移民规模则近乎 80 年代的两倍。②

① Canadian Encyclopedia, vol. 1, p. 595, vol. 3, p. 1 453; UN Committee of International Coordination of National Research in Demography, World Population Year 1974, p. 59; Kalbach and McVey, p. 195; Livi-Bacci, Concise History of World Population, p. 61.
② Wilkinson, p. 244.

这些移民以年轻人（移民通常如此）为主，领土"开放"以及地价便宜是他们前来的动力。不出所料，此番景况意味着高出生率和低死亡率（年轻移民的典型特征），这反过来又增加了人口。与加拿大一样，此地在一开始就不多的原住民人口更是降到了缺乏统计意义的程度。到 20 世纪 20 年代早期，在英国人居住最为密集的维多利亚州、南澳大利亚州和新南威尔士州等地的澳洲原住民总共仅剩 3 000 人左右。而在整个澳大利亚，仅仅百年以前还拥有这片大陆的原住民人口仅占总人口比例的 2% 了。

相比之下，澳大利亚超过 80% 海外出生的人口都生于英国，绝大多数出生于此的人的父辈或祖辈都生于英国。[①] 在"一战"前的半个世纪中，新西兰的人口增长了 10 倍，达到 100 万。尽管毛利人比加拿大或澳大利亚原住民（毛利人的人口占比随着 20 世纪的不断展开而有了显著提升）在维持人口数量方面更为成功，但到 20 世纪初，他们也仅占当地总人口的 5%。[②] 同样，与加拿大类似，澳大利亚和新西兰不仅提供了可供英国文化和制度在移民过程中施展拳脚的广阔领土，并在和平乃至更重要的战争时期供给大量食物，还可在宗主国的召唤到来时提供更多冲锋陷阵的义务兵源。

上述所有案例中值得注意的是，尽管英国分别自 17 世纪初和 19 世纪以来便在名义上拥有北美和澳大拉西亚的殖民地，但只有其国内人口的繁荣才能推动大规模移民的浪潮，也只有通过移民定居过程，英国才能有效控制这些领土。没有人口的繁荣，就没有大规模的人口定居，没有大规模的定居潮，英国对这些领土的帝国权力可能会停留在西班牙之于拉丁美洲大部那般名存实亡的水平。同样，

---

① Wilkinson, pp. 220, 224, 242, 247; Borrie, p. 55.
② UN World Population Year 1974, pp. 9, 13, 51, 53.

如果没有大规模的定居潮，这些地方就不可能成为全球贸易体系中重要的粮食、肉类和其他必需品供应地，而刚刚实现工业化的英国则占据了这个体系的核心位置。

正如爱尔兰是不列颠群岛的例外一样，南非也是大英帝国统治威力的例外。尽管非洲大部被认为不适宜欧洲人定居，当地气候不利，疟疾肆虐，通往内陆的交通十分不便，但是南非被英国视为移民之地则在于其相比之下更适宜的气候条件，钻石和黄金的诱惑也很吸引人。与加拿大的情况一样，来自不列颠群岛的移民并不是第一批得出不宜居结论的欧洲人，而英国人在南非的历史基本上也就是将荷兰定居者取而代之的历史，正如后者取代当地非洲人的历史一样。然而，关键并不在于英国与荷兰的关系，以及布尔战争的来龙去脉，而恰恰在于欧洲人始终无法占据人口上的主导优势，凡是在他们与非洲原住民相比无法占据压倒性人数优势的地方，其据点都是建立在摇摇欲坠且最终不可持续的基础之上的。是的，随着加拿大、新西兰和澳大利亚向更广阔世界的移民敞开了大门，这些地方的英裔和欧洲裔人口比例便呈下降趋势了。然而，当移民到来时，他们仍会融入一个源自英国的社会。英语仍旧是主要语言（法语在加拿大也是主要语言）。当地的政治机构则保留了母国的印记，就像旗帜（澳大利亚和新西兰便是如此）和国家元首（三国均是如此）等重要标志一样——换言之，它们仍旧主要是"白人"国家。

与此相反，欧洲人在南非的存在并未对当地非洲人——无论是严格意义上的"原住民"还是更晚来自林波波河北部相邻土地上的人——形成主导优势，因此，欧洲的印记便显得不那么长久。纳尔逊·曼德拉出生那年，超过1/5的南非人是白人。到他去世那年，这一比例已降到不足 1/10。如果没有这种趋势，似乎他也不可能成为南非共和国的总统，而数量不断增加的白人独揽大权的时间也会更长。然而，在曼德拉成为总统以前很久，人口劣势就一直削弱着白人的领导地位。

英国人于 1814 年抵达好望角，长期以来，他们的主要目标都是确保自己对先来的荷兰裔南非白人而非非洲人的支配地位。最终，荷兰人被迫迁往内陆并建立起自己的地盘，但英国人则视之为自己在非洲进一步扩张的阻碍，结果就爆发了布尔战争。荷兰和英国移民的确到达了非洲，但规模上远小于到达北美等地的移民。到1870 年左右，已有约 25 万欧洲人移民南非，这还远不及移民北美（尽管地理范围上也大得多）人数的百分之一。[①] 而世纪之交的"淘金热"则吸引了更多人前来，但一直到 1904 年，白人（无论是荷兰人、英国人还是其他）人口也仅占南非总人口的 1/5。这与澳大利亚、新西兰和加拿大的情况形成了鲜明的对比。

1960 年，南非的白人比例仍无变化：有更多白人迁往此地，其人口规模也经历了自然而然的扩张，但到目前为止，现代化带来的人口增长主要体现在非洲人身上。非洲人的家庭本就比欧洲家庭的规模大得多，得益于婴儿死亡率的下降，其人口规模便快速增长。而白人早就经历了更低的生育率模式，他们更低的人口增长率到那时已在欧洲人口中变得稀松平常了。种族隔离制度可视为白人推迟其无可避免之人口命运的企图，它试图在人数弱势面前维持统治地位，但最终获胜的却是人口。到种族隔离结束之时，白人仅占南非人口的 13% 左右[②]，他们根本没有足够的人手控制黑人或无限期剥

---

① Thompson, p. 53.
② Beinart, p. 353.

夺其权利。20 年后，白人占新南非共和国人口的比例已远低于
10% 了。

## 美国的盎格鲁－撒克逊人

　　"盎格鲁－撒克逊"一词放在美国听起来有些奇怪。至少在英国，
这个词指的是来自日耳曼和日德兰半岛的人，他们抵达英格兰的时
间比哥伦布萌生跨越大西洋之念想早了上千年，更比美国《独立宣
言》问世早了 1 300 多年。世人将美国唤作大熔炉，其公民来自世界
各地，包括美洲原住民、欧洲各国的移民、非洲人，以及越来越多
的拉美人和亚洲人。因此，了解到美国人在 19 世纪大部分时间里都
习惯性地将自己视为盎格鲁－撒克逊人的后代还是有些让人意外的。
托马斯·杰斐逊希望撒克逊民族的首领亨吉斯特和霍萨成为美国的
标志，并将他们视为真正的自由先锋，以示与后来诺曼征服之后的
英国相区别 [①]。

　　在一定意义上，"盎格鲁－撒克逊"提供了一个方便的标签。
一方面，独立战争与建立共和制之后，美国人并不希望在民族层面
上称自己为"英国人"。或许有些奇怪的是，除了民族层面，一些
人还自视为 700 年前曾遭受过诺曼人残酷统治的"自由人"的精神
后裔。（为了这些目的，英国国王乔治三世也被描绘成身兼远祖"征
服者威廉"后代以及外国压迫者双重身份的人物。）此外，并非所

---

[①]　托马斯·杰斐逊在起草《独立宣言》之前，曾于 1774 年《英属美利坚权利综述》中
论述英王室对殖民地权利的历史合法性。通过考释诺曼征服之前"自由和谐"的撒克
逊时代，证明"英国议会无权对我们行使权力"。——译者注

有白种美国人都是英国血统：日耳曼移民的数量也并非无关紧要，即便早在独立战争之时（后来涌入的日耳曼人则更多）也不少，还有一些移民来自欧洲其他民族。当然，其中包括非裔美国人，但当时他们绝大多数是奴隶，从而并不被视作国家的一分子。渐渐地，美国吸引的不列颠群岛的非英格兰移民（即苏格兰人和爱尔兰人）也越来越多，尽管将这部分移民称作盎格鲁－撒克逊人并不恰当，但将其唤作英国移民则显得更不准确。因此，这个称呼便沿用了下来，并且常常被当时的美国人引以为傲，而今天它仍保留在"WASP"（White Anglo-Saxon Protestant，即白种盎格鲁－撒克逊新教徒）这个缩写词中。

尽管"盎格鲁－撒克逊"一词在 19 世纪的用法具有相当的欺骗性，但我们需要牢记在心的是，独立时期的美国人，尤其统治精英，多数为英国人或带有英国血统。在随后的几十年中，美国的发展重心逐渐离开起源地东海岸，而向北美大陆纵深延展，此间它夺取了阿巴拉契亚山脉地区，从法国购买了中西部的大片地区（路易斯安那购地案），还通过《俄勒冈条约》获取了更大范围的土地，此外还获得了墨西哥的前西班牙殖民地，从而将领土延伸到了太平洋沿岸。若无人口做支撑，这一切都将不可能或者毫无意义。当美国于 1804 年签订路易斯安那购地案时，其人口规模比被购买地区法国人口的百倍还多。[①] 拿破仑明智地看到，如果当地的法国人不够多，他是没办法在蜂拥而至的盎格鲁－撒克逊人面前保有这片领土的。人口浪潮正往西涌，此时我们谈的是英国人。到 1820 年，美国人口为 1 000 万，这一数字还因为新移民——很大部分仍来自不列颠群

---

① Osterhammel, p. 448.

岛——和高出生率而不断攀升。那时的美国女人会生育 7 个孩子左右。美国多数人口有着英国血统，而人口本身乃其活力和无视法国和西班牙殖民对手乃至美洲原住民之权势的核心组成。马尔萨斯十分了解美国的情况，特别对新增农业用地的无限供应能力将导致人口规模在一代人的时间内翻番的可能性了然于胸。美国国父托马斯·杰斐逊早就知道马尔萨斯，还称赞过他的作品。

随着美国地理范围不断扩大，其人口也在不断增长，到 1850 年时为 2 300 万，到 1900 年时已远远超出英国达到 7 600 万。美国在 1848 年后对墨西哥北部领土的攫取便是个典型的例子。这一大片领土上生活的原住民和西班牙裔 / 墨西哥人口仅为 1 万人。兼并后的几年之内，仅加利福尼亚的白人数量便已达前者的 3 倍。[1]

最初涌入美国这些地区的人口浪潮是不列颠群岛移民规模居高不下的产物，而规模相对较小的德国移民则仅受其出生率高低的影响。移民对原住民造成了冲击，后者的人数总是微不足道——而且还被严重低估。根据美国国会的一份报告，到 1830 年，美国建国 13 州中的原住民仅有 6 000 人，其人数因疾病和历史领土的丧失而大量减少。[2]非裔美国人的数量则在持续上涨，即便奴隶贸易被禁止，不再有非洲人涌入的情况下也是如此，但到 20 世纪初，他们也仅占美国总人口的 12%，这比独立时期的比例还低。（他们如今所占的人口比例仍相差无几。）西班牙人或墨西哥人聚居的路易斯安那州的法国定居者人数则少得可怜。

非裔美国人的经历，尤其是奴隶制的遗留问题，是人口故事黑暗面的组成部分之一，另外一部分则是移民对原住民的驱赶乃至偶

---

[1]　Merk, p. 189; Osterhammel, p. 331.

[2]　De Tocqueville, p. 371.

有为之的种族灭绝。的确，奴隶制几乎曾存在于每个社会之中，英国也确实率先废除了奴隶贸易，并将其从大西洋国家中消除。同样属实的是，阿拉伯人的奴隶贸易早于欧洲人很久便已开始，而且持续时间更长。然而，纯粹的工业规模的大西洋奴隶贸易不仅在美国，也在加勒比和巴西等地轮番上演。那些被运输的奴隶的生命价值遭到无情的漠视，而美国的奴隶制一直持续到 1865 年才废除——30 年后，亚拉巴马州的黑人劳工也仅得到其所需营养的 60%。[①] 奴隶制的遗留问题仍然存在，它表现在美国紧张的种族局势之中，也表现在非洲那些直到最近仍人口稀少的地区——哪怕局面正在迅速扭转。

欧洲人在 19 世纪不断涌入美国，但其人口来源在欧洲大陆的分布也越发多样。严厉的移民控制措施于 1920 年开始实施，而在此前的上百年中，估计来自英国本土和爱尔兰的移民人数超过 800 万，来自德国的有五六百万，来自意大利和奥匈帝国的均为 400 万左右，另有 300 多万来自俄国，200 多万来自斯堪的纳维亚。[②] 挑战的规模——在如此之大的美国定居，并使其成为 20 世纪世界上首屈一指的经济体和超级大国——实在过于巨大，甚至对不列颠群岛上乐于生育的人来说也是如此。但他们比任何其他民族都更有助于填满这个国家。作为早期以及人数最多的移民群体，英国岛民提供了其他移民必须学习的语言，并在很大程度上提供了他们必须融入的文化。与那些仍留在大英帝国内的自治领一样，美国从建国一直发展至今都具有明显的"盎格鲁－撒克逊"风格，而这也只有在其广大领土上居住着来自东安格利亚、佩思郡、安特里姆郡和凯里郡的人口时

---

① Gevonese, p. 45.
② Wilkinson, p. 150; Klein, p. 131; Thompson and Whelpton, p. 294.

才成为可能。他们便是占领了西方世界的民族，其成功的关键很大程度上在于人口数量在当时增长最快。

## 傲慢

1900 年的世界已远不是 1800 年的世界了。这种说法适用于任何一个世纪，但一些真正非同寻常的东西激荡着 19 世纪，英格兰首当其冲，更大范围的不列颠群岛紧随其后。这是制造业从一国之内的低水平发展到雇主达到上百万规模的世纪；它见证了新来人口对各大洲的占领和如何促进国际贸易的繁荣。而随着盎格鲁－撒克逊社会和当时其他欧洲国家城市化程度的提升，百万人口规模的城市在欧洲和北美遍地开花。如果没有如此规模的经济变化和发展，英格兰及其殖民地美利坚也不可能持续发展。同样，如果没有人口的巨大繁荣，经济、社会和政治变革也不可能发生。

当美国在 1848 年就如何处理它刚刚征服的墨西哥争辩时，一些人主张将其整个吞并，而不仅仅是占领其北部。他们认为，在年轻的美国境内，最不受欢迎的墨西哥人肯定会逐渐被同化掉，就像"印第安人"（Red Indians）一样。世人认为盎格鲁－撒克逊人将主宰世界。约翰·罗伯特·西利在 1883 年发表了著作《英格兰的扩张》（*The Expansion of England*），他宣称尽管海外的 1 000 万英国人令人钦羡，但这"与最终……所见的情形相比简直不值一提"。[①] 臭名昭著的帝国主义者赛西尔·罗兹不仅在非洲宣传这种盎格鲁势力不断扩大的

---

① Seeley, p. 12.

观点，而且相信这是上帝的作为。"我将把余生贡献给上帝，听从他的旨意，"他说，"让整个世界都成为英国的领土。"①

　　这种傲慢是盎格鲁－撒克逊人在人口竞赛中保持领先的产物。对于那些第一批走出马尔萨斯陷阱的民族而言，似乎他们的优势将永存。但他们并未充分意识到，无论从帝国还是经济的角度讲，全球统治在多大程度上建立在人口扩张的基础之上，也并不理解是什么力量导致了不列颠群岛及其殖民地的人口增长。他们的美国后裔也无法把持、独享这些力量，或者以其他方式加以限制，从而防止其他民族在时机成熟之际将其分享。实际上，其他民族也不甘落后。事实证明，人口扩张的倾向和工业技术并非盎格鲁－撒克逊人所独有，尽管他们会塑造整个星球，但注定无法独揽统治权。

---

① Thomas, p. 114.

第四章

# 德国和俄国的挑战

惨烈的"一战"期间,一拨又一拨士兵在西线战场相遇,最重要的并非勇气、技术或策略上的优势,而是人数的绝对数量。最终,正是能够持续投入更多兵力的一方获胜。当双方兵力都损耗殆尽之后,起决定作用的——至少带来希望的——则是源源不断来自美国的新兵。

人数的重要性实属常理之中。在 1914 年之前的几十年里,相互竞争的强国一直僵持不下,不断揣度着自己和潜在对手的出生率,就像已经意识到未来的灾难性屠杀一样。英国《每日邮报》早在 1903 年就感叹,出生率的下降"正开始威胁到我们这个民族的主导地位"。一部在"一战"前夕出版的法语著作《德国的扩张》(*The Expansion of Germany*,或许这是在有意回应西利早先的作品《英格兰的扩张》)担心,"繁殖力是日耳曼民族的永恒特征"以及"德国人口的增长会相应地为其……军力的增长提供担保"。[①] 与此同时,颇有影响力的德国历史学家弗里德里希·梅尼克也曾担心"几乎整个

---

① Andrillon, pp.70 - 8.

斯拉夫民族都表现出了不竭的生育能力"。① 德国战时总理贝特曼·霍尔维格担忧俄国"人口的不断增长会像无比沉重的噩梦一样萦绕在我们心头"。霍尔维格的沮丧分析对德国下注这场机不可失的战争起了决定性作用。② 欧洲人口——以及欧洲人定居在美国、加拿大、澳大利亚和新西兰等国的人口——在冲突发生前的变化促成了这场战争，并且在一定程度上决定了战争的结果。

事实证明，赛西尔·罗兹的奇特愿景——整个世界都"成为"英国的——压根不切实际；美国境内盎格鲁－撒克逊至上主义者的想法——其他民族会被"同化"——也同样不切实际。的确，我们现在的世界很大程度上受到第一个因人口爆炸而进入现代、可持续工业社会之民族，也即来自不列颠群岛的民族的塑造：在媒体、国际贸易、外交和学术领域，英语是通用语言；英国人建立的国家是实力最强的；这个民族也是世界上最富有、最具经济实力的民族。但是，如今他们不仅（例如，在不断崛起的中国力量面前）从世界舞台上的许多领域全面退缩，而且作为一个民族，他们在自己国家中也大幅收缩。在云波诡谲的19—21世纪，可被唤作"盎格鲁－撒克逊后裔"或者具有更广泛不列颠群岛血统的民族，在美国、加拿大、澳大利亚和英国等国的数量都在不断下降。

看似无与伦比且十分独特的人口公式似乎只是一个先机。其他民族也学习采用了那些赋予盎格鲁－撒克逊人领先地位的技术，并且至少从人口角度看，这些民族追赶并超越了他们，进而对国际势力的均衡和历史后果产生了重大影响。在过去70年或者更长时间里，一直是欧洲和北美以外的民族引领人口的潮流，但英国霸权的首个

---

① Paddock, pp. 66, 74, 87.
② Lieven, p. 60.

挑战者恰好来自其近邻。不出所料，允许英国人及其美国的兄弟民族先发制人的技术也曾被与其文化和地理上关系最密切的民族，即其他欧洲人所复制。正如人们料想的那样，新生事物很可能会出现在最接近原初创新之源头的人群中。

首先，紧随盎格鲁－撒克逊人步伐的是德国人和俄国人。他们是人口浪潮的引领者盎格鲁－撒克逊人的首个强劲有力的挑战者。接下来，我们会着眼于这种情况出现的原因和具体时间，并转向一些失败者，即在这个当口逐渐落后的其他欧洲强权。（在此，俄国人也被视为欧洲人，我们并不会卷入 19 世纪末在俄国知识分子中爆发的那场激烈辩论——关于他们是不是欧洲人的辩论。）我们也将看到为何所有这一切都很重要，乃至可能导致了"一战"的爆发。

## 衰落的英格兰

人口并非一项竞争性的国家运动。旨在经由最高的出生率和最低的死亡率来达到最大人口规模的情况绝少成为政府政策的主要目标。尽管多数人都意识到，出生率的下降（除非伴随着存活率的上升）意味着潜在的士兵和潜在的生产者（和消费者）会随时间流逝而越发减少，相关的军事和经济后果也会随之而来。

如前所述，英格兰以及更大范围的英国及其海外人口在 19 世纪初死亡率稳步下降的情况下，出生率一直居高不下甚至还在不断升高，从而增加了人口规模，但这种情况到该世纪下半叶开始发生了变化。最重要的变化是女性生育小孩的数量开始下降。19 世纪早期的时候，女性通常生育 5~6 个孩子，这一水平如今仅见于欠发达的非洲国家之列。我们从维多利亚时代的小说中多少也可对此有所了解，而那些长者甚至在自己的家族中就能找到这种记忆。除了对国家的责任，维多利亚女王的出色表现还在于她生育了 9 个孩子，他们全都出生于女王执政的初期。世人倾向于为维多利亚时代赋予某种僵化的刻板印象，但事实上，在维多利亚女王登上王位的 1837 年一直到她去世的 1901 年间，局势发生了巨大的变化。维多利亚女王的儿子（即后来的爱德华七世）及其妻子亚力山德拉在女王统治的中期生育了 5 个孩子（第六个孩子仅活了 1 天），这些孩子出生于 19 世纪 60 年代，数量与维多利亚女王时期相比有所下降，但却更接近于彼时整个国家的水平。后来的世代规模明显变小了。当然，英国王室并非英国的典型代表。首先，它不受影响多数人的财务自由以及家庭规模的约束。但粗略看来，这的确说明了英国人口的一般情形。从 19 世纪中期英格兰普通女性仍会生育大约 5 个孩子算起，生育率的下降趋势就很明显了。到"一战"爆发的时候，普通女性平均生育 3 个孩子。出生率（每千人的出生人数）在 1876—1914 年间降低了 1/3——从 36 降到了 24。19 世纪 60 年代结婚的女性，平均每人生育的孩子数量超过 6 个；18 世纪 90 年代结婚的女性，生育孩子的数量刚刚超过 4 个；而那些在 1915 年结婚的女性，平均每人生育孩子的数量已低于 2.5 个。[①]

对此，我们更容易确定这种情况发生的原因而非其实现方式。在维多利亚时代晚期和爱德华时代的英格兰（以及范围更为广泛的整个联合王国）发生的现代化进程带来了城市人口的增长，更多的人想要为自己的孩子投资（他们现在的需求是改善教育），而非眼睁

---

① McLaren, p. 11.

睁看着他们成为田间地头的劳动力，或者作为养儿防老的保险手段。此外，童年时期幸存下来的孩子也越来越多，这最终会给父母传递这样的信息：他们一开始就可以生育更少的孩子，因为大自然已不太可能夺走他们了。

随着婴儿死亡率的下降，或者至少在婴儿死亡率下降之后，各国、各大陆的生育率也都相继降了下来。这是人口浪潮发展模式的重要组成部分。更低的婴儿死亡率向更低生育率的转变周期因地而异，但这条规律也存在例外情况。人口变化并非物理学，主宰它的也并非铁律，或者至少这样的铁律少之又少。然而，人口变化的一般模式却会逐渐清晰起来。随着进入 19 世纪，狄更斯时代的生活条件——开放的下水道、工厂中的童工、清理烟囱的人、济贫院等——也开始出现了变化。到 1914 年，公共卫生、净水供应乃至福利国家的基础保障方面都取得了很大进展。1858 年的大恶臭（Great Stink）——泰晤士河因为污染而散发出无法忍受的恶臭，英国议会也被迫撤离——以及此前暴发的霍乱等事件，在伦敦建设好下水道和公共卫生井然有序的 50 年后已变得无法想象。

1870 年后，所有人都能获得最低限度的基础教育，受过教育的人几乎必然更为长寿，他们更懂得如何照顾自己和子女。而且，不仅是英国国内的条件有所改善——由于北美大草原的开放、铁路的铺设以及铁皮蒸汽轮船和制冷机器的引入，食品变得越来越便宜和丰富——普通人也开始生活在更加健康的环境之中，饮食条件得到改善。从 1870 年到"一战"爆发之间，人均预期寿命从大约 40 岁增长到了 55 岁左右。也许这从今天人们可以预期自己活到 80 岁或者更高年纪的标准看有些不值一提，但放在当时却是革命性的变化。

此外，婴儿死亡率最终也开始下降，从 19 世纪后期的 150‰或者更高，降低到了 1914 年的 100‰。巴斯德（Pasteur）、科赫（Koch）和利斯特（Lister）等人的成就推进了世人对疾病的预防，对食物和饮料的制备，以及对医疗程序中所需之卫生环境的理解等，这些都在一般意义上有助于减少死亡率，尤其有助于挽救年轻人的生命。在这个意义上，婴儿死亡率开始急剧下降，无法活到 1 岁的婴儿存活率从 100‰一路降低到 20 世纪中期的不到 30‰和如今的 4‰。而这种情况又得到此前几十年中存在更多年轻育龄女性，以及更多新生儿得以幸存等现象的补充，因此人口还在继续增长，尽管速度较慢。

## 预防出生：避孕简论

几乎总是如此，紧随更低的婴儿死亡率和更长的预期寿命而来的，是每个女性生育孩子数量的下降（即更低的生育率）。但这种情况是如何实现的呢？当时还缺乏有效的避孕措施，即便有，其便宜程度和可获取程度也肯定未普及到全部人口。简单、便利的避孕药尚且要等上几十年，当时可用的避孕药不仅昂贵、麻烦，而且难以获得。

至少古埃及时代便已出现了某种形式的避孕手段，而且，至少其中一种控制生育的办法——体外射精（coitus interruptus）——曾被《圣经》记录在案。有证据表明，古埃及人就已经理解了延长母乳喂养期也会延长孕期，从而导致人口规模减少，这部分解释了为何古埃及的年度人口增长率通常仅为 0.1%。[①] 斯巴达人以杀婴闻名，而

---

① Iliffe, p. 21.

这可能普遍存在于很多社会之中，尽管直到最近，这种行为和堕胎之间的界限都很模糊。生活在 10—11 世纪的波斯思想家阿维森纳就曾推荐人们使用杀精剂和杀精药水以浇灭激情，还曾推荐现在所谓的安全期避孕法（rhythm method）。天主教会曾在 13 世纪反对使用这些药剂（尽管并不反对精确计算性行为的时间），还提出了一种当时尚未被教会正式抛弃（虽然数据显示，多数天主教徒已经这样做了）的鼓励生育主义。而至少在 18 世纪，避孕套便已经在欧洲主要城市公开出售了，尽管常常是非法的，而且往往被用来预防性病的传播，而非避孕。[①] 延迟断奶在很多地方都被理解为会推迟下一次怀孕的时间。

在许多地方，法律上的禁止会阻碍那些试图以最自然的方式施行计划生育的人。20 世纪 30 年代，美国医生查尔斯·诺尔顿（Charles Knowlton）就因为出版自己的著作《哲学的果实，或者年轻已婚人士的私人伴侣》（*The Fruits of Philosophy, or Private Companion of Young Married People*）而遭到起诉、罚款并被判处强制劳役。查尔斯·布拉德劳（Charles Bradlaugh）和他那了不起的同事安妮·贝赞特（Annie Besant，她曾是一位郊区牧师的妻子，是领导火柴姑娘发动罢工运动的组织者，后来成为印度国民大会党的创始人之一）于 19 世纪 70 年代在英国出版了此书。布拉德劳和贝赞特也受到了起诉，但结局完全相反，这场审判可能对基本的避孕方法在那些能够担负得起的人中的普及工作起了较大作用。

尽管反对避孕宣传的氛围很浓，但其他意见也逐渐浮出水面。马尔萨斯曾呼吁人们克制欲望并晚婚，但受工人阶层欢迎的生育控

---

① Wood and Suitters, p. 91.

制论者理查德·卡莱尔（Richard Carlile）认为这是个坏主意，并主张"到 25 岁都还没有性经验的女人……会变得脸色苍白和倦怠……紧张和焦躁不安会将她们吞噬"。[①] 男性在这个时代对医学行业的完全支配——而且他们通常在性方面缺乏想象力——诞生了各种稀奇古怪的性观念。威廉·阿克顿（William Acton）是 19 世纪有名的性犯罪作家，他曾提出"端庄的女人绝少希望自己有任何性满足。她投入自己丈夫的怀抱，但主要是为了满足丈夫，如果不是出于怀孕的欲望，则最好节省丈夫的精力"。[②] 在一定程度上，生育率的下降是经由晚婚实现的。越来越多的女性会推迟婚姻，这也许是受到她们开始参与那些被视为"中产阶级"的工作的推动。（打字机发明于 1868 年，并在此后的几十年中得到广泛应用，打字员和文秘的需求应运而生，而且还常常被视为合适且"受人尊敬"的女性职业。）19 世纪 70 年代，仅有 10% 的新娘在结婚的时候超过 30 岁；到爱德华时代（尤其在 1906—1911 年间），这一比例已经翻番。

因此，结婚的育龄女性人数变少了，而且很多女性的全部或者至少部分生育期都是在婚姻之外度过的，在一个体面观念越发流行的时代，婚外生育的孩子数量也变得越来越少。而且，不仅选择更长时间不结婚的女性越来越多（而且婚外生子的可能性也越来越低），婚姻中的出生率也在下降。1905 年，《柳叶刀》计算出，如果出生率保持在 19 世纪 70 年代的水平，则已婚夫妇每年生育孩子的数量将减少 30 万。

我们无法知道如此局面是通过禁欲还是仔细测定时间（要么在性行为过程之中，要么在月经周期内）实现的，或者二者兼而有

---

① McLaren, p. 96.
② Ibid., p. 128.

之。我们的曾曾祖父母在内室中发生的事情依旧成谜，然而，我们依然可以寻得一些有趣的线索。身居社会顶层的英国首相赫伯特·亨利·阿斯奎斯的妻子玛戈·阿斯奎斯就曾对英国政客奥斯瓦德·莫斯利（Oswald Mosley）的第一任妻子辛西娅（寇松勋爵之女以及工党早期女议员）说，在她诞下第一个孩子后别着急要第二个："亨利总是及时拔出，太有君子风度了。"[1]在这方面，阿斯奎斯明显比阿尔伯特亲王更加擅长和用心，维多利亚女王曾抱怨后者说："噢，那些自私的男人——他们是所有人痛苦的源头——去了解一下他们那可怜的奴隶经历了些什么！一个可怜女人的微妙感受经历了何等的痛苦和羞辱……尤其在面对那些讨厌的医生时。"[2]

而在社会的底层，我们也并无理由设想世人的性行为与阿斯奎斯全然不同，尽管根据生活在英格兰东部沼泽遍布的农村地区的一位女性艾达·海霍（Aida Hayhoe）的回忆录，她提出了另外一种办法，其中描述了她如何在"丈夫上床之后，长夜枯坐的情形：丈夫问：'你不睡觉吗？'我说：'我今晚睡觉之前要做点针线活。他们早上就要。你先睡吧，但这些活计今晚必须做完。'"。海霍夫人的动机很清楚："看，我已经有三个孩子了。不想再要了。我妈就生了14个孩子，我可不想那样。为此，如果我一直做针线活，丈夫就会在我就寝之前睡着。这办法很简单，不是吗？"[3]

虽然生育控制的接受和普及运动仍在继续，但支持这项运动的新盟友（即优生学家）已经出现，他们重视且希望对被自己毫无道理地唤作国家人口"库存"的生育质量进行管理。

---

[1] McLaren, p. 119.
[2] Mullen and Munson, p. 79.
[3] Armstrong, p. 195.

　　小家庭的趋势逐渐蔓延至其他国家，城镇中现代化道路上热切拥抱核心家庭的人口，与那些留在农村并继续拥有大家庭的农民和农业劳动者之间的差异已愈发明显。但英格兰是个例外。鉴于这个国家的规模较小，英格兰的农村居民可能离城市太近，而不会受到后者的强烈影响。一个相当大的城镇与哪怕最偏远的村宅的距离也几乎不过一小段铁路的路程。没有任何地方可与远离现代化影响的失乐园浓情法兰西①或者美国的偏远地区，以及暗无天日的俄国农村（距离最近的公路都要走上一天乃至更长时间）相提并论。因此，即便在农村，英国人也过上了城镇的生活方式，并朝着更小的家庭规模阔步前进。

## 大规模移民一如既往

　　19世纪下半叶，有 500～700 万人离开英格兰（包括爱尔兰）。随着欧洲更偏远和更贫穷地区的大规模移民——比如意大利和俄罗斯帝国中犹太人聚居区（即俄国西部规定犹太人居住的某些地区）的人口——相继涌入美国，来自不列颠群岛的移民便越发倾向于前往其殖民地，主要是加拿大和澳大利亚，而非美国。这种总体上的大规模移民减少了英国国内的人口增长；一方面，仅仅离开的人口数量便降低了国内的人口增长；另一方面，正如我们看到的，许多移民从事的生产性农业，及其生产并出口的廉价食物提高了母国工

---

① 失乐园浓情法兰西（la France profonde），这个短语出自米歇尔·迪翁（Michel Dion）的批判文章，指的是去公有化的社会主义与经过改革的天主教会的结合，也指脱离了主导意识形态和巴黎影响的法国田园生活和文化，着意强调"深深"的"法兰西"味道。——译者注

人阶级的生活水平，并让他们寿命延长，从而有助于增加英国的人口规模。

随着人口数据汇总质量的改善，人们发现了三个无可辩驳的因素在决定人口增长方面发挥了作用。首先，女性生育的孩子更少了——部分是因为延迟婚姻，部分是因为人们有意识地控制怀孕，以及相关手段的易得性也有所提升——但也是因为此前人口的增长，导致生育孩子的女性数量依然比过去多，因此出生数也很庞大。其次，每年死亡的人数变少了，特别是 20 世纪初以来儿童死亡人数减少了。第三，大规模外迁移民仍在持续，但流往英国（此阶段包括爱尔兰）的移民数仍十分有限。（1880—1905 年间流入英国的俄国犹太移民是个例外，他们此间任何一年的移民人数都未超出 1 万，由此产生的英国犹太人规模也从未超出总人口的 1%，因此并未产生足够巨大的影响。[①]这三重影响的净效应则是人口的持续增长，但增速已开始从 20 世纪上半叶每年 1.35% 降至下半叶的 1% 出头。如此长时间的年度人口低速增长意味着，20 世纪结束时的人口规模比按照此前的速度增长所达到的规模要小得多。与此同时，与北海隔海相望的另一边，一个与英国类似的故事正徐徐展开，只是时间上晚了几十年而已。在英格兰人口增速开始放缓之际，德国正迎头赶上。

## 德国的觉醒

20 世纪上半叶主要由英国和德国之间的全球冲突所定义。这要

---

① Lipman, p. 45，来自本书作者与后来成为教授的大卫·切萨拉尼（David Cesarani）的私人谈话。

放在 19 世纪初，简直不可思议。学院派历史往往着眼于德国战争机器的效率及其最终的残酷大屠杀，以及它的工业、经济规模和实力。众所周知，到 1914 年，德国一国之力足以和大英帝国、俄国和美国抗衡（即便无法战胜它们）。但世人常常忘记，在希特勒上台的百年之前，英国工业革命风头正盛之时，德国不仅在政治上仍是四分五裂的几十个小国家，而且经济上也相当落后，还被普遍认为是诗人和思想家的摇篮，弱小的国王和公爵遍布其境，看上去一派中世纪的童话城堡风格，而非烟囱密布的现代景象。

这是歌德和席勒、贝多芬和舒伯特以及康德和黑格尔的德国，一片充满了思想、艺术和创造力的土地，但比起繁华的伦敦和巴黎或者蓬勃发展的曼彻斯特，德国在体制和地理分布上四分五裂，也并未走在 19 世纪城市发展的前列。德国崛起成为世界上最强大国家（包括政治、工业、经济和军事各个方面）的挑战者有多方面的原因，人口因素则经常被忽略。俾斯麦曾说，德国建立在"铁与血"之上。我们经常会想到"铁"——提供重型武器的工业力量，而极少想到"血"——不仅是其质量，更是年轻德国人愿意为祖国赴死的数量。

就绝对量而言，德国（此处指的是俾斯麦统一德国的战争后最终出现的一个整体）总是有着比英国更大的人口规模，但这种平衡在 19 世纪被打破了。1800 年，英国的人口不到德国的一半。随着英国的发展逐渐领先，这一比例也在 1900 年升至 2/3，但这个阶段由于其较低的出生率和较大规模的外迁移民，英国人口规模迅速回落，这意味着在 1913 年英国的得分已降至 62%。[1]

德国人口的增长也可以从它与法国和英国的对比中看出。"一

---

[1] Anderson, 'Population Change', p. 211; Maddison, pp. 182-3.

战"爆发前近 100 年的拿破仑统治时期，法国的人口数量比后来统一为德意志帝国前的分裂状态的德国人口多 10%。到 1914 年，法国人口已降至不足德国的 60%。德国在英国之后迈入了后马尔萨斯世界，其特点为工业化、城市化、持续（一段时期）的高出生率和死亡率大幅下降。相比较而言，法国的人口命运则截然不同，其标志为低生育率和低人口增长率，以及少量的外迁移民。德国人口相对其邻国的增长在英国引发了相当大的关注，并在法国造成了某种偏执症状，法国人仍对 1870 年败给德国并眼睁睁看着巴黎沦陷而耿耿于怀，这场胜利直接促成了一年后德国的统一。

德国的崛起产生了双重影响。如果它仍是一个四分五裂的国家，其人口的增长也不至于太重要。另外，如果它完成了统一，但人口规模却不值一提，则不会对其邻国构成巨大的挑战。正是政治上的统一和人口的增长让德国恢复了往昔的大国地位，即便事实证明它不足以实现自己寻求的欧洲或全球霸主地位。

德国发生的事情多多少少是此前英国故事的重演，只是时间更晚而已。1800 年的 2 500 万人口到 1870 年已变成 4 000 万，年均增长率约为 0.66%；到 1913 年则为 6 700 万，年均增速几乎翻番。[1] 到 19 世纪中期，诗人和思想家的土地逐渐变成了"铁与血"的土地，更不必说钢铁与煤炭了。英国经历过的工业化进程正在德国上演，而且后者还具备与前者同样的优势，即一群清醒的、受教育程度较高且拼命工作的人口，以及可资获取的必要原材料。1880—1913 年，德国的制造业份额从占英国的 1/3 一路上升，甚至超过英国的规模。[2]

---

[1] Anderson, 'Population Change', p. 211; Maddison, pp. 182 - 3.
[2] Luce, loc. 1848.

德国工业的早期环境与此前的英国一样严酷，但德国的工业环境也与英国一样逐渐得到改善，并最终为城镇工人及其家庭提供了超出其农民前辈所能憧憬的生活条件。这意味着更多的小孩得以存活，人们可以活得更长，因此一开始，生育率仍然很高，人口增长也很快。就像英国一样，德国正在摆脱马尔萨斯陷阱。尽管英国的工业化曾一路领先，但过程较为艰辛；而德国现在只是按部就班，但是它能够弯道超车。这种趋势逐渐成为人口浪潮不断向前的画卷。一国的工业化起步越晚，其实现速度也越快，并且其社会转变的速度和初始人口增长的速度也越快。

的确，到 19 世纪末，德国女性的生育数量就减少了，但婴儿死亡率也在下降，后者有助于抑制人口增长。与英国一样，德国也得益于来自欧洲（以及俄国）以外的便宜食物，而耕地面积的增长和技术的改善导致国内出口增加也让其获益不少。农业机械的效率不断提高，肥料的使用也更广泛了。虽然德国政府更愿意通过关税来支持和保护本国农民，这意味着其国民无法享受来自海外廉价食品的所有好处，而且德国没有可资利用的庞大帝国，而仅有小块的殖民地，但更便宜的食物和更健康的城市所带来的益处是相当可观的。刚刚完成统一的政府很重视教育和福利，二者都有助于社会最底层的人摆脱婴儿死亡率较高乃至活过婴儿期但依然早早夭折的种种生活状态。俾斯麦统一国家之时，普通德国人还无法活到 40 岁；到"一战"爆发的时候，德国人均预期寿命已接近 50 岁。在这方面，德国依然落后于英国，但显然紧随其后。[①]

透过表面，我们可深入了解一国国内以及国际的形势差异。与

---

① Anderson, 'Population Change', p. 211; Maddison, pp. 182 - 3 Livi-Bacci, *A Concise History*, pp. 136, 132 - 3, 135; Woycke, p. 3.

英国的情况不同，德国城镇女性和乡村女性生育孩子的数量确实存在差距。德国乡村人口在其城镇同胞开始接纳小家庭时仍旧维持着大家庭的传统，这种模式不同于英国，但在后来的其他地方却很常见。城镇越大，家庭中的孩子就越少。（这体现在后来纳粹提出的健康观念之中，未被城市生活污染且生育力强的农民仍在继续为所谓的"优等民族"补充人口，这与软弱和颓废的城镇居民形成鲜明对照，后者因为过于醉心物质追求而无法履行自己对国家的责任。）这在国家层面就显得重要了，因为随着更多的人进入城镇生活，国家作为一个整体便越发具有城市而非乡村风貌。随着德国人口的膨胀，其城市化也在加速。例如，1800—1910 年，柏林的人口规模从不到20 万一直增长到 200 多万。

　　除了城镇和乡村的差异，阶层差异也是存在的，德国这方面的情况就与英国十分类似。一般说来，家庭越贫困，其规模越大。正如农村与城市的分野成了在世界各地反复出现的一种模式一样，阶层分野亦是如此。大家庭往往意味着贫困、未受过教育和落后；而拥有一个、两个至多三个孩子的核心家庭则成为更富有、更高度城市化人群的标志，他们希望控制家庭规模，从而能让孩子赢在起跑线上，他们也有意愿以任何可能的方式实施某种形式的节育措施。与英国一样，晚婚在德国也构成了生育率下降图景的组成部分。

　　最后，我们对德国国家数据的进一步调查显示，天主教与新教徒之间存在某种差异，前者拥有更大的家庭，采用人工生育控制措施也更晚、更慢。[①] 这种差异在一国（德国、美国、加拿大的法语区

---

① 　Woycke, pp. 2 - 3.

和英语区等）内部和一直到 20 世纪下半叶的国家之间（意大利与瑞典，爱尔兰和英国）都十分常见，尽管后来天主教遵从教会严苛的生育控制后，家庭规模变小了。

简而言之，尽管德国的家庭规模到"一战"前一直在萎缩，但仍大过英国的家庭规模，并且其死亡率也在不断下降。这两个因素推动了德国在 1914 年以前半个世纪左右的人口增长。再者，此间还存在另一个推动德国人口增长的主要因素，那就是外迁移民规模的下降，这与英国形成了鲜明对比。[①] 英国的外迁移民规模从一开始就比德国大，例如，英国在 19 世纪 80 年代的外迁移民规模就是德国的两倍。但到 1914 年前夕，英国外迁移民规模便已达到德国的 9 倍。

为了在海外寻求更好的生活，整个 19 世纪的德国人口都在外迁，他们往往会去往自己民族占据较大比例的地方，比如美国。艾森豪威尔总统的家族来自德国萨尔州，特朗普总统的父亲的家族来自德国的莱茵兰－普法尔茨州的卡尔施塔特。然而，一旦德国开始其工业化进程，特别是在实现统一之后，国内的机会就更多了。因此，尽管更大范围的英语国家，特别是帝国的势力范围，为英国人提供了诱人的前景，让他们可以在这些地方发现家族联系、相近的语言和政治制度，但对德国人而言，一旦他们的祖国从四分五裂走向统一且迅速发展之后，移民到相当陌生的英语文化圈的诱惑也就下降了。在某种意义上，尽管缺乏引导，但英国和德国这两个大国的移民模式都体现在了它们各自的 20 世纪大战略中。德国人口的迅速增长使它最终往两次世界大战的东线和西线战场上派出了大量军队。英国大规模的外迁移民意味着，虽然它可以从本土人口中召

---

① Gaidar, p. 259.

集的军队规模较小，但却允许它在战时获取全球网络中的食物、装备和兵力支持。

## 搅局者俄国

随着 19 世纪渐渐远去，英国对自身及其殖民地后裔的未来越发底气不足。如罗兹那般傲慢的话语渐渐远去，传入我们耳畔的更多是类似拉迪亚德·吉卜林在其 1897 年的诗歌《落幕》（*Recessional*）中的口吻：

> 喟然长叹，我们的海军消失了；
> 烈火将沙丘和海岬吞噬：
> 瞧，我们昨日所有的辉煌，
> 都随尼尼微和推罗远去！

与《圣经》中记述的尼尼微和推罗相比，萦绕在英国人心间的更多是罗马帝国的衰落。人口规模表明谁会令大英帝国黯然失色。美国正阔步向前，其人口规模到 19 世纪末时已远远超过英国，并且其供养大规模人口的能力也超出英国很多，资源也多得多。在此，英国人可以自我安慰说，美国尚且有很长的路要走，以及它再怎么样也是姊妹国家。那时候，可能无人谈起两国的"特殊关系"，但这种关系的种子已经播下，尽管二者毫无疑问也存在诸多竞争和猜忌。虽然法国的人口规模依旧很大，但它在人口和工业方面都未能取得像英国那样的长足发展。而我们知道，德国显然正在崛起，后来这也引起了英国人的担忧。日本地理位置遥远，而且在种族主义根深蒂固的时代，尤其在 1905 年日俄战争以前，它并未被当回事，自然也不被视作大英帝国的威胁。其他唯一开始将工业化和人口活力相结合，并可能对帝国造成威胁的国家便是俄国。从英国的角度看，作为政治和人口方面潜在竞争对手的法国的威胁程度已随德国的崛起而逐渐下降，美国的发展又势不可当。俄国总会根据人口和国家的规模拉拢欧洲大国组成自己的同盟，但相对其他国家而言，它依然陷入不发达和贫困的马尔萨斯陷阱之中，却比德国恢复得更快。

如果其工业权重和人口规模都要成为世界舞台的一员，则 19 世纪晚期的俄国在前一个方面的起点非常低，后一个方面则相当高。俄国的工业化水平很低，仍然以农业为主，其国内的农民直到 19 世纪 60 年代才摆脱农奴身份；工业水平极其有限，大型城镇和城市也少得可怜。一方面，政府惧怕工业化和城市化，并（正确地）相信这些因素会产生不稳定的革命力量，从而威胁到沙皇政权。另一方面，政府又担心如果不发展，哪怕修建铁路和兵工厂，俄国就会在战场上饱尝败绩，正如克里米亚战争所证明的那样。

即便不具备英国那样的工业优势，庞大的俄国人口也能力压其西部、东部和南部的邻国，从而建立起至今世界上连片领土最大的实体。尽管如此，只要俄国仍然处于多数人仍不识字的农奴制的落后状态，其人口优势也不过尔尔。因此，摆在俄国面前的则是去往何处的问题。俄国是会永远坚持东正教和农业立国，还是会做出改变？如果会，那它是会遵循西方的模式，还是找到自己特殊的发展方式？这些问题困扰着 19 世纪晚期从赫尔岑到托尔斯泰的俄国思想家和文学家们。也许，托尔斯泰笔下的女主人公安娜·卡列尼娜最后在列车前结束自己的生命也并非巧合，她放弃了俄国妻子的传统角色，最终选择葬身机械怪物，这也象征了时代的变化。最终，现代化的力量，包括人口的迅速增长都被证明是不可抵挡的。但如果俄国在工业上的起点非常低，那它在绝对人口规模方面的起点则非常高。到20世纪初，俄国的人口数量已达英国的3倍，而且还在继续增长。[1]

想要了解俄国人口增长的规模，我们必须理解三组数据。首先，俄国人口在19世纪期间增长了4倍多，在19世纪末的时候仍在加速增长，这意味着随着英国人口增长的放缓，俄国正在加快步伐。其次，到"一战"爆发时为止，俄国人口每年增长1.5%，这比英国快，也比当时的德国快。凭借这样的速度，俄国人口数量几乎在两代人的时间内翻了一番。第三，俄国人口数量到1914年时已达到非常庞大的1.32亿，这对一个欧洲国家而言是前所未有的。[2] 然而，俄国国内条件对工厂工人而言极为艰苦，对农民更甚。托尔斯泰的一个粉丝——此人曾助其纾解1891年饥荒之困——便曾绝望道：

> 每一天，农民的需求和苦难都在增长。饥饿的景象令人异常悲伤，而更令人不安的，则是与此类痛苦和死寂景象一并出现的蜿蜒宏伟的领地、美丽堂皇的庄园，以及像旧时那样沉溺于狩猎和打球、宴饮和音乐会的大地主们。[3]

然而，从长远来看，农民的苦难并未增多。普通俄国人的生活从根本上讲可能是悲惨的，贫富差距也一定会引发愤懑，从而点燃

---

[1] Livi-Bacci, *A Concise History*, p. 132; Maddison, pp. 182 – 3.
[2] Livi-Bacci, *A Concise History*, p. 132.
[3] Figes, p. 160.

暴力的革命行为，但情况正在好转而非变得更糟。即便在这个当口儿，铁路仍在不断铺设，不断应用的新技术让食物更为易得，而最基础的公共卫生设施也正在投入使用。瘟疫带走的人越来越少，荒年发生的频率也降低了。从今天的角度看，哪怕从彼时英国和德国的角度看，俄国似乎都是贫穷而原始的所在，但只要人们将自己和孩子的生活放在首位，（随着物质条件的改善）资源就会主要用于生命的延续，在这样的情况下，存活率、死亡率和人口规模都可能发生巨大变化。此外，俄国当时的家庭规模仍旧很大。19 世纪，俄国女性平均生育 7 个孩子，外加早婚和婚后多子的情况十分普遍，因此，虽然这种情况到"一战"时已开始略有下降，但存活下来的新生儿数量反而更多，这有助于人口的增长。

## 欧洲的失败者和苦难的移民①

英国是人口竞争过程中的第一个出局者，步其后尘的则是德国和俄国。法国仍令人惊讶地原地踏步，并未超出起点多远，欧洲其他国家开始有了起色，但仍然落后很多。

虽然一些欧洲国家紧随英国开始了人口起飞，但其他国家在整个 19 世纪都未开启这一进程。意大利、西班牙和奥匈帝国在很大程度上仍停留在农民主导的大家庭规模但婴儿死亡率居高不下的苦难状况中。例如，1900 年西班牙的预期寿命仍低于 35 岁，而英国则已超过 48 岁。奥匈帝国部分地区的确在 19 世纪下半叶有了一定发展，

---

① 语出艾玛·拉撒路（Emma Lazarus）1883 年为自由女神像而作的十四行诗《新巨人》（*The New Colossus*），指的是经由纽约埃利斯岛来到美国的大批移民。——译者注

与英国的差距也在缩小。而西班牙和意大利的情况则要好些。一个引人注目的事实是，无敌舰队时期的西班牙人口规模曾是英国的两倍，而300年后其人口规模已缩减一半。在此期间，英国经历了从视西班牙为其最危险的竞争对手和生存威胁，到战略上几乎对其不屑一顾的转变。当然，这与西班牙帝国的沦陷及其国内经济的衰落，以及未能实现现代化和工业化（少数领域除外）有巨大关系，也与两国人口均势的相对变化关系重大。维多利亚女王时代的英国对西班牙的恐惧远不如伊丽莎白一世时期，就此而言，西班牙已不再被视为主要的全球威胁，而是被当作一滩烫手、肮脏的死水。人口因素揭示了出现这种变化的大部分原因。

意大利和奥匈帝国从19世纪末开始往欧洲以外移民，正如英国几个世纪以来一直在做的那样。如果美国的大城市并未遍布来自西西里岛的农民和来自哈布斯堡最偏远省份（以及俄国的犹太人聚居区）的犹太人，那么随着20世纪的来临，意、奥等国的本土人口规模会更大，以意大利为例，该国1850—1913年的死亡率从每年近30‰降到了仅为20‰出头，而出生率则稳步下降，因此，此间的人口自然增长率依旧从大约每年8‰上升到了13‰。正如铁路的出现为欧洲大陆腹地带来了更便宜的食物和现代化的生活方式，更多儿童也得以存活；同样，铁路也将更多新生人口带往新世界，从而限制了故国的人口增长。

到"一战"爆发前的35年，约有400万意大利人移民美国，更多的去往了阿根廷等国。来自这些国家的移民对美国而言是个福音，美国"一战"前的人口数量因为移民潮而猛增。在1886年自由女神像落成之后的一个世代中，女神的火炬迎来的传统移民流出地——不列颠群岛和德国——的人群越来越少，而来自欧洲更偏远地区的移民则变多了，包括来自西西里岛的天主教农民和俄国犹太人聚居区的犹太人等。这些人（这里指的是犹太人）曾在国内饱受贫困和压迫之苦，但其人口规模正不断扩大。苦难的移民及其后代很快就会成为美国人，并为新的家园带来人口优势，从而将之推向世界领导地位。虽然他们的生育率在抵达新大陆后旋即开始下降，但整体水平仍旧很高，因此，其人数在抵达后的头几十年内仍持续增长。今天美国境内 600 万犹太人中的绝大多数是 19 世纪末到 20 世纪初移民运动的产物，而今天 60% 的阿根廷人声称自己带有意大利血统。

尽管移民的旅途环境和存活率随时间推移而得到改善，代价也在减少，但我们不应设想即便在 20 世纪初，从南欧和东欧前往埃利斯岛的大批移民的体验也是令人愉悦的。美国政府的一名检查员匿名报告了这些人移民美国的条件，她讲述了自己的经历："12 天的海上旅途中，我周遭的环境是混乱且让人浑身不自在的。唯有清新的海风能让我克服那令人作呕的气味。"肉和鱼散发着恶臭，蔬菜也散发着"奇怪且不可名状的混杂味道"。一名在此期间离开东欧的男孩回忆自己乘船横渡大洋的经历道："我们真的就像牛群一样蜷缩在船舱之中。"①

尽管新移民很大程度上期望融入主流文化，但他们也改变了美国的文化氛围。"一战"后，威尔逊总统正告英国人不要奢望来自他本人及其国民的过多手足情谊："你们不要说我们这些人是你们的表兄弟，更不要说是亲兄弟了；我们没有这些关系。你们也别把我们当作盎格鲁－撒克逊人，因为这个词对美国人已不再适用。"②

---

① Foner, p. 31.
② Tooze, loc. 4 483 - 8.

## 傲慢与恐惧：对人口均势变化的反应

20 世纪初，英国的人口增长仰赖其之前争取的时间。英国人口在此前一些年中增长迅速，因此很多年轻人选择生育，离世的老人也不多。这意味着，即便每个母亲生育更少的孩子，仍有大量新生儿填补死亡缺口。这是个出生率高企但生育率逐渐下降的例子。然而，随着时间的推移，每个母亲生育的孩子数量会越来越少，人口规模也会相应趋于稳定，然后开始下降。由于当时的人口研究还相当落后，因而这种情况并未被充分理解，很多人还很自得。尽管如此，这段时间的英国首次出现了被称为"反马尔萨斯主义"的证据，或者说对人口规模不够大（正如马尔萨斯曾担心的那样）或变小的担忧。在某种程度上，这并不新鲜。

世人常常担忧自己国家的人口规模，特别是与竞争国家相比的人口规模。法国人在普法战争的决定性失败后便在这个问题上变得十分偏执。法国第三共和国早期的一位评论者曾抱怨道："法国政府是个'单身委员会'，它掌管的这个国家的人口正在不断减少。"而英国的情况则是一个国家首次有意识地应对现代化进程造成的人口下降的例子。当时有"种族自杀"的说法。1906 年，英国妇科学会会长约翰·泰勒（John Taylor）对自私的夫妇们使用避孕药具感到"极度不满和恶心"，这与医生保护生命的爱国的努力背道而驰，她补充说："所有这些努力都被一笔勾销，就好像因为当代人的恶毒和不自然的习惯从未存在过一样"。[①]

正如优生学家的出现所表明的，英国人不仅关注人口的数量，

---

① McLaren, p. 11.

而且还关注其质量。在 20 世纪初的布尔战争期间，军队招募人员就抱怨来自市中心工薪阶层的男孩健康状况不佳，患有佝偻和哮喘。有人担心，英国城市内部正在培养于军队不利的群体，而帝国在击败布尔人时面临的困难则是一记警钟。与此同时，某种唤作"社会达尔文主义"的意识形态正蔓延开去。受达尔文几十年前描写动物和物种如何为种族延续进行生存竞争等作品的启发，许多知识分子开始看到，各国也参与到这种斗争之中。他们开始担心德国的人口不仅会增加，而且这些人口会比伦敦东区或者格拉斯哥贫民窟的男孩更健康、更强壮。劳合·乔治和年轻的温斯顿·丘吉尔推动的福利政策（一直持续到当时都十分落后）也部分助长了这种想法。其他人则在优生运动的推动下，倾向于让最不适合的人淘汰出局，而非解决这个问题。一位名叫约翰·贝里·海克拉夫特（John Berry Haycraft）的博士和优生学家便在其 1895 年的著作《达尔文主义与种族进步》（*Darwinism and Race Progress*）中称赞了结核病，他评论说："如果我们消灭了传染病，就会让这些贫穷类型永久化。"①

对人口增长放缓的担忧也成为媒体关注的问题。1903 年《每日邮报》就曾担心与放缓的出生率相关的"种族衰退"问题。它认为胜利属于"大型单位，完善的托儿所才能造就国家和种族的优势"。《威斯敏斯特公报》（*Westminster Gazette*）的编辑约翰·艾尔弗雷德·斯彭德（John Alfred Spender）也在 1907 年提出，生育率下降通常被视为"衰退的迹象"。世人对人口数量的担忧又因为詹姆斯·巴克莱（James Barclay）于 1906 年发布的人口质量问题调查结果而变得更

---

① Mclaren., p. 149.

加复杂。此项调查表明，富人生育的孩子更少，而穷人则人丁兴旺。在生活艰难得多的马尔萨斯时代，富人可以承担更多孩子生存之所需，而穷人则会失去更多孩子，这意味着富人相对于穷人的自然人口扩张（因此，对无尽向下社会流动性的担忧也往往成为 19 世纪小说的驱动力，比如安东尼·特罗洛普［Anthony Trollope］的小说便以此为主题）。

现在，这种情况似乎已经逆转，富人更愿意选择小家庭，而穷人也能够维持更多孩子的生存所需。[1] 在 1911 年的伦敦，富人区汉普斯特德的出生率为 17.5‰，而伦敦东部穷人区肖迪奇的出生率则高达前者的两倍。[2] 国家利益在人口问题上的表现则是国家出生率委员会（National Birth Rate Commission）的成立，该委员会并非由任何官方机构设立，而是由全国公共道德委员会（National Council for Public Morals）设立的，其发布于 1911 年的宣言得到了 3 名国会议员、剑桥大学两所学院的负责人、7 位主教，以及诸如救世军创始人威廉·布斯（William Booth）、费边主义先驱比阿特丽斯·韦布（Beatrice Webb）和后来的工党首相拉姆齐·麦克唐纳等人的支持。这个委员会由主教博伊德·卡朋特（Boyd Carpenter）和迪安·英奇（Dean Inge）院长主持，其副主席是此前担任副检察长的约翰·戈斯特（John Gorst）爵士。委员会于 1913 年开始运作，其成果发表于 1916 年。委员会得出结论认为，并不是食物和住宅的不足，而是避孕措施的使用导致了出生率的下降。委员会并未明确说明出生率的下降意味着国家权力和声望的下降，并且还从西北欧的出生率整体下降的证据中得到一些安慰，但随着国家被卷入"一战"，报告引发

---

[1]　Garrett et al., p. 5.
[2]　Wood and Suitters, pp. 157–8.

的兴趣却至少表明了这个问题在国民心中的突出地位。尽管该委员会并不隶属于官方，但媒体却对其争相报道，首相阿斯奎斯在下议院表示，在全国委员会的报告提出之前，不会有任何皇家委员会介入这个问题。①

在一个诣上欺下犹如种族主义不必道歉一般的时代，这种局面导致一些人声称民族的质量会无可避免地下降，社会的精英阶层将消亡、群氓滋生，乃至最好和最高贵的"血统"（如今使用的术语是"基因"）被劣质血统驱逐。这将成为优生学的开端。在那个时候，它似乎不仅是阶层问题，还是种族问题。1906 年，《柳叶刀》报道了后来的帕斯菲尔德勋爵和费边运动、工党创始成员悉尼·韦布（Sydney Webb）的工作，他哀叹"每年 1/5'正常'婴儿收成"的损失，还将其视为"一场严重威胁我们种族未来福祉的国家灾难"。问题不仅在于总体人数的下降，还在于民族构成。韦布感叹说，半数人口都在限制家庭规模，而爱尔兰天主教徒和犹太移民却在"随心所欲地生育"孩子。②

并非所有人都对出生率的下降和随之而来的人口增长放缓表示担忧。像马尔萨斯主义经济学家和国会议员约翰·麦金农·罗伯逊（John Mackinnon Robertson）等人则对"有关国家活力衰败、盎格鲁-撒克逊民族即将灭绝、高等种族活力的下降以及其余所有类似言论中的修辞术"深表遗憾。但各种声音都欢迎这样一个事实，即更小规模的家庭可以改善福利，并且它本身就是社会进步的标志。较小的家庭将允许父母更多地照顾孩子，并让孩子获得更好的抚养。③

---

① Soloway, pp. 22 - 4; National Birth-Rate Commission, pp. 36 - 8.
② The Lancet, 10 November 1906, pp. 1290 - 1.
③ Soloway, p. 5.

英国人对人口增长放缓的担忧不仅与该国本身的情况有关，而且这种情绪还因为与德国与日俱增的竞争感而加重。英国视德国为实际或者潜在竞争对手的原因，不仅在于后者经济活力及其日益增长的国际贸易量，也不仅在于它对殖民地和海军的诉求，还在于其人口的增长。人口是德国对英国构成挑战的基础。

英国人对自身相对人口规模下降的担忧尤其取决于它与德国竞争日益激烈的人口维度。曾是奥匈帝国公民的埃米尔·赖希（Emil Reich）于 1907 年出版了《德意志膨胀的头脑》（*Germany's Swelled Head*）一书，该书于 1914 年再版。该书认为，德国人期待人口规模在 1964 年达到 1.04 亿，1980 年达到 1.5 亿，2000 年达到 2 亿。很明显，爱德华七世敏锐地发现了赖希的著作并阅读过，这位英国君主通常以其对德国，尤其对其侄子威廉二世的反感而出名。这位英国国王曾向军队将领以及达勒姆主教等人推荐此书。[①]

不仅英国人会担心德国的人口增长（更多的英国人还会担心德国在经济和海军方面的竞争），法国人亦是如此。法国的人口规模比英国小很多，也远不如德国，他们至少从 1871 年法普战争失利、阿尔萨斯－洛林被割让以及之后德国统一以来，便开始担心本国的出生率和征兵率了。对法国人口下降的普遍担忧可以追溯到 19 世纪初甚至更早，尽管很明显到"一战"爆发时，德国人口增长正在放缓。1910 年德国人口仅增加了 80 万，而非 5 年前的 85 万。[②] 饶是如此，世人仍担心这可能只是暂时的停滞，而且德国人总是拥有更大的家庭，其人口规模到 1950 年时将达 9 500 万。最令人震惊的是，人们担心德国的人口增长会让它在战场上，至少在未来半个世纪内保持

① Reich, pp. 120‑2.
② Quinlan, p. 11.

领先优势。①

因为自身人口的迅速增长，美国人几乎难以从人口的角度感受到自己与德国的差距。此外，在美国看来，即便德国人口和军事实力如法国乃至英国所担心的那样转化为入侵军队，也并不对自身构成直接威胁。相反，美国担心的是居住在其境内的大量德裔人口。这种恐惧由战时支持同盟国立场的人以及奉劝美国提防后来唤作"第五纵队"②的人引起。其中一位灾难预言者霍华德·皮彻·奥基耶（Howard Pitcher Okie）在其骇人听闻的《美国和德国隐患》（*America and the German Peril*）中指出，根据 1910 年的人口普查，1915 年美国将有 1 337 775 名德裔男性，其中 40% 的年纪在 20~40 岁（因此，他认为这些人很可能已在德国服过兵役），而美国境内有多达 1 000 万人要么生于德国，要么其父母生于德国。奥基耶继续指出，仅生活在纽约的德国男性数量就达美国陆军中相应数量的两倍。③

德国对自身人口增长的看法并不明晰。他们可能向来以此为傲，至少赖希认为如此（尽管可能从未达到盎格鲁－撒克逊人那般支配世界的程度，就像我们上一章讨论过的那样）。作家和国际法学家保罗·罗尔巴赫（Paul Rohrbach）出生于波罗的海，他同时也是德国世界霸权的鼓吹者，他认为德国的人口增长应该被解释为"天赋权势和道德力量"的标志。④另一方面，正如英国的情形一样，"一战"前的德国人也认为底层人口比上层人士生养更多，他们从达尔文主

---

① Andrillon, pp.70－8, 本书作者的译文。
② 第五纵队（fifth columnists），该词起源于西班牙内战时期的"Quinta columna"，原指在马德里城内呼应埃米利奥将军攻占该城的间谍人员。1930 年以后，该词也指在美国境内从事间谍任务的外国人员。——译者注
③ Okie, p. 15.
④ Paddock, p. 66.

义和优生学观点的角度理解此事，这又与英国不谋而合。社会评论员费迪南德·戈尔德施泰因（Ferdinand Goldstein）就德国人口过多发出过警告，并担心"这些阶层会占领世界"，从而造成"庸众的胜利，就像如今的法国一样"。此外，虽然德国的人口增长速度比英国快，但却比俄国慢，这反过来又引发了德国人的担忧。[1]

正如英国一样，向东方张望的法国甚至有过之而无不及，它忧心于德国的人口，而环顾东方的德国又担心俄国的人口。我们可以从当时德国学者和记者的作品中看出这一点，虽然这些人早已无人记得，但却在当时颇有影响，他们在"一战"临近前帮助营造了一种竞争和仇外心理氛围，这也在一定程度上导致了"一战"的爆发。尽管费迪南德·戈尔德施泰因担心不该生的德国人生了太多，而该生的又生得太少，但他更担心"真正的危险是斯拉夫人的盲目滋生"。弗里德里希·伦内（Friedrich Lönne）则在1917年撰文称，德国人口增长的放缓会削弱其军事和经济实力，"人口持续增长的国家则会篡夺我们的世界经济地位"，进而"德国就会丧失其有利地位"。[2]"一战"以前，德国想尽办法通过立法的方式阻止避孕手段的传播，但多数努力都是失败的，带头推进这些措施的天主教中心党的全部动机都是出于对公共道德的关注，而非对德国军事或经济实力的真正关切。战争结束以后，汉斯·阿尔布雷希特（Hans Albrecht）担心，"归根到底，比《凡尔赛和约》的全部裁军条款更致命的，是德国压根没有足够扛枪上阵的人"。

俄国人口的增长似乎无穷无尽，这构成了德国评论家们真正忧虑之事，正如法国评论家似乎也认为人口增殖和德国特质存在千丝

[1]　Woycke 1988 p. 133.
[2]　Woyeke., p. 134.

万缕的联系一样。像弗里德里希·梅尼克等富有影响力的人物也对俄国不可遏制的崛起公开表达过自己的担忧，后者人口、工业和军事实力的迅速增长都对德国总理贝特曼·霍尔维格在 1914 年做出"机不可失"的战争决策起了决定性作用。根据贝特曼的秘书库尔特·里茨勒（Kurt Riezler）的记录，贝特曼在战争爆发前的几年中曾谈道，"俄国日益增长的诉求和强大的爆发力"会"在几年之内就让德国招架不住"。①

不仅较早实现人口结构转变的国家的人口增长与其后来者之间的差距在扩大，局面也对后来者更有利；而且现在这种差距已被注意、讨论并引发了担忧。此种担忧促成了国家间的竞争和紧张氛围，并成为其组成部分，这代表了"一战"前的国际环境并对国际关系造成了破坏。

然而，有两个条件必不可少。首先，人口仅是带来担忧的一部分；英国更担心的是德国在制造业和贸易方面的赶超，而不仅仅是后者在人口增长和调遣等方面的后来居上。尽管德国异常关注俄国的军力增长，而且也已坦然视之，但相伴而生的人口增长却并非其主要关注点；德国更关心可能在未来制造麻烦的问题，而在当时造成问题的商业竞争则是更直接的关切。第二个条件是人口的忧虑并不仅仅集中在国际竞争问题上；当时仍存在马尔萨斯主义者，而且也可能出现了新马尔萨斯主义者，他们认为不断增长的人口会是个问题，而英国和德国的另外一些人则更关心人口增长带来的国内影响（底层人口生养太多），而非人口的总体规模或国际规模。

---

① Paddock, pp. 66, 74, 87; Lieven, p. 60.

结合优生学家们对国家人口数量和质量的双重关切，"一战"后出现的法西斯主义者将为"二战"奠定基础。尽管如此，战前国际紧张局势中的人口因素依旧真实存在，而且从国际竞争的其他方面看亦不可避免，各方已注意到人口增长率的显著差异，它们的回应方式也值得重视。

## 摇篮何以撼动世界

毫无疑问，欧洲主要国家的人口规模以及各方对此的理解方式促成了 20 世纪的第一场大灾难。然而，人口对战争结果的影响又如何呢？答案有两个方面。第一个方面与经济、工业和生产能力有关，第二个方面则关乎各国在战场上投放军队的能力。

如果人数的显著增长明显是英国成为世界工厂和跻身世界经济最前列的基本条件之一，那么，其竞争对手的人口增长至少可能产生同样的效果。一方面，对于人口上亿的国家而言，若无工业上的长足进步，则仍会是个经济上落后的国家。另一方面，斯堪的纳维亚半岛各国和"比荷卢经济联盟"中的各国在经济上仍无足轻重，尽管它们在工业和经济方面很发达，但因其人口规模太小而无法产生太大影响。一个经济体要获得其影响力，则必须拥有相对较大的人口规模，且总体人口必须富裕或会变得富裕。

就 1820—1870 年的英国而言，其年均经济增长（平均每年增长约 2.5%）的一半都可归于人口的增长，另一半则可归于总体人口的财富增长。1870 年以后，德国的经济，尤其是工业增长，开始比英国快了很多，乃至到 1914 年时，德国的生铁产量已达英国的一半，而其 1870 年的产量才仅为英国的 1/4。"一战"前夕，德国的钢铁产量便已达英国的两倍。[①] 当两国年轻人兵戎相见时，这就变得很重要了。如果德国并未经历大规模的人口爆炸，它将永远不会成为可与英国及其盟友相抗衡的工业和经济巨人。

正如人口增长支撑着德国经济和工业的崛起一样，它对俄国的崛起也同样重要。1885 —1913 年，俄国经济以每年 3.4% 的惊人速度增长。平均而言，这一速度比德国快，尽管基数上小得多。同样，这部分在于其人口增长，部分也在于每个俄国工人更高的产出和消耗。为宣示其对地广人稀的西伯利亚领土的权利，俄国能够在一年之内往该地派遣 75 万人。[②] 俄国的工业生产在 19 世纪最后 20 年中增加了两倍，而其工业就业机会也在 20 世纪头 13 年中增加了 50%。[③] 如此局面也在俄国军备生产方面得以复制，其产量在 1913 年前的 5 年间翻了一番。

到 1914 年战争爆发前，俄国在生产和繁荣方面仍远落后于德国乃至法国，但它在此前几年内已迅速缩小了差距。快速增加的人口以及大规模的城市化都是其重要原因。当布尔什维克于 1917 年掌权，并声称自己代表工人阶级后，人们仍时常指出，俄国工人阶级在当时很大程度上仍以农民为主的社会中所占比例实则很小；但这并不是说，在更早的时候压根不存在可供讨论的工人阶级。1914 年战争爆发后，俄国工业部门一直竭力为其部队提供军备支持，即便如此，这也让部队持续战斗了三年多。如果没有此前几十年的迅速工业化进程（这与人口增长紧密相关），那么俄国军队甚至无法坚持这么

---

① Stolper, p. 24.
② Osterhammel, p. 364.
③ Schierbrand p. 95; Gatrell, *Government, Industry*, pp. 175, 255.

久。与此同时，这场战争增加了工业劳动力的需求，支持了潜在的革命无产阶级。它还打乱了从农村到城镇或城市的食物流通，城市人口的维持也变得更难。[①] 这些年纪轻轻、居无定所且食不果腹的人已准备好革命了。

但如果人口增长与经济和工业增长之间的联系在战时变得重要起来，那么更直接相关的则是人口增长和军力的绝对权重，尤其在"一战"的竞技场上，战略天才更是受到局限，战斗打的就是拉锯和消耗，每一方都想拖垮对手。在欧洲范围以外，少数代表了欧洲帝国权势的人控制着大量人口，其社会和经济发展也落后得多。即便在欧洲内部，组织严密、纪律严明的德国军队在法国和英国敌人面前还是有些优势的，至少一开始如此，而在俄国军队面前的优势就相当大了。然而，对所有这些而言，人数仍显得至关重要。招募和持续招募军队并将其投放到战场的能力被证明是异常关键的，对西线僵持不下的堑壕战尤其如此，而以自身工业经济基础持续为前线战士提供补给的能力也十分重要，这种基础很大程度上取决于人口规模。

英国海军力量的地位比较特殊，尽管时值"一战"，但它仍设法招募了一支规模庞大的海军。并未高度依赖大规模的人口资源的英国海军力量为同盟国打开了海上航道，从而让欧洲以外的资源和人员得以进入。令这些欧洲以外的人口和资源补给得以可行的原因仅仅在于英国此前人口增长所推动的外迁移民潮。由于德国军队的持续进攻及其在军力投放方面更强大给法军造成了强大压力，英国人口资源在工厂和前线的贡献被证明对盟军守住西线而言至关重要。

---

[①]　Figes, p. 298.

　　自然，无人能为"一战"结局中的人口意义给出具体的数据上的重要性。毫无疑问，正是德国的工业、胆量和组织是它几乎就要赢得胜利的明证。然而到头来，当发达的工业力量正面相遇时，人数说明了一切，人数对协约国起了决定性的支持作用，他们在战争期间成功动员了近4 600万人，相比之下，同盟国调动的人口还不到2 700万。除了在1918年战争结束时才开始彰显其人口影响力的美国，战争双方全程动员的人口比例（1.75：1，协约国占优）与战争爆发时主要参战国的人口比例（1.73：1，协约国占优）几乎完全一致。[①]19世纪80年代以及90年代的新生世代已证明了它的决定性作用。如果英国的人口被德国赶超，它就只好动员规模更为庞大的俄国部队、帝国自治领以及姊妹国家美利坚来赢得胜利。影响并决定了1918年战争结局的实力均衡关键取决于我们一直在描绘的人口发展状况。除了特定的实力均衡以外，战争从根本上不仅受到大规模工业化的影响，还受到世界上史无前例的大规模军队的影响；如果没有此前经年的人口爆炸，所有这些均无发生的可能。

　　人口不仅关乎战争的结果，也关乎其原因。人口增长意味着欧洲人口，尤其是德国和俄国人口都很年轻。这些国家经历了现在所谓的"青年潮"，这会埋下侵略和战争的种子。与此同时，无论是政治还是外交方面，英国都担心一个不断崛起和不断发展的德国，德国则担心一个这样的俄国，可以说，这导致双方做出了1914年7月的轻率举动。若无挑战（英国眼中的德国）和失败（德国眼中的俄国）之感，更为冷静的头脑可能会在那个夏天占据上风。

---

[①]　Winter, p. 249; Livi-Bacci, *Population of Europe*, p. 132.

　　至于俄国，尽管事实证明它在 1914 年时的发展程度还不足以维持一场针对德国和奥地利的战争，甚至到反对它的同盟国在另一条战线上开战的时候也不行，但当时正不断增长的俄国人口后来会助其成为一个强国。尽管俄国在内战的影响下遭受了人口损失，但其人口规模确保了德国在后来的世界大战中无法抵抗俄国看似无穷尽的人口资源储备。俄国的人口增长，外加经济和工业增长确保它最终成为两个超级大国之一，同时还确保了它在人口全盛时的冷战期间主宰世界大片地区的能力。在这些重大事件中，人口因素都起了主导作用，它打乱了既定的秩序并决定了冲突的结果。

　　同样重要的则是蓬勃发展的欧洲的巨大年轻人口，当时的欧洲绝不像今日这般平和与死气沉沉。社会人口的年轻程度与发动战争的倾向之间存在可靠的关联。[1]欧洲当时的庞大人口年轻且充满热情，最为好战的政治家受到他们的支持和唆使；年轻人蜂拥到街头庆祝战争的爆发；渴望报名参军的年轻人在很多情况下决定了自己及其生活着的大陆的命运。人口恐惧助长了冲突。人口的实际情况则有助于决定冲突的走向。

---

[1]　Urdal.

# 第五章

# 逐渐消逝的"伟大种族"

在 1941 年下半年到 1942 年初发起对苏战争的头几个月中，端坐在指挥部的阿道夫·希特勒确信自己的实力会为他赢得东部的大片土地，他已为此牵肠挂肚了至少 20 年。希特勒笃信社会达尔文主义意识形态，这种想法本身有着马尔萨斯主义根源，而且建立在种族仇恨和反犹主义的狂想基础之上，于是，他将生命视为争夺土地的种族和生存手段之间的斗争。他的席间闲谈独白——即一系列深夜漫谈和沉思——揭示了一个被种族人口问题困扰的头脑。

希特勒认为迫切需要增加德国的人口，从而能与其他世界大国竞争，尤其是美国。

> 我希望未来10年内，世界上会多出1 000万~1 500万德国人……未来的关键在于我们要大量生育孩子……德意志帝国人口达到1.3亿，乌克兰达到9 000万，外加新欧洲的其他国家，我们将有4亿人口。相比之下，美国仅有1.3亿人。

除了希望在人数上超过美国，希特勒还担心全球日益增长的非白人数量。

> 我今天读到印度目前的居民人数为3.83亿，这意味着这一
> 数字在过去10年中增加了5 500万。实在令人震惊。我们在俄
> 罗斯也目睹了同样的现象。我们的医生到底在琢磨什么？为
> 白人接种疫苗还不够吗？

最终，他思忖道，人口就是命运："出生率在下降，而它是一切
的基础……奶瓶才能拯救我们。"[①]

"一战"的爆发还体现了相互依赖和竞争的人口引发的恐惧和猜
忌。英国和法国担心德国的人口增长，德国则惧怕俄国的人口增长
及其自身对英国提供食品援助的依赖。"二战"在很大程度上因为希
特勒对人口的痴迷而反了过来，尽管他的观点很难说是独特的。在
两次世界大战之间，欧洲的人口再次增长，然后开始放缓。尽管欧
洲人还是恐惧地彼此张望，但他们也开始意识到自己岌岌可危的集
体全球霸权可能稍纵即逝。

## 战争、流感与人口

"一战"的持久后果之一便是，一整代男孩一去不复返。在英国，
死亡数字为70万（不包括殖民地），德国为175万，俄国接近200
万，奥匈帝国和法国均为150万；总体上，战死者接近1 000万人。

---

[①] Hitler, pp. 28, 38, 74, 93, 207, 261.

这意味着女性没了丈夫，而在婚外生育较少发生的时代，从未结过婚的女性通常也无法生育孩子。然而，女性对与自己结婚的男性年龄的适应，以及外迁男性移民的减少等因素都缓解了这种影响。[①]英国经济学家约翰·梅纳德·凯恩斯写了《和约的经济后果》一书，他还计划写另一部著作《战争的人口学后果》（ *The Demographic Consequences of the War* ），但从未动笔，这些后果本身在整个欧洲都是震撼性的，它们在困扰凯恩斯的赔偿和贸易问题早已被遗忘后的很长时间内都萦绕在世人心头。

但人口已越发受到关注。1919 年，凯恩斯写道："历史上的重大事件都是由于人口增长和其他基础性经济因素的长期变化所致，而这些原因又因自身的渐进性质而不为当代观察人士所注目，于是就被归于政客的愚蠢行为。"凯恩斯认为，人口是欧洲经济从局部依赖走向全球依赖的时代产物。1914 年，一个高度工业化的德国会依赖全世界的市场、原材料和食物，这是它在 1814 年的时候从未经历过的。全球依赖是人口繁荣的肇因和结果，它催生的不安本身又推动了战争的爆发。德国依靠皇家海军的影响而获得部分所需食物和工业补给，它还依靠英国的自由贸易政策进入欧洲以外的市场。在凯恩斯看来，由此导致的紧张局势是解释最近冲突的全球性质的最重要因素。不断增长的人口是这个新的相互依存的世界的基本组成部分，而依赖又埋下了竞争和猜忌的种子。

除了战争造成的损失，战后暴发的西班牙大流感也不可小觑，它在全球范围内造成了 2 500 万 ~ 5 000 万人死亡。在当时的阿拉伯起义浪潮中，很多人提到了赛克斯 – 皮克特协定，它应对中东地区许多

---

① Winter, p. 259.

现在看似不牢固的边界负责；这个协定中代表英国一方的马克·赛克斯（Mark Sykes）爵士于 1919 年死于流感，享年 40 岁。华特·迪士尼（当时年仅 16 岁）和富兰克林·罗斯福则挺了过来，并继续以不同的方式在即将到来的时代留下自己的印记。英国作家安东尼·伯吉斯在 1919 年初回忆道："我那尚未复员的父亲会定期（很可能也并非如此）休假，来到卡里斯布鲁克街（我们的家中），他发现我母亲和姐姐都死了。西班牙大流感已经袭来……当母亲和姐姐躺在同一个房间的床上死去的时候，我还在自己的婴儿床里咯咯地笑着。"[1] 这场流感的范围是全球性的。加拿大一个偏远地区的一位 8 岁大的小女孩活了下来，她的父母和两个兄妹都死了，她靠着点燃圣诞蜡烛融化积雪维生。偶然发现她的一位当地牧师曾报道说："现在连哈士奇都开始吃死尸了，这个孩子目睹了这件可怕的事。"[2]

尽管如此，欧洲、北美乃至全世界的人口仍在继续增长。当人口浪潮滚滚向前，死亡率下降、生育率居高不下，人口的潜在增长力度仍十分强大，乃至会抵消最残忍的灾难以外的所有人口损失。1914 年战争爆发时，战争中损失的 1 000 万人不过占欧洲总人口的 2%。对于战前人口增速的国家如俄国而言，仅用 18 个月左右即可弥补人口损失的 2%；而对人口增速如 20 世纪 90 年代早期也门的国家而言，弥补 2% 的人口损失则仅需 6 个月。

因此，欧洲人口仍在继续增长，尽管增速已大幅下降。当战争结束，一切恢复"如常"后，那些最初在英国出现的降低了死亡率、延长了预期寿命的现代化力量，又在欧洲大陆蔓延开去。然而，随后抑制生育和人口增长的力量也开始传播。到 20 世纪 30 年代，欧

[1] Johnson, pp. 174 - 5.
[2] Davies, p. 113.

洲人口的增长降了下来。在 19 世纪上半叶，欧洲人口的年增长率还不到 0.7%，但从长时段看，这已经很快了。这一速度在 19 世纪最后 30 年中逐渐加速到 0.9%，而到"一战"爆发前几年又增至 1% 出头。（应该记住，从历史上看，超过 1% 的持续增速对任何一个国家而言都是了不起的，更不用说这是整个大陆的增速了。）

尽管发生了战争，但欧洲人口仍保持了增长，虽然已不到此前 1/3 的水平。"一战"和大流感也不足以扭转或阻止人口浪潮，只是一定会让其减速。欧洲的人口增长在 20 世纪 20 年代开始回升，这在战争时期并不令人惊讶，但其增速却比 20 世纪初低了 1/10。

20 世纪 30 年代的人口增速则进一步放缓。[①]"一战"扰乱了整个欧洲人口增长可能出现的缓慢减速趋势，这种趋势从战争结束后的人口增长高值中逐渐恢复。尽管整个大陆都出现了这种缓慢减速的趋势，但有些国家的减速则比其他国家更甚。事实上，此种增长趋势是三重因素的结果：出生人数急剧减少、死亡人数陡降以及外迁移民几近停滞，后两者的影响超过了头一个。鉴于人口的规模只能被三个因素（出生人数，死亡人数，流入、流出移民数的差额）所决定，那么，前两个"自然"变化的因素究竟是如何在"两次世界大战之间的欧洲"发挥作用的呢？

## 欧洲的大衰退

到 19 世纪末和 20 世纪初，此前在英国发生的人口革命正逐步

---

① Livi-Bacci, *Population of Europe*, p. 165.

扩大到德国、俄国以及其他地区。英国的人口浪潮消退之际，德国正暗流汹涌，而德国的人口浪潮消退之时，俄国则风急浪高。人口浪潮接连不断，后浪来势也甚于前浪。德国的人口增长速度比英国快，但随后下降得也更快。俄国的人口增速比德国快，其降也忽焉。[①]个中缘由十分明了。先行者总会暂时性地在没有路的地方慢慢摸索，路途走得越顺，后来者迎头赶上的速度也越快。在理解、尝试和实际测试以后，公共卫生和个人健康方面的技术也会更快得到应用。这意味着作为人口关键因素的死亡率会下降得更快。在这方面，人口学与经济学类似。英国在 19 世纪的工业起飞速度照此前的标准是快的，但若按照后来者的标准则显得很慢，因为它们并不会辛苦地开辟新道路，而是走别人的老路，并使用已被试验和测试过的办法和技术。

英国一直是这群寻路者的领路人，它第一个经历爆炸式的现代人口增长，也第一个见证了生育率的下降和人口增长率的下跌。到"一战"前夕，英国的生育率已降到每个女性仅生育 3 个小孩的水平，而且仍在下降。"一战"后，英国的生育率继续下降。20 世纪 20 年代已降到 2 左右，30 年代已降至低于 2 的水平。这一数字已低于如今所谓的"更替水平"（replacement level），即长期保持人口稳定所需的略高于 2 的水平。令人惊讶的是，英国的生育率水平在"二战"爆发前便已和如今十分接近，但中间相差近 80 年（尽管期间也经历

---

① 我们从利维·巴契所著《欧洲的人口》（*Population of Europe*），第 132–133 页中可见，1800—1913 年间，英国的人口增长率从未超过年均 1.33%，德国出生高峰时期的增长率为略高的 1.38%，俄国则为 1.47%，英国的出生率没有超出过 4%，而德国曾超过这一水平，俄国更是超出过 5%。我们再次查看利维·巴契（第 166、168 页）可知，20 世纪 20 年代初到 40 年代末，英国的生育率下降了 0.2，德国下降了 0.5 以上，俄国则降低了 3 个单位左右。而在 1920—1950 年间，英国的预期寿命增加了 12 年，德国增加了 14 年，苏联则增加了近 25 年。

过一些波动 )。

    "一战"以前，德国的生育率也在下降，尽管初值更高。此后，德国的生育率又进一步下降，到 20 世纪 30 年代，每个德国女性生育的小孩数已不到两个。就像英国王室一样，我自己的家族——一直到 20 世纪 30 年代末都一直生活在德国——就是这方面的典型。我的曾祖父母出生于 19 世纪中期，他们是那时十分常见的拥有 6 个孩子的大家庭中的一分子；我的祖父母生于 19 世纪 80 年代早期和"一战"前，他们仅有一到两个兄弟姐妹；而我的父母则生于 20 世纪 20 年代和 30 年代，他们一个为独生子女，另一个只有一个兄弟姐妹。几十年前令法国作家和军事规划人员惶恐不安的德国人的持久生育力竟然不过如梦一场。对低出生率的担忧跨越了政治光谱；左翼的德国社会民主党"毫不含糊地同意生育是女性的社会职责"，并且"女性有责任成为整个种族的守护者和抚养者"。①

    与此同时，法国女性的生活则依然如故。法国的生育率在两次世界大战期间仅略有下降，从略低于 2.5 降到了略低于 2 的水平。首先，法国的生育率此前也并未达到很高的水平，因此其降幅不大。在这方面，法国的生育率得益于该国在一定时期内仍是乡村状态，在此期间，城市地区的生育率较低，农村的生育率则较高。而在 20 世纪 30 年代，大约 3/4 的英国人口生活在城里的大都市中，德国的比例超过了 2/3，法国则仅为 1/2。除了下文讨论的死亡率和移民问题外，这种情况意味着与英国和德国相比，法国长期的人口低速增长简直不值一提。而在"一战"前，法国的人口增长规模仅为德国和英国相应规模的一小部分，在两次世界大战之间，这一小部分也

---

① Mouton, pp. 109 - 10.

变得微不足道了。

如果英国是领导者，德国则是紧咬不放的追随者，而法国则纯属例外，俄国更显得例外。俄国在 20 世纪初的生育率水平比英国或德国曾经的峰值状态（每个女性更可能生育 7 个而非 5 到 6 个孩子）还高，因此，当其生育率下降时，其降速也快于更远的欧洲西部。到 20 世纪 20 年代后期，俄国的生育率已降至每个女性生育 6 个孩子的水平，并在"二战"前夕再次下降至 4.5 左右。这个依旧很高的出生率成了俄国人口增长的主因，但如此的下降速度也成了俄国最后极低生育率的先兆。俄国生育率本就应该如此迅速地下降，这不应该是个意外；这个国家当时正在经历一场迅猛、自上而下的转型。最合新政权心意的几个目标——通常指的是女性的识字率、城市化和女性加入劳动力市场等——现在已被认为与较低的生育率密切相关。理想的苏联妇女需具备政治意识（因此，按定义基本上便是认得字），并且生活在城镇或城市之中，很可能还在工厂上班；而且她生养的孩子数量一定比自己不识字的母亲少。欧洲其他地方也存在类似的人口演变模式。意大利女性在"一战"前会养育超过 4 个孩子，而到"二战"爆发的时候则不足 3 个。[1] 尽管意大利大家庭的印象在 20 世纪下半叶长期存在，但到那时已不过是个神话了。

在国家层面，生育率下降的数据掩盖了一些潜在的模式和地区差异。在某个特定的国家里，各地的发展速度以及因此在人口转变过程中所处的阶段往往是变化的。彼此交往的渠道、文化联系和宗教信仰都强烈影响着各地的人口趋势。低生育率会从法国蔓延至加

---

[1] Livi-Bacci, *Population of Europe*, pp. 136, 168; Kirk, pp. 14, 48.

泰罗尼亚和皮埃蒙特，但不会扩展至西班牙和意大利更偏远和工业化程度更低的地区。[①] 德国新教地区和工业区的生育率最低，而外围和农业地区的生育率最高。在中欧，低生育率似乎沿着多瑙河流向了最易受维也纳现代化影响的地区，上奥地利州和捷克斯洛伐克则对小家庭趋势有所抵抗。而在巴尔干地区，奥匈帝国境内的罗马尼亚和南斯拉夫的生育率下降速度则快于"一战"前哈布斯堡王朝以外的区域。俄国的情况则是，农村地区的生育率最高，这与我们的预期一致。

生育率下降的部分原因在于，大部分人口从高生育率的乡村迁移到了低生育率的城镇或城市。与此同时，欧洲在采集更多的人口数据方面有了长足进步，这提供了更加细致可靠的实况样貌。国际联盟的存在是其部分原因，它能够收集出生人数和死亡人数的标准信息。确切地说，就像过去一样，人们并不完全明了更低生育率的实现途径，但避孕措施正变得广为人知且更为易得。玛丽·斯托普斯（Marie Stopes）在英国倡导"计划生育"（planned parenthood），并于 1918 年出版了《婚后之爱》（*Married Love*），其中提供了有关避孕和在全国范围内开设计划生育诊所的建议。虽然她肯定遇到了阻力，但当时的情况却比查尔斯·布拉德劳和安妮·贝赞特的时候好太多。然而，当时的避孕方法并不总是便宜或可靠的，正如这首歌所暗示的："珍妮 / 珍妮 / 满怀希望地 / 翻阅着玛丽·斯托普斯的作品 / 但看样子 / 她读错了版本。"[②]

生育率的下降肯定会拉低人口增长，但另一方面，欧洲许多地区的死亡率仍在下降之中，这有助于人口增长。20 世纪头十年出生

---

① Kirk, pp. 48 - 9.
② Ehrman, p. 42.

的英国人的预期寿命还不到 54 岁，而到 30 年代则已超过 60 岁。人口中的出生人数变少了，但死亡人数也变少了。这是通过生活条件的改善和更易获取的健康保障达到的，对小孩尤其如此。同一时期，法国的预期寿命从 50 出头增加到了略低于 56 岁的水平，德国则从 49 岁增至超过 61 岁，刚好超过英国。俄国这一时期的数据不太可信，但众所周知，1910 — 1950 年，该国人均预期寿命从 32 岁（苏联）增加到了 67 岁（苏俄）。考虑到恐怖和饥荒的相互交织，如此增幅实在令人瞩目。[1] 预期寿命如同人口浪潮，一旦马力全开，战争或流行病也无法完全让其停滞，历史上最严酷的制度也做不到。

按每千人的死亡人数计算，西北欧部分地区的死亡率低于 10。如果从今天的角度看，这一数据也相当低，它归功于疾病的消退和人口的早逝，但也要归于近期人口增长导致的年轻人口增长。近期扩张中的老年人口仅占总人口的一小部分，因此在更大范围的社会中，他们的死亡从统计上讲也仅占很小的比例。在这一点上，随着当时人口的快速增长，欧洲拥有的年轻人口让它更像一所学校而非养老院——预期寿命急剧升高，死亡率则异常低。

## 留在欧洲

当然，出生率和死亡率以外的第三个（也是最接近现代的）决定人口变化的原因则是移民。欧洲人口在"一战"前的几十年中经

---

[1]　Livi-Bacci, *Population of Europe*, pp. 135, 166.

历了前所未有的外迁趋势，流入地主要是美洲。而在 20 世纪初的高峰时期，欧洲移民海外的人数每年接近 150 万，人们主要去往美国以及整个美洲，加拿大和阿根廷分别是英国人和意大利人的理想目的地。"一战"期间，欧洲流出的人口迅速下降（那些已经移民的人正应征入伍，跨大西洋航运则忙于为协约国运送补给，而此前一些外迁移民来源国也正与美国交战），此后再也没有恢复。

20 世纪 20 年代，美国国门渐趋紧闭，欧洲外迁移民数量受到限制。美国政客急于限制移民，特别是那些被视为"不合适的移民群体"，他们先是通过战前移民人口的均衡状态，然后再根据战前总人口的差额来贯彻 20 年代的移民配额，从而支持那些在最广泛的意义上被视为盎格鲁 – 撒克逊人的群体，或者至少是那些更容易被同化的人群，同时歧视那些来自意大利和东欧的人——主要是天主教徒和早先来自俄国的人——大部分是犹太人。[①] 天主教徒在很多美国人的心里总是与大城市（特别是在东北部地区）中喝醉酒的乌合之众联系在一起，而禁酒运动也带有明显的新教色彩，20 世纪 20 年代和 30 年代早期逐渐禁止了对酒精的滥用。对犹太人而言，广泛而持续的偏见让美国在他们多数人最需要的时候关上了大门。

"二战"前的几年里，欧洲的外迁移民数量降到了每年几十万的规模。在一定程度上，这不仅是美国移民政策的结果，也在于欧洲局势的变化。对欧洲大部分地区而言，20 世纪 20 年代是经济腾飞和充满机遇的年代，这降低了人们在欧洲以外寻求美好生活的意愿。尽管可能听上去有些麻木不仁，但在战火中丧生的数以百万计的人口的确为留在家里的男孩腾出了更多机会，无论是在就业还是在求

---

[①] Gerstle; Gratton.

偶方面。移民往往是农村现象，欧洲社会正变得越发具有乡土气息；对许多人来说，移民到城镇或城市是彻底离开欧洲的替代性选择。当20世纪30年代经济衰退袭来，不仅美国的移民限制收紧，而且不景气的经济和居高不下的失业率都让它不再是移民的向往之地。的确，一些可怜之人——当时的芬兰移民——就被劝说"回到"苏联治下的芬兰境内：他们在那儿会被扔在卡累利阿冰冷的荒野，或者被当作天生可疑的外国人放逐到西伯利亚，幸存者寥寥。

　　从国家的角度看，英国是外迁移民放缓的例外。它仍旧有着庞大的海外帝国可吸纳新成员。20世纪20年代早期，英国和爱尔兰外迁移民上升至每年近20万，仅略低于战前时期。然而，英国的外迁移民人数也迅速下降，到20世纪30年代已不足20年代的1/3。而对欧洲其他国家而言，外迁移民的下降是巨大的。[①]到20世纪早期仍是最大人口输出国的意大利则是个极端案例。约有40万意大利人在20世纪头10年中的移民高峰年代离开意大利；而到20世纪30年代末期，每年外流人数则仅为2.5万人。奥地利、匈牙利和捷克斯洛伐克等国是战前奥匈帝国的核心组成部分，这些地方在20世纪头10年中每年的外迁移民规模为25万。各种限制和大萧条改变了这种情况，中欧在经济衰退中损失惨重，但与此前的经济衰退不同，自身经济也面临问题的美国无法再提供光明的前景和就业机会。到20世纪30年代，每年来自奥匈帝国的移民人数已降至可忽略不计的五六千人。所有主要的移民接收国——美国、巴西、加拿大和阿根廷——都见证了人口流入的急剧减少。[②]欧洲人向新世界的大移民运动已经终结。

---

① Kirk, pp. 75‑6.
② Kirk, pp. 279‑80.

欧洲外迁人口的降低——以及死亡率的下降——有助于抵消欧洲大陆生育率下降的影响，也缓解了人口增长率下降造成的影响。因此，即便出生的婴儿数量减少了，欧洲人口也因为离去的人口（无论是进入棺材还是远渡重洋）的下降而得以增长。与此同时，尽管离开欧洲的人数少了，但其内部各国间的人员流动却增加了。欧洲人向来在其内部各国之间流动，英国则因为相对孤立是个例外。"一战"前的各国人口流动规模还不是很大。欧洲内部最大规模的国家间流动人口是受到迫害的俄国犹太人，很多人都逃往美国，一些人则选择了加拿大、阿根廷和南非，但也有很多人选择留在欧洲，并前往相对宽容的西欧等地，尤其是法国和英国。1918 年以后，欧洲大陆内部的人口迁徙变得更加普遍了。大陆内的人口主要往西迁徙，首选的目的地是法国，部分原因在于法国政府的鼓励。简而言之，欧洲西部比东部更为自由和繁荣，因此也更有吸引力。1931 年，超过 300 万欧洲移民居住在法国——这分别是生活在德国和英国的移民数量的两倍和三倍——这个数据占法国人口的 7% 以上。[①] 最大的移民来源国是波兰、意大利和西班牙。

各国内部也有大量人口迁徙运动，通常是从贫穷、落后、边缘地区迁往工业中心。比如意大利人从南部迁往北部；西班牙人迁往巴斯克和加泰罗尼亚地区；在不列颠群岛内部，人口则从爱尔兰、苏格兰迁往英格兰中部和东南部。这种人口迁徙很大程度上受经济因素的驱动——寻找生计，但有些也出于政治动机，例如 20 世纪 30 年代 4 000 名来自德国和奥地利的犹太人，或者被佛朗哥击败后从西班牙迁往法国的 50 万共和党人。

---

① Ibid., pp. 282 - 3.

这些空洞的数字不应让我们对其中常常涉及的人性之光辉和悲剧视而不见。对许多人来说，迁往西欧就意味着自由，就像此前移民美国的一代人一样。然而，逃亡法国的德裔犹太人在1939年"二战"爆发后便被拘禁，1940年法国沦陷后他们又被移交给了德国，其中很少有人在战争中幸免于难。1940年，哲学家瓦尔特·本雅明打算逃离纳粹占领的法国前往西班牙，当他意识到自己可能会被遣返后便自杀了（法国和西班牙的地中海边境小镇布波立有为他树立的纪念碑）。此前一年，伟大的大提琴手巴保罗·卡萨尔斯从西班牙逃了出来。数十年间，他都拒绝在承认西班牙佛朗哥政权的国家演出，结果，他只好前往法属加泰罗尼亚的鲁西荣（在法国边境一侧的普拉德建有纪念他的雕像和博物馆，此地也笼罩在本雅明死去的高山的阴影之下）。那些年间，知识分子以赛亚·伯林、银行家西格蒙德·沃伯格、心理学家西格蒙德·弗洛伊德、建筑史学家尼古劳斯·佩夫斯纳先后前往英国。英国后来的保守党领袖迈克尔·霍华德的父亲以及工党领袖爱德华·米利班德的父母也都纷纷逃离东部的战火前往英国。

## 竞争、悲观情绪与政策

两次世界大战之间的欧洲也经历了英国1914年以前发生的所有事情，即生育率和人口增长的急剧下降。当时的人还并未完全理解如今所谓的"人口转型"，一旦人口从高出生率和高死亡率向高出生率和低死亡率的阶段转变，并最终过渡到低出生率和低死亡率阶段，人口规模就会稳定在较高的水平。

　　"一战"以前，英国除了担心与自己竞争的国家的人口增长，它还担心国内生育率的下降。美国总统西奥多·罗斯福反对"有意为之的不生育行为——这种罪恶的代价便是国家的死亡，是种族自杀"。罗斯福至少在这方面是个言行一致的人，他自己就育有6个孩子。"一战"结束的时候，德国未来学家和末世预言者奥斯瓦尔德·斯宾格勒曾预测，欧洲人口将经历长达200年的衰退期，他将此归因于繁荣和女性的解放。英国作家吉尔伯特·基思·切斯特顿也在1930年表达了自己的忧虑："如果最近出生率的下降趋势再持续一段时间，可能最终就不会有新生儿了。"法国人口学家阿尔弗雷德·索维则担心，欧洲将到处都是"生活在老房子中的观念陈旧的老人"。1935年，凯恩斯也警告说，"从人口增长到人口减少的变化可能是灾难性的"[1]。

　　G. F. 麦克利里（G. F. McCleary）刻画了两次世界大战之间的人口悲观主义，他是一位在人口学方面著述颇丰的作家，也曾是英国卫生部门的高级官员。"人们开始意识到（出生率的下降）并不能一直靠死亡率的降低加以抵消。"他写道。[2] 婴儿死亡率已经相当低了，如果可以，它还会进一步降低，但这并不会对人口规模造成实质影响。两次世界大战之间的人口学家达德利·柯克（Dudley Kirk）言简意赅地说道："死亡可以延迟，但绝不可能避免。"[3] 预期寿命可能会进一步延长，但也只是循序渐进的。相比之下，出生人数的降低似乎来势汹汹且令人担忧。

　　人口增长的下降趋势在日益加重和人口规模下降的前景都已广

---

① Ehrman, pp. 33 - 4.
② McCleary, *Menace of British Depopulation*, p. 18.
③ Kirk, p. 42.

为人知。马尔萨斯也已觉今是而昨非，至少暂时如此。"一战"之前，人口问题主要关乎一个国家如何屹立在竞争对手之林。两次世界大战期间，人们越发意识到，从英国发端的事情正在席卷整个大陆，同时也影响了从欧洲流出的人口，尤其是美洲各地的人。那是一个将我们如今十分惊恐和诧异的种族主义视为家常便饭的时代，在公共话语和国家政策上都有所反映，反犹主义被认为是理所当然，同样，非裔和亚裔也被认为低人一等。有时候，人们对人口减少和种族消失的担忧造成了对数量与所谓质量的紧张。一方面，大量人口被视为国之"幸事"，特别当考虑到弥补战争损失的需要以及对"下一轮战争"的恐惧后更是如此。另一方面，又并非所有族群的数量都能满足要求，一些民族总是比其他民族优越。与节育运动密切相关的优生运动提出了提高人口"库存"和"质量"的积极措施。例如，玛丽·斯托普斯就极力呼吁对那些被认为不适合成为父母和不适宜延续种族的人强制节育。

人们对人口质量的担忧在美国体现得尤其明显，该国"一战"后全面铺开的移民限制政策便明确旨在保护其民族的混合模式，并尤其侧重减少来自南欧和东欧的移民，这些移民在世纪之交的时候曾占美国移民的绝大多数。美国的人口增长率的确在下降，但其速度在 20 世纪 20 年代时仍接近 1.5%，尽管在 30 年代就下降到这个速度的一半了。

即便对那些得其门而入之人而言，萧条时期的美国也不是一个有吸引力的所在。[①] 国会议员艾伯特·约翰逊（Albert Johnson）是 1924 年《移民法案》（该法案对移民施以最严格的控制）的共同起草

---

① Maddison, pp. 182－4.

者之一，他认为"无条件欢迎所有人的时代和无差别接收所有种族的时代明显已经终结……我们的期待是同质的民族……这是自我存续的要求"。在对该法案的讨论中，一位来自缅因州的参议员呼吁建立一个"种族纯洁的国家"，而缅因州的另一位国会议员则提出"上帝想让（美国）……成为一个伟大民族的家园，人人都讲英语——这是个有着伟大理想、信仰基督教的白人种族，同一个种族，同一个国家，休戚与共"。[①] 一位来自印第安纳州的国会议员的表态则更加露骨，他主张：

> 美国人祖上那些界限清晰、自治的人群之间几乎毫无相似之处。这群人，或者说不负责任的破落户在往美洲播下血脉的同时也带来了旧世界的社会和政治顽疾……我们没法通过教授技巧而把杂种狗变成纯种狗。[②]

辩论和反移民立法的背景是悲观情绪和种族偏见。两次世界大战之间的两次辩论，预示着整个白人种族的厄运并不能指望欧洲人，而在于美国人。麦迪逊·格兰特（Madison Grant）1919 年的《伟大种族的消逝或近代欧洲史的种族基础》（*The Passing of the Great Race or the Racial Basis of Modern European History*）以及洛斯罗普·斯托达德（Lothrop Stoddard）1920 年的《有色人种的崛起对白人世界霸权的挑战》（*The Rising Tide of Color Against the White World Supremacy*）均体现了这一点。两位作者的关注点有所不同，尽管他们骨子里可憎的种族偏见意识形态如出一辙，而且格兰特还为斯托达德的书写

---

① Morland, *Demographic Engineering*, pp. 143 - 4.
② Gerstle, pp. 105 - 6.

过序。比起人口学，格兰特更关心"种族科学"——尽管强调"主体种族"的重要性，但他仍在不同的欧洲血统之间做出了明确区分，并得出结论：

> 如果任由我们的种族大熔炉烹煮而不加干涉，我们继续……对种族、信仰、肤色间的所有区分视而不见，那么殖民地的本土美国血统，就会像伯里克利时代的雅典人和罗洛时代的维京人一样走向灭绝。①

斯托达德也担心白种人中的"地中海"成分和"日耳曼"成分的均衡问题，他担心工业革命甚至刺激了前者在英格兰的增长，因为随着英格兰逐渐脱离了村野气息，支持日耳曼民族的进化选择压力也逐渐下降："英格兰血统中的小污点随代际明显增加。"② 然而，他的担忧本质上是泛欧洲式的。他可能在欧洲人内部有着自己的偏好，但面对非欧洲人的崛起，他更担心欧洲人自身的集体命运。他注意并哀叹"一战"对欧洲人口的影响，呼吁"白人的团结"。③ 日本的野心以及印度的巨大人口权重等因素加在一起可能会推翻欧洲的全球霸权，而欧洲人又因为致命的内讧而越发衰弱。毫无疑问，斯托达德是 3K 党（Ku Klux Klan）成员，人们认为他的作品为纳粹词典增加了"劣等人"（Untermensch）的观念。

格兰特和斯托达德的著作刺激了类似作品的问世，比如格雷戈里·约翰·沃尔特（Gregory John Walter）于 1925 年写作的《有色人

---

① Grant, p. 263.
② Grant, p. 167.
③ Ibid., p. 220.

种的威胁》(*The Menace of Color*)。这些观念还经由司各特·菲茨杰拉德的小说《了不起的盖茨比》而走进大众视野：

> "文明正走向碎片化，"汤姆愤怒地爆发道，"你读过戈达德的《有色帝国的崛起》吗？……其中的观点是，如果我们不加以提防，白种人将彻底——彻彻底底被湮没。这很科学，已经被证明了。"

虽然汤姆的态度似乎有点嘲讽的意味，但菲茨杰拉德本人可能对斯托达德的想法充满同情。新的研究证明了编辑们是如何撤下他在许多作品中公然表露的种族主义和反犹主义内容的。[1]

然而，并非所有美国人都对白人的前途抱有同样悲观的看法，尽管他们的"乐观主义"也充满了令人不快的种族偏见。那些与《十字路口前的人类》(*Man kind at the Crossroads*)的作者爱德华·M. 伊斯特(Edward M. East)相似的人并不渴望表达任何世界主义观点；相反，他们想表达自己对数据的不同解读。伊斯特指出，从全球范围看，"白种人"的数量（5.5亿）比"黄种人"（5亿）、"棕色人种"（4.5亿）或"黑人"（1.5亿）都多。他承认，"其他人种"的数量可以从整体上超过白种人，而且这对白人而言"的确是个可怕的人口大势"。[2] 然而，他对悲观主义者的增长数据提出了挑战，并认为北美白人的人口特征允许其数量每58年翻一番，欧洲则为57年，其他种族（比如黑人）人口翻番的时间需要一百多年，而南亚和东亚

[1] *Guardian*, 1 May 2014, https://www.theguardian.com/books/2014/may/01/f-scott-fitzgerald-stories-uncensored-sexual-innuendo-drug.
[2] East, p. 113.

人口规模则需要两百多年才能翻番。[①]从全球和长时段的历史标准看，欧洲裔人口的增长率依旧强劲，而且非白种人基本上还未经历人口上的"觉醒"。

对不同种族的人口增长数据做出比较后，伊斯特坚持认为"任何看到白人人口增长停滞的人……要仔细了"；尽管生育率在下降，但死亡率也在下降，这有利于人口增长。"人口存量可能不那么活跃，但死亡的惯性却远不止弥补了这种差异。"他写道。白人的统治地位及其死亡率下降的原因是帝国的持续存在："白人种族正在迅速增长。为何？原因仅仅在于它对地球上 9/10 的可居住面积享有政治控制权。"[②]伊斯特说，在良性循环的条件下，人口力量将维持帝国，帝国也会维持其人口权势。美国国内的黑人人口规模面临的压力并不比海外的有色人种小。1820 年，美国白人和黑人人口比为 790 万：180 万，1920 年则为 943 万：105 万。美国黑人占白人人口之比在这个世纪从 22% 下降到了 11%，这是此间大规模白人移民的结果。[③]伊斯特有些夸夸其谈，甚至还引用了《圣经》典故，尽管他略微有些担忧非洲：

> 雅弗的儿子们……生养众多；他们的进步超乎想象……东方、北方和西方的地平线一望无垠……只有南方出现了些许乌云……这是要加倍防守的方向。[④]

在生活在欧洲的欧洲人中更难见到伊斯特那般乐观的态度。美

---

[①] Ibid., p. 115.
[②] Ibid., pp. 116, 271.
[③] East, p. 128.
[④] Ibid., p. 145.

国白人与黑人的比例对于担心如何保护澳大利亚免受日本人侵略威胁的英国长官而言影响不大，或者从法国军事规划者观察到莱茵河两岸世代规模差距仍在不断扩大的角度来说也无甚影响，而从德国军事规划者观察到仍旧快速增长的俄国人口的角度而言也是如此。尽管美国人有资本傲视天下，但欧洲人，至少西欧人则不得不关注其欧洲以外帝国的持续生存能力，并且像"一战"以前那般感受到自己相对于大陆近邻的人口弱势。

英国人在持续担心国内局势的同时，也在一定程度上因为北海人口的下降而得到一些安慰。另一方面，他们现在开始担心殖民地的人口变化趋势了。我们早些时候看到，7 700 万日本人拥有 16 704 万英亩土地，而澳大利亚境内仅占日本人口规模 7% 的白人人口则享有超出日本面积 10 倍的土地。[1] 正因为人们日益认识到亚洲人口的权重，白人主导的澳大利亚的政策也不断更新，以便将亚洲人赶出澳大利亚，正如他们在 19 世纪晚期被赶出美国一样。澳大利亚国内对亚洲人的恐惧肯定可以追溯至"一战"以前，并且以政治左派为甚。工党领袖兼后来的总理威廉·休斯曾于 1896 年写道：

> 我们的北境住着有色亚洲人种，他们很快就会吸干此地白人群体的血液，并且不断增殖，从而越过我们的天险尼亚加拉河，然后播下永远无法根除的顽疾的种子，盎格鲁-撒克逊民族为之骄傲的根本活力也会遭受永久性破坏。[2]

澳大利亚如同新西兰和美国一样，通过立法排除了非欧洲人移

---

[1]　Cox, p. 77.
[2]　Offer, p. 172.

民，尤其是亚洲移民。正如"二战"期间麦克利里谈到的，他否认
白种澳大利亚人的这种态度等同于"占着茅坑不拉屎"，并十分坚决
地说："他（白种澳大利亚人）想要充分利用'茅坑'，但使用方式
由自己定——从而令自己国家的民族没有种族混合、冲突和灾难。"①
麦克利里并未表达自己对加拿大人口命运的担忧，尽管该国也通过
了针对亚洲移民的法律，但人们认为此地并未潜藏什么非欧洲因素。
相比之下，澳大利亚特别担心的原因在于，情况非常接近法国学者
艾蒂安·德内里（Étienne Dennery）所谓的"百万亚洲军团"。他的
著作《百万亚洲军团及其西方问题》（*Asia's Teeming Millions and its*
*Problems for the West*）于 1931 年发行了英文版。他还注意到印度移
民向东非、加勒比海和东南亚的扩张，并且坚持认为"受限于这些
倒霉的亚洲大陆上狭小的产粮区或者其局促的地理面积，西方世界
乃至整个世界未来的和平在这些地方都面临着切实的危险"。② 至于
"一战"前便开始蔓延的"黄祸论"，此时也越发能引起人们的共鸣了。
例如，有人指出，每年迁往英国的澳新殖民地的 10 万亚洲移民几乎
无助于缓解亚洲过度拥挤的状况，反而"会将澳大利亚和新西兰彻
底败坏"；而保持殖民地种族同一性则至关重要。③

　　不出所料，虽然欧洲人可能也会担心澳大利亚人口的种族构成，
但更上心的仍是澳大利亚人自己。他们一开始引入的立法经由劳工
运动驱动，其经济动机在于阻止廉价的工人，但后来越发带有种族
色彩。事实上，立法运动后来在某种程度上已有所淡化，至少就其
提案而言如此，因为当时英国为避免冒犯亚洲大国，特别是想保持

①　McCleary, *Menace of British Depopulation*, p. 63.
②　Dennery, p. 229.
③　Wilson, pp. 174, 228.

与日本的良好关系而对澳大利亚施加压力。[①]

冒险小说家和农业改革家亨利·赖德·哈格德也担心殖民地的人口命运。他对这一主题的论点可在一本以控制父母身份为中心的合编著作中找到，玛丽·斯特普斯也参与编写了这本书。一方面，哈格德认为澳大利亚和加拿大是广阔而开放的大陆，如果上面居住的并非英国出生的人口，则最终会落入他人之手。另一方面，母国已人口过剩，并且不应该维持在危机时刻超出其供养能力的人口规模。答案必然在于持续地向殖民地移民；若无这样的人口流动，殖民地就会衰落或落入异族之手。来自其他国家的迁入人口是靠不住的，因为他们最终会"稀释……原始血统"，一直到盎格鲁－撒克逊人的优势特征丧失殆尽。[②]哈格德自己的犹太－印度混合血统似乎并未阻止他拥抱当时大西洋两岸普遍存在的看法，即盎格鲁－撒克逊人是自然创造的最佳范本。

英国对自治领的关注，尤其是对澳大利亚的忧虑可被视为来自国家层面的特殊担忧，即其战前的人口弱势现在正体现在其殖民地后代身上。然而，由于现在这种威胁既被认为来自欧洲以外的民族，也被认为来自欧洲人自身，因而其措辞便越发具有种族色彩了，乃至更甚于"一战"之前。相比日本的人口，英国当时更担心德国。人们注意到，澳大利亚的人口增速已从每年2%降到了1.5%，而新西兰则从每年不到2%降到了1.25%。[③]1914年以前，英国评论者就曾担心本国相对于欧洲其他地区的衰落，如今他们也会担心欧洲普遍程度上相对于世界其他地区的衰落趋势。实际上，他们看到了二

---

① 'Sydney'.

② Haggard, pp. 170－2.

③ McCleary, *Menace of British Depopulation*, p. 59.

者的相似之处，正如英国会因为更少的人口而在"一战"中陷入危急状态一样，如今，这种人口劣势也开始对帝国产生威胁。哈格德说道："如果英国在后来的战争中仅拥有如今人口的一半，我们该何去何从，我们的盟友又该何去何从？"同样，人口短缺也可能危及帝国："我们区区 6 000 万同胞尚不足以统治 3.7 亿原住民。"[①]

麦克利里写于 1938 年的作品对英国、法国、意大利和德国等国在 19 世纪 80 年代早期和 20 世纪 30 年代中期的出生率做出了比较，他发现这些地区和国家的出生率分别下降了 56%、37%、39% 和 52%。而令人恐惧的并不是更远的东方的人口增量，而是其绝对人口规模。哈格德谈道，"在受到德国的技术和军国主义的引导和组织，外加其他势力帮助的情况下"，苏联所谓的 1.8 亿人口极其可能造成灾难，[②]而晚至 1945 年之时，当时因为与纳粹相关的种族歧视言论而名誉扫地但毫不收敛的麦克利里出版了《种族自杀？》(*Race Suicide？*)。他认为，欧洲人生育率下降的问题更多并非"国家在生物学层面的堕落"，而是极度个人主义和他所谓的"自我发展狂热"的表现。[③]

英国的人口忧虑来自欧洲内部和殖民地双重维度的考虑，后者有时候以"白人种族"这种语词表达出来，这种远虑在一定程度上与本土的近忧正相反。我们并不总是清楚，究竟是德国出生率的下降，还是法国的低出生率，抑或苏联人口最初减少的迹象被欧洲相互竞争的强国视为威胁程度降低的表现，或者被当作白人普遍衰落的组成部分。就欧洲人担心的亚洲民族而言，日本人代表了某种特

---

① Haggard, pp. 170, 185.

② Ibid., p. 185.

③ McCleary, *Menace of British Depopulation*, pp. 49, 52.

殊的威胁，因为他们已经展现了亚洲人可能以何种方式迅速采用欧
洲人的做法以进一步扩张其人口，并部署欧洲的军事技术、组织方
式以反对欧洲人。曾任英国首相劳合·乔治私人顾问和内阁大臣的
英意混血利奥·基奥扎·莫尼爵士就曾担心，"欧洲可能葬送在有色
人种对欧洲科学技术的使用上"。他指出，其他欧洲国家的出生率正
迅速下降。日本人口每年增加 70 万，而英国则只增加 25 万。他从
中得出了明确的泛欧结论，"在代表白人文明的少数群体中挑唆种族
歧视、种族猜忌和种族仇恨是自取灭亡"。[1] 然而，如此泛欧的情结
并不足以阻止"二战"的爆发。

与此同时，即便德法出生率之间的差距逐渐减少，法国也仍旧
担心自身的人口劣势。"一战"之前的几年里，大量类似《法国人
口的减少》(La Dépopulation de la France)和《爱国主义与父亲身
份》(Patriotisme et paternité)的著作相继出版，指出并切实警告说，
1907 年的法国仅有 286 183 名应征入伍者，而随后一年德国则有
539 344 名。[2] 战后，保罗·勒鲁瓦 - 博利厄（Paul Leroy-Beaulieu）
的《人口问题》(La question de la population)则延续了这种出版风格，
该书（可能并不十分令人信服地）指出，法国人口疲软状况的关键
更多不在于军事或经济，尽管这些因素也很重要，但最终还要归结
为道德。[3] 从某种意义上说，这预示了麦克利里对过度的个人主义的
担心，也可能是半个世纪后"第二次人口转型"的预兆。当时欧洲
大部分地区的生育率都陷入了比两次世界大战之间任何时候都要低
得多的水平。

---

[1] Money, pp. 83, 159.
[2] Bertillon; Boverat, p. 16.
[3] Leroy-Beaulieu.

　　法国成为两次世界大战期间的欧洲范围内最欢迎移民的地方，其中近 100 万移民来自意大利，超过 50 万来自波兰，超过 30 万来自比利时边境。这一切都并非偶然。尽管无法完全避免种族歧视，但法国的启蒙运动和大革命传统倾向于一种接纳任何人——或者至少是任何白人——的普世主义，只要他们及时成为法国人。法国特别热衷于鼓励来自"正确后备人群"（right sort of stock）的移民，最为理想的是来自拉丁文化和拉丁语系的人口，至少也得具备最容易融入法国社会的天主教背景。为了这个目的，也为了提高法国出生率，法国人口增长全国联盟（Alliance National pour l'Accroissement de la Population Française）得以建立。[①] 这个联盟可看作将"刚性人口工程"与"柔性人口工程"相结合的早期案例，它旨在首先通过鼓励移民，然后鼓励移民身份向接收国主流文化转变，从而巩固疲软的人口数量。[②] 从民族和国家之间更为灵活的关系出发（这种转换后的身份也可称为"公民国家主义"），法国能够以比其莱茵河两岸更具民族优越感的邻国尚未掌握的方式提升其人口数量，1933 年以后尤其如此。[③]

　　移民和身份融合仅仅是法国人口策略的一部分；另外一部分则是支持多生，名为大家庭（La Plus Grande Famille）的公民社团也对此起到了推动作用。长期对人口问题耿耿于怀的法国比其他民主国家都更愿意积极提升出生率。值得注意的是，尽管大家庭社团成立于 1915 年，而且可以想象，这个社团会更担心莱茵河畔而非地中海沿岸的人口问题，其创始人用种族主义的方式表达了这个组织的使

① Kirk, pp. 282 - 3; Camisciole.
② Morland, *Demographic Engineering*.
③ Cossart, pp. 57 - 77.

命："如果白人种族限制了自己的出生人数，谁能担保黄种人也会跟上？谁会向我们保证，黑人种族将牺牲自己的繁殖力？举例来看，这恰好是美国白人焦虑的原因。"[1] 因此，两次世界大战期间的法国的生育控制和堕胎都受到了严格限制，并且用奖励和奖章来鼓励更多女性生育。[2]

## 人口与独裁者

"一战"以后，以最小国家为理想的古典自由主义有所消退，个人主义也不再占主导。面对日益增强的国家干预，即便 19 世纪后期英国的古典自由主义也风光不再，但这一过程在"一战"期间逐渐加速，因为国家对经济的干预是发动战争的必要条件。因此，国家应该以人口目标为导向，而实施促进这些目标的政策的观念已变得越发常见且不再是禁忌。民主国家如此，两次世界大战期间建立的独裁政权更是如此。尽管民主和独裁制度都会为了声望和权势而追求大规模的人口，但独裁者并不必然会一致或理性地遵循自己的目标。毕竟，纳粹实施的大屠杀与人口规模最大化的目标背道而驰。然而，除了大规模的屠杀措施，独裁者通常还热衷于看到这部分人口被出生人口替代，后者可以是那些满足正确种族或国家标准（法西斯主义者）的人口。

法西斯意大利在传统性道德和更为一般的女性角色方面态度较为一致。虽然一开始与天主教会存在分歧，但墨索里尼却支持教会

---

[1] Camisciole, p. 27.
[2] Reggiani.

关于避孕和堕胎的教诲，进而将人口作为四场国家"战役"之一（其他三场分别是土地、粮食和更为坚挺的里拉）。他在 1927 年宣称："可以说，一个国家的政治、经济乃至道德权力的先决条件（如果不是基本方面）之一是其人口力量……先生们！为了在世界舞台上有所影响，意大利必须期待 20 世纪下半叶的居民数量不少于6 000 万。"[1] 这意味着在当时的人口基数上再增加 50%。堕胎、避孕措施的禁令得到强化，单身税提高了，家庭贷款也成为可能。尽管有这些政策，但它们并未对意大利人口产生显著影响，意大利仍在重蹈欧洲其他国家的覆辙。其人口规模的确从 1920 年的 3 700 万增加到了 1950 年的 4 700 万，这意味着年均增长率约为 1%，但远低于墨索里尼的目标。而且增长的人口并非从"出生人口战役"中取胜得来的（其生育率从"一战"前的 4 以上，一直降低到了 20 世纪 30年代的 3），而是通过死亡率的下降和预期寿命的延长（这一指标从1910 年的 47 岁增加到了 1950 年的 66 岁），以及意大利外迁移民的大幅降低等方面实现的，该国 20 世纪 30 年的外迁移民水平仅为"一战"前的 6% 左右。[2]

希特勒对人口论很是痴迷。他的种族灭绝观点便源于其对人口质量的看法，但我们不应忽视他对人口质量的看法在当时的政界很是普遍。"一战"后，50 万德国人从割让给波兰的土地上涌入德国，另有 13.2 万人来自阿尔萨斯和洛林，但到 1939 年"二战"爆发时，成千上万犹太人纷纷逃离德国。魏玛共和国时期就已经存在鼓励多生的观念，但这种因素在第三帝国时才越发明显。当时，母亲节成了法定节日，那些准备抚养大家庭的人也得到一些支持和鼓励。母

[1] Livi-Bacci, *Population of Europe*, p. 175.
[2] Ibid., pp. 132 - 4 165, 166 168; Kirk, p. 279.

亲十字勋章得到设立，并被授予那些生育超过 3 个（获铜质勋章）、
5 个（获银质勋章）和 7 个（获金质勋章）孩子的女性。"二战"期
间，堕胎构成死罪。希特勒于 1934 年宣称："德国女性最想成为妻
子和母亲……她们并不渴望进入工厂、办公室或议会。一个舒适的
家、一个可亲的丈夫和一群孩子才更符合她们的心意。"[①]

　　纳粹集团试图扩大人口基数，并准备通过鼓励以及宣传生育政
策等方式实现这一点，但实际上却是通过吞并奥地利和捷克斯洛伐
克境内的德国人口实现的，而他们又十分乐意排除那些被认为不合
适的人口。鼓励成为母亲的措施也仅对那些"值得生养后代"的人
有效。人数很重要，但对纳粹而言，种族纯粹性比人数更有意义。
另一方面，当战时经济需要时，上百万被认为种族不纯的人获准在
国内工作，其身份往往是奴隶劳工。[②]

　　实际上，纳粹的诸多人口政策都令人困惑。一方面，传统道德
与受到鼓动而参战的人（尤其从种族角度看值得存活的人）之间存
在对立；另一方面，传统道德又和如有必要可允许这些人婚外生子
之间存在对立。希特勒认为，德国的存亡取决于扭转灾难性的人口
下滑，这本身就是堕落、个人主义、同性恋和过度城市化的结果。[③]
但与此同时，他又认为现有的德国人口对其领土资源而言太多了，
因此需要生存空间。无论最后的问题是现有人口的生存空间不足，
还是现有生存空间中的人数不足，一切都还不清楚，也未有定论，
但它在德国占领波兰和占领苏联西部大片地区时都造成了各种矛盾，
以及带来了各种非常不人道的人口政策。

---

① Sigmund, p. 25；本书作者的翻译。
② Kirk, pp. 102, 111; Mouton, pp. 170–1 224.
③ Mouton, pp. 15, 17.

总体而言，希特勒对德国人口规模造成的最大影响——除了他对整个欧洲人口造成的灾难性影响以外——在于战时约 700 万德国人的损失，包括军人和平民伤亡。然而，隐藏在这场灾难背后的则是德国人口的基本趋势，它既与意大利类似，也符合欧洲的一般模式。纳粹的鼓励生育政策也带来了实际作用，德国女性的生育率从 20 世纪 30 年代略低于 2 一直上升到 1939 年略高于 2 的水平，但这仍远低于 20 世纪 20 年代早期的水平，更别提"一战"之前了。而德国人的预期寿命则从 1920 年的略低于 54 岁上升到了 1950 年的近 64 岁。上百万德国人安居在乌克兰和乌拉尔地区斯拉夫人尸骨之上的幻想也从未成真。然而，从数字上看，德国的人口损失在非常短的时间内便填补上了。

## 欧洲列强的终结

伦纳德·伍尔夫回忆录的第二卷涵盖了他在 20 世纪头 10 年在殖民地斯里兰卡做总督时所从事的工作，这与乔治·奥威尔的《缅甸岁月》形成了鲜明的对比，后者反映了奥威尔在缅甸战争期间履行类似职责的经历。尽管伍尔夫后来（甚至可能在当时便已然如此，只是不为人知）反对殖民主义，但他仍为我们提供了一个充满自信、在可见的未来也会长存下去的帝国印象。奥威尔的帝国已疲惫不堪、焦躁不安，满怀自身的厄运之感。不用过多地深入阅读二人的作品，但他们的确让我们对帝国，尤其是其可能之运势有所改观。

在某种程度上，帝国气数已尽的这种状况有其人口学原因，而这不仅限于大英帝国。对所有源于欧洲的人口（包括法国人、美国人、德国人以及一般意义上的欧洲人等）的出生率下降和人数增长的担忧已经很普遍了。像罗兹或西利等人所处的尚可期待一个白人（更何况盎格鲁－撒克逊人）主宰世界的时代已然终结，而这在很大程度上是因为，他们承认了非白人群体的绝对数量及其数量增长的潜力，以及欧洲人口增长的下降趋势。英国已经失去了爱尔兰的大部分地区。之后的自治运动又从埃及一直蔓延到了印度以及更远的地区。欧洲人已不再相信自己能轻易地平息此类运动。

虽然亚洲和非洲殖民地人数总会反超，但欧洲人却因为相对于非欧洲人口规模而言，自身的人口惯性和动力明显停滞不前的趋势而受到刺激。同样，推动英国迎头赶上其欧洲近邻（然后又相对于这些国家有所后退）的增长模式也将在全球范围内发挥作用。一方面，从两次世界大战之间的角度看，人们并无预测战后婴儿潮的理由，但却有充足的理由认为欧洲的出生率会保持低水平，甚至继续下降。另一方面，非欧洲人口最终也经历了曾经推动欧洲人口增长的相同过程，这方面也是显而易见的。希特勒对改善物质条件和医疗条件如何提高印度和苏联人口数量的担忧也是有原因的。

与此同时，尽管殖民地的优势已初露锋芒，但随着"二战"的推进，传统的欧洲列强在美国和苏联面前已越发力不从心。美苏以不同的方式模糊地或部分地属于欧洲，前者是因为它位于另一个大陆，尽管其人口绝大多数来自欧洲，后者则因为处于欧洲的边缘位置，而且的确已经超出了欧洲范围，再者，其东正教文化起源于拜占庭而非罗马。这两个部分属于欧洲的大国的崛起，是以牺牲欧洲核心国家为代价的。人口趋势在其中发挥的作用是毋庸置疑的。德国对苏联的进攻最终被大量苏联军队及其广阔领土（当然，还有当地的气候）的优势所击败。上百万苏联人惨遭屠戮和被捕，开赴前线并最终失败被捕的苏联人也达上百万。正如德国将军曼施坦因所抱怨的，苏联军队就像条九头蛇，砍掉一颗头，又冒出俩颗来。[①] 当瑟瑟发抖的德国军队于 1941 年底抵达莫斯科城郊，或者他们绝望的同伙一年后身陷斯大林格勒战场时，无论前面已经有多少人被捕或毙命，苏联人都会不断涌出来，德国人眼前全是体现在战场上的深层人口惯性。

如果苏联人口并未暴增，德国经济也并未放缓，苏联最终也不太可能取胜。在 20 世纪头 40 年中，德国平均每年人口增长率仅略高于 0.5%，而苏联虽然承受了内战的破坏，但每年的人口增长率也接近 1.4%。[②] 因此，虽然德国人口在世纪之交仍占苏联的一半左右，但是到德国入侵苏联的时候，这一比例已降到略高于 1/3 的水平了。德国人的组织方式，即便在 1914—1918 年间同时在西部发动全面战争时也盖过了苏联的人口优势，但在 1944 年西线开启之前，苏联人口已将其全面碾压。当然，其中也存在其他重要且相互抵消的因素，例如苏联在两次世界大战期间的迅速工业化进程，斯大林一开始对军事行动的管理不善，希特勒对手下将领的干涉，以及德国未能恰当地装备其部队以进行冬季战争等。还有希特勒和斯大林疏远苏联西部非俄人口的能力也起了重要作用。然而，这一切都无法消除"二战"期间东部战线在很大程度上就是残酷的人口数字对抗这一事实。战争期间，苏联拥有 3 400 万武装人员，他们全都在同一个前线战斗，而德国的 1 300 万军队则分布于东西各条战线。

同样的观点也适用于"二战"期间的美国。其经济实力在某种

---

① Stone, p. 145.
② Maddison, pp. 182–5; Livi-Bacci, *Population of Europe*, p. 132.

程度上是其人口规模的产物，但这种规模本身就十分重要。人口和机器，人力资源和物质资源的无限供应让美国成了德国眼中无可匹敌的国家。同样，比较两国的人口规模也能提供一些启发：德国在世纪之交时的人口规模几乎是美国的 3/4；而到美国加入"二战"的时候，它所面对的德国人口仅为自身规模的一半。

随着美国人口规模达到了任一欧洲大国的数倍级别以后，欧洲大国在军事和经济上的主导地位都已终结。拥有更大市场和更大经济规模潜力的美国能够从人均收入方面超过英国，但与绝对经济规模相比，更具决定性的则是其人口规模。1870 年，美国的人口数量和经济规模几乎是英国的 1/3 左右。到 1950 年，美国的人口规模已是英国的 3 倍，经济规模则是英国的 4.5 倍。从人均角度看，这两个经济体的相对地位已经逆转，但衡量其相对规模变化更具统计学意义的因素则是其相对人口规模的变化。

美国和苏联两个超级大国主导下的世界也可以从两次世界大战期间的人口实情中加以预测。当时的美国和苏联在其辽阔土地和人口增长潜力的支撑下，已经和欧洲国家拉开了距离。实际上，100 多年前的法国政治理论家和旅行家托克维尔便预测，苏联和美国会作为世界主要大国出现在世界舞台。"二者无论哪个"，他写道，"似乎都承载着天意来左右另外半个世界的命运。"而正是美国快速增长的人口及其维持人口增长的能力，是欧洲传统强国所无法匹敌的。[1]

若无经济和工业的增长，中国这个人口巨人仍会一直沉睡，但中国的人口在不断增长，其工业发展和人口增长规模也齐头并进。世界强国以及全球体系的根本性转变已无可避免，尽管欧洲帝国的

---

[1] De Tocqueville, pp. 399, 433.

衰落并不仅仅在于欧洲人口主导优势的减弱。1919 年，伍德罗·威尔逊在凡尔赛提出的意识形态主张迫使国际联盟凌驾于欧洲各国之上，并且以"委任统治"取代"殖民地管理"，这种观念可追溯至美国独立战争时期。然而，威尔逊能够强制推行这一主张的事实反映了美国人口增长的成功。这种现象预示了一个直到 1945 年才完全成形的世界，美国在其中已全然不再是"西方"的附属，它本身就代表了西方。这个新世界由人口浪潮创造，潮起潮落都左右着接下来的半个世纪。

两次世界大战期间，世界的所有人口都以从前似乎难以想象的方式被动员起来。简·奥斯汀的女主人公们过着自己的生活，对当时席卷欧洲的拿破仑战争一无所知，她们只是在偶尔遇到几个英武的军官或水手的时候才对此有所耳闻。大约一个世纪后，她们的女性后代就和欧洲大陆的女孩一样忙着寻求胜利、确保国家的食物供应或者在兵工厂里工作，以满足前线炮弹或坦克的供应。飞机的发明以及随后的轰炸意味着她们在自己坚固的岛屿上也无法避免直面战火。当社会能够并且愿意将整个人口召集到战争中时，人口数量便具备前所未有的意义了。

1945 年以后，西方社会进入了一个完全不同的阶段。战火再次在遥远的土地上燃烧，本土几乎不受影响。新的社会和经济趋势逐渐显露，而此时引领潮流者是西方世界人口规模最大的国家——美国。

第六章

# 1945 年以来的西方世界

## 从婴儿潮到大规模移民

生活在 19 世纪早期萨里的马尔萨斯牧师似乎对百公里以北的工业中心发生的革命性变化充耳不闻，甚至还在描述一个逐渐远去的世界。在这个过时的世界中，土地承载人口的能力只会逐步提升，而人口规模则可能呈指数级增长，不管怎样，缓慢增长的食物产量都会成为制约人口规模的瓶颈。尽管马尔萨斯在各个版本的《人口原理》中详述了他的理论，但他对土地做出的假设正随着曼彻斯特附近的新社会和英格兰北部，以及中部新工业中心的崛起而被全部推翻。

在这个新世界中，熔炉取代沟渠，联排公寓取代乡村农舍，大量人口得以进入产品制造业，从而与全球其他地区开展贸易以换取大量食物，而这些食物又是从大片清除了原住民，进而承担起供养母国功能的遥远大陆上生产出来的。铁路、蒸汽轮船等马尔萨斯无法想象的全新运输方式将食物运往世界各地，从而为英国和后来的其他工业化国家制造了无数"鬼城"①。19 世纪的马尔萨斯出生得太早，并且远离了时代变革的中心，他未能看到自己描述的体系是如何被撕裂，进而被新体系替代的，后者可供养的人口数量超乎他的想象。

"二战"后发生了一些奇特的事情。晚于马尔萨斯一个世纪的一整代统计学家和社会科学家，已合理地为后马尔萨斯世界提出了解释理论，并对其进行了描述。与马尔萨斯相比，并没有那么知名的美国人弗兰克·诺特斯坦（Frank Notestein）描述了后来被称为"人口转型"的现象。一个国家并不会一直停留在马尔萨斯陷阱之中，它一开始表现为高生育率、高死亡率以及较小的人口规模；然后死亡率下降，继而人口迅速增长；接着，生育率下降，人口增长继续，但速度降低了；最后，生育率和死亡率恢复平衡，人口再次稳定，但规模则大多了。

从广义上讲，诺特斯坦说得没错，这正是早期英国、美国甚至整个欧洲发生的事情，但与马尔萨斯的情况一样，尤其与他所描述的体系一样，情况正在发生变化。北美和北欧的发达工业社会被认为已经抵达人口浪潮的最后阶段，每个女性生育两个孩子、较低的死亡率、较大且相对稳定的人口规模，人口浪潮的过程早已划定了它应该终结的地方。但实际发生的事情出乎所有人意料，婴儿潮出现了。"二战"结束后的几十年中，发达国家的年轻女性生育的孩子数量明显多于她们的母亲一代。正如人口趋势变得比马尔萨斯想象的更难以预料一样，诺特斯坦也犯了类似的错误。同样，正在人口学研究似乎已经确立了人口趋势的完整模式之际，它又改头换面重新来过。

---

① 鬼城（ghost acres），指的是贫穷国家或地区中用以种植草料喂养动物从而为富国或富裕地区生产肉类的土地。——译者注

## 婴儿潮的出现

1964 年 3 月 10 日，早春里和煦的日子，伦敦市中心响起了一阵四十一响礼。[①] 是年，温斯顿·丘吉尔已步入生命的最后一年，而亚历克·道格拉斯 – 霍姆——最后一位担任英国首相职务的贵族——也已入主唐宁街 10 号官邸。这个致礼仪式旨在纪念爱德华王子的诞生，他因为出生在两位兄长查尔斯和安德鲁之后而位列王位继承顺位第三，但比胞妹安妮靠前。第四次生育之后，女王——当时已 30 多岁——便再没生过小孩，但她生育的孩子数量正好是她母亲的两倍。英国王室家族再次赶上了他们的同辈和所处的时代，从而代表了远超白金汉宫以及不列颠群岛狭小地域——爱德华王子出生的地方——的人口趋势。反过来，目前的女王伊丽莎白二世的四个孩子也相应地成了他们那一代人的代表，他们生育的孩子数量都没有超过两个，这又重新恢复了他们的祖母所处的两次世界大战期间的那个世代更加有限的生育习惯，甚至在小家庭规模上还有过之而无不及。

当我们想到 19 世纪的大家庭原型时，映入脑海的可能是维多利亚女王及其孩子们，他们在令人崇敬的父母面前拿腔拿调或者嬉戏玩耍。但到 20 世纪中期，此番景象已经发展到了英国以西地区，无论从权势还是金钱的角度看均是如此。我们想起婴儿潮的时候，首先映入脑海的是美国。当时的美国已是西方世界的人口强国，这是自马尔萨斯时代以来便保持高生育率和强劲人口增长的国度。但这里每个女性生育孩子的数量在“一战”前便已开始下降，这一趋势

---

[①] *The Times*, 11 March 1964, p. 12.

一直持续到了两次世界大战之间——20世纪30年代的大萧条有助于阻止人们生育和成家。[①]大西洋两岸的失业人口正在艰难地养家糊口，他们要么推迟结婚，要么施行计划生育，或者如果已经结婚且有了孩子，那就避免增加家庭成员。避孕措施已逐渐被广泛应用，社会上较为贫穷的群体也负担得起并开始使用，在以前他们是承担不起的。（一些人略带愉悦地庆祝着，就像伊夫林·沃在《黑色恶作剧》中描写的时代缩影一样；20年以前，出版如此主题的小说是难以想象的。）最常见的避孕方式是某种避孕套。在古代这类用品便为人所知，正如詹姆斯·鲍斯韦尔的日记所描述的。自19世纪便开始使用的橡胶在20世纪变得更加便宜，避孕套也因此变得更加廉价。在英国，分发避孕套还比较分散，理发师往往会为顾客提供，并问道："周末不找点乐子吗，先生？"自"一战"爆发之后，女性就用上了宫内节育器或避孕环，它们的普及程度在两次世界大战之间得到提升。然而，对很多人而言，尤其是穷人和受教育程度较低的人，控制家庭规模的方式仍旧是体外射精、禁欲以及原始的堕胎。这些方式都不太可靠，（后者更是）充满危险，但它们的确与足够可靠的方式一起将生育率降低到19世纪60年代1/3的水平。

　　两次世界大战之间，美国的生育率从稍高于3降低到略高于2的水平。[②]这种下降更被归因于较低的移民生育率。人口从乡村迁往城镇后，城市人口增加（传统上生育率较低），最后则是农村和城市生育率趋同。一小部分人口生活在乡村，但他们在生育和维持更小

---

① Easterlin.
② Macunovich, p. 64.

的家庭规模方面也表现得越来越像城市居民。<sup>①</sup> 这意味着人口增长率的降低，但评论者或政策制定者却并未太放在心上。总体上，人口仍在增长，而且也在人口规模上与国际上潜在竞争对手拉开了差距。美国众多机构通常更在意减少移民并保持美国的白种盎格鲁－撒克逊特性，而对人口增长不太在意。

到 20 世纪 30 年代，美国人口的年增长率不到 1%，这创下了美国历史标准的低值。这已不再是艾玛·拉撒路笔下的美国，她曾用诗歌称颂吸引了大批苦难移民的自由女神像。随着 20 世纪 20 年代更为严格的移民控制措施的引入，美国已明确表示不再欢迎苦难的移民。这也不再是托马斯·杰斐逊的美国了，当时生育力旺盛的年轻定居者可以获取无限未开垦的土地（当然，这是以牺牲美国原住民为代价的），他们每 25 年便可通过生育的方式实现自身人口翻番。

然而从 1945 年开始，出乎所有人意料，情况发生了变化。战火之后，回到家乡的美国大兵想要房子、新娘，然后成家。这一开始可能被归于战后秩序的恢复过程，因为战争延迟了人们结婚和成家的计划，战后，人们终于如愿以偿。然而，这种趋势远非转瞬即逝。"二战"前就已经下降到仅略高于 2 的美国总和生育率，到 20 世纪 50 年代时已上升到 3.5 左右。<sup>②</sup> 弗兰克·诺特斯坦的人口转型理论并没有为任何人看待生育率近乎翻倍的现象提供解释，曾几何时，人口朝低死亡率和低生育率的转变业已完成。事后看来，很显然，尽管诺特斯坦的人口转变模型未被完全推翻，但也存在争议。

20 世纪 30 年代后期，美国每年出生的总人数稍高于 200 万，但

---

① Easterlin, pp. 10 - 12.
② Macunovich, pp. 1 - 2.

到 50 年代这一数字已经翻番。[1] 即便在缺乏大规模移民的情况下,美国当时的人口增长率也是 30 年代的两倍。[2] 到 1960 年,美国公民人数约为 1.8 亿,而这一数字在不到 40 年前才 1 亿出头。20 世纪 40 年代中期到 60 年代中期,似乎杰斐逊时代的美国——其中大家庭推动了人口增长——又回来了,即便拉撒路笔下的美国——汇聚了成千上万移民的美国——并未重现。即使在国门大致紧闭的情况下,产房依旧人头攒动,至少暂时如此。

人口趋势是每对夫妻做出的千百万个决定的总体结果。想完全了解它们为何会发生是不可能的。与洋流不同,对人口浪潮的理解绝无可能完全成为一门科学。然而,我们仍有可能推测美国战后婴儿潮的原因。正如我们已经看到的那样,战后一切都在迅速恢复正常,并且情况还有些萧条。正如一位评论者写道:"当男孩们从'那边'回来后,他们就会成家、立业、置业、生孩子。"[3] 但这并不能解释为何婴儿潮在战后 15 年的时间里——的确达到了顶峰——仍在持续,而那些渴望安定下来的大兵也早已稳定下来。早婚和较大的家庭规模成为常态,人们总会模仿电影院、电视和朋友身上看到的现象。

婴儿潮一直持续的一个更有说服力的理由是经济上的。在适当的情况下,人口增长和经济繁荣会自我强化。更多人结婚、生养更多孩子意味着对房子的需求会增多,而且与房子相关的商品需求也相应增加——冰箱、洗衣机、电话、电视机以及最重要的汽车等。在美国仍然制造大部分自己所需的消费品的时代,这些需求又会滋

---

[1] Croker, p. 2.
[2] 推断自 Maddison 1982, p. 185.
[3] Croker, p. 2.

生乐观的氛围，从而进一步促进人们成家和生育。这真是美国公司的黄金时代，工资上涨、工作稳定。正是在这样的环境下，年轻的伴侣们已准备好结婚并进入家庭生活，或者，他们在生养更多孩子的时候也显得底气十足。在某种程度上，此番景象是对马尔萨斯陷阱的彻底告别。在一个比我们现在更为朴素的社会中，推迟婚姻往往意味着禁欲和挫败。随着经济机会向年轻人开放，很多人可能会冒险，会比大萧条时代的父辈更早结婚生子。（正如一位亲属在20世纪40年代告诉我的："在我们那时候，结婚是你和一位好姑娘发生关系的唯一方式。"）到20世纪60年代，美国二三十岁便购置房产的人数已达世纪初的两倍，而女性生育第一个孩子的平均年龄也下降了。[①]鉴于更早时代的限制，晚婚和小家庭一直是自我奋斗的典型形象。如今，早婚和大家庭则成了经济上成功的标志。

与战后的经济繁荣一样，婴儿潮也并不局限于美国；相反，它在整个西方世界都很普遍。而加拿大的这个趋势更甚于美国，到20世纪60年代早期，加拿大的生育率仅略低于4，这让伊丽莎白女王一家更像是代表了其加拿大臣民而非英国臣民。在一定程度上，这是因为法语区魁北克人的生育率居高不下。他们对天主教生育控制教诲的坚持比其他地方都要持久（并且，就出生率数据而言，远比其宗主国法国长久得多）。澳大利亚和新西兰大致遵循了美国的经验，而在20世纪30年代经历过两次生育率仅为2的英国，也在20世纪60年代初迎来了生育率上升到近乎3的水平，并在爱德华王子出生的1964年达至顶峰。德国的生育率也有所提升，但从未突破每个女性生育2.5个孩子的水平，哪怕该国经历了战后经济奇迹，并

---

[①] Easterlin, pp. 27 - 30.

从 1945 年的灰烬中得以重建。最后，北欧在某种程度上像是美国现象的回响；此地的生育率肯定也比战前高，但并不像美国那样高。

南欧与北美和北欧都有所不同，因为其工业化程度在"二战"前仍旧很低，农村人口多得多，生育率较高但正在降低，此地当时正处于人口转型的最终阶段。在佛朗哥专制统治和天主教会占优势的西班牙，生育率从 2.5 上升到了 3，而意大利的生育率则大致保持在 2.5 左右。爱尔兰妇女仍旧是欧洲的生育冠军，当地 20 世纪 60 年代早期的生育率为 4，这也是天主教会"迟来的胜利"了，但从人口的角度看，爱尔兰仍属小国；爱尔兰挣扎着想要摆脱农业阶段，意味着更高的出生率仍在持续转化为高移民率，就像一个世纪以前一样。爱尔兰的年轻人陆续奔往美国的波士顿、英国的伯明翰和澳大利亚的布里斯班，循着如今常用的流亡通道寻找经济机会。从"二战"结束到 1970 年间，爱尔兰共和国的人口规模几乎未见增长，尽管其出生率挺高。

婴儿潮对社会产生了巨大影响，当时的社会满是年轻人。20 世纪 50 年代，北美和西欧迎来了自己的青少年时代和摇滚时代，这个时代首次出现了可被唤作青年大众文化的有意义的东西。西方国家朝气蓬勃，比过去多得多的大量青少年成长为年轻人，他们能够影响社会活动和习惯。

在 20 世纪 60 年代的婴儿潮高峰时期，战后最先出生的青少年即将成年，而最后一批才刚刚出生，青少年表现出青春期的反叛和消费主义的一致性。这是一个身着蓝色牛仔服的学生走上加州和巴黎街头表达抗议的时代，也是披头士和滚石乐队风头正盛的时代。这一代人自信且颇有影响力，因为他们人多势众。当年轻人比老年人多得多时，惯例自然会受到质疑和挑战，有时甚至会被推翻。20 世纪 60 年代的文化的持续流行，证明了这一代人的规模及其持续性的影响。尽管事到如今，这些人已不太可能为了自由恋爱和越南战争而抗议，他们更多可能会抗议养老金的削减或退休年龄的延迟。

兰尼·克拉维茨在其 1995 年的歌曲中宣称："摇滚已死。"也许并非巧合，在这个当口，美国婴儿潮中青少年的数量正处于低点，生育率在 15 年前便已见底。我们当然可以很有根据地说，青年文化及其自信的态度因社会年龄结构的深层变化已普遍消退。相比之下，1965 年时美国近半数人口的年龄都在 25 岁以下，到 2015 年，这一比例已降到不足 1/3。20 世纪 50 年代晚期和 60 年代真是年轻一代的黄金时期。

## 婴儿潮的消退

当其盛期，婴儿潮一代被指破坏了西方文明的结构。而到其老之将至，世人又指责他们拖累经济、只顾家小，并通过权利诉求破坏福利国家。[①] 这些指控可能是合理的，并且往往会产生政治影响。英国 2017 年的大选便是一例。曾经十分偏向保守党的中产阶级，当时对工党和保守党的支持几乎持平。阶级已不再是投票行为的重要预测因素；如今，年龄确定了以某种方式投票的可能性。保守党在 65 岁以上群体中领先 30 点，而在 24 岁以下的群体中则落后 50 点，

---

① E.g. Willetts.

后者已因为高房价、惨淡的经济前景和脱欧运动等幻想破灭。如今，世代而非阶层是投票模式最有力的决定因素。

然而，婴儿潮一代的主导地位仍可预期；他们在西方世界无处不在，人数众多，而且也知道如何利用自己的数量优势。也许没什么比谁人乐队（The Who）1965 年的歌词更能雄辩地表达这代人富有进取精神的自我观念："世人总是瞧我们不上——在谈到我们这一代的时候 / 只是因为我们兜兜转转——在说起我们这一代人的时候。"但正值谁人乐队的歌曲发布之时，一些引人注目且未可预料的事情正在发生。罗杰·达尔特里（Roger Daltrey）和彼得·汤森（Pete Townshend）继续"兜兜转转"（性行为的一种委婉表达），但到 1965 年之时，他们和自己的伴侣都已用上避孕药。避孕药的广泛使用恰好出现在发达国家的生育率开始下降时，前者无疑是后者的主要原因。

如果有人想提出"避孕药之父"式的人物，那一定是卡尔·杰拉西（Carl Djerassi）和格雷戈里·平卡斯（Gregory Pincus）两人。杰拉西在其青年时代逃离欧洲，并在"二战"前夕抵达美国，最终他成了斯坦福大学的教授。平卡斯则是早期涌向美国的大批犹太难民的后代，他的父母曾是"二战"前几十年抵达美国的大量东欧和南欧移民中的一员。平卡斯荣退于哈佛大学，杰拉西荣退于斯坦福大学。杰拉西的动机很明确：

> 必须承认的事实是，我出生时，世界上有 19 亿人。如今有 58 亿，而到我百岁之际，全世界的人口数可能达到 85 亿了。此前的世界历史上从未发生过这样的事情，即世界人口在某人的一生之中增长了 4 倍多。而这也绝无再次发生之

可能。①

　　反过来，人们也可以提出两位"避孕药之母"式的人物，即组织、协调和启发了这项任务的生育控制先驱玛格丽特·桑格和为其提供资助的生物学家和农业设备女继承人凯瑟琳·德克斯特·麦考密克。

　　在美国食品药品监督管理局于 1960 年批准避孕药的使用后，他们的工作也算取得了实效。次年，避孕药引入英国——一开始仅供已婚女性使用——但它的使用却在西方世界迅速传播，除了那些天主教出面阻挠的地方（例如，西班牙直到 20 世纪 70 年代中期才开始推广避孕药，爱尔兰则迟至 20 世纪 80 年代才推广）。其他形式的避孕措施，如避孕套和宫内节育器到 20 世纪 60 年代的时候已普遍存在了很久，否则，20 世纪 30 年代的低生育率也不可能大规模实现。就连 19 世纪的法国农民也设法控制了自己的生育率，推测起来，其方式自然并非完全杜绝性生活。然而，避孕药的绝对简单、可靠和廉价特征（通常，它会和其他形式的避孕措施一起由福利国家免费提供）意味着性行为与生育之间的联系最终无可避免地脱钩了。至少没有受孕风险的性行为现在已十分普遍了。

　　"二战"后的美国生育率出人意料地高，并在 20 世纪 50 年代达到顶峰，此后开始下跌。起初，生育率的下滑程度相对较小，从 20 世纪 50 年代后半期每个女性生育不到 3.67 个孩子，下降到 60 年代早期的 3.5 个孩子。然后，生育率加速下滑，到 70 年代则仅为 1.75。因此，在 20 世纪 50 年代后期到 70 年代后期这 20 年间，美国总和生育率大致从接近 4 减半至不足 2 的水平。此后，生育率逐渐保持

---

① Djerassi, p. 11.

平稳并有所恢复，但从 90 年代早期以来便徘徊在 2 或略高于 2 的水平，这一数值接近但并不完全等同于通常所谓的人口更替水平，因而也只是略低于战前水平，最近似乎已经出现逆转，并跌到了 2 以下。于是，通常来说，美国可被视为回到了（第一次）人口转型的最后阶段的常态，如今则在一定程度上超越了这个阶段。

在这种背景下往回看，战后婴儿潮可视为人口转型过程中的异常现象——某种扭曲——而非倒转。新家庭的良性循环（至少对某些人而言是良性的）创造了他们对新产品的需求，扩大了经济规模，推动了经济前景，从而鼓励人们组建新的、更大规模的家庭，但这种循环无法永续。新的社会力量和规范开始发挥作用，其中就包括女权主义。作为诞生于婴儿潮一代的女性，她们对高等教育和事业有着更多的向往，而非一心想着结婚生子。在更小和更晚组建的家庭，女性本身的态度以及世人对之态度的转变、女性眼界的拓展、教育机会的增加等因素相伴而生。几乎到处都是这种情况，该来的最终还是来了。在所有 20 岁出头的美国女性中，受过大学教育的比例从 20 世纪 60 年代的 20% 上升到了 90 年代的 60%。[①]

避孕药让避孕变得极为便利和简单，它深刻地改变了人们的性行为方式和态度，但从人口的角度看，这并不具备变革性，因为尽管战前便有避孕手段——避孕套和宫内节育器——但不太方便，而且当时也不太容易获取且价格高昂。不过，这些手段仍促使许多西方国家的生育率下降到了人口更替水平。因此事实证明，不必为了降低生育率而教育女性，尽管一旦这么做了，就一定会出现更低生育率的结果。女性受教育与她们家中育有 6 个或 8 个孩子的情况

---

[①]　United Nations Population Division, 2015 Revisions; Macunovich, p. 118.

可能仍相互重合，但这并非整个社会的情况。玛丽莲·弗伦奇在其1977年的女权主义经典作品《醒来的女性》中就对婚姻和生育表达过更加消极的态度，她的论述可能总有些表面，而非十分广泛的系统论述：

> 多年的光阴都耗在了用菜刀从尿布上刮下秽物，寻找一个每磅豆角便宜两分钱的地方，才智都用在了寻找熨烫男人白衬衣最有效、最省时的办法上，或者用在冲洗厨房地板并为之打蜡和照顾家庭、小孩等事务上……这些事情不仅消耗精力、勇气和头脑，而且它们可能构成了生活的本质……我和你一样讨厌这些肮脏的细节。[1]

不！婴儿潮一代并不打算创造自己的婴儿潮。

## 第二次转型

正在出现的或者的确有些讽刺的是，婴儿潮一代正在孕育的是现代人口学未曾料到的另一个阶段。20世纪20—30年代，多数工业化国家都迈向了低生育率和低死亡率阶段，但这并非最后的定局，战后的婴儿潮也不是。许多地方的出生率已降至2以下，这代表了整个社会趋势从晚婚发展到了LGTB（同性恋、双性恋以及变性者）平权运动质疑男人或女人究竟意味着什么的程度。这可被描述为第

---

[1] French, p. 47.

二次人口转型。

随着君主制式微，也可以说它过时了，当代政治领袖可能是这个时代更好的典范，在这方面值得注意的是其中有多少女性。2018年，最著名的当属德国总理和英国首相，二者都未生育，尽管安格拉·默克尔被亲切地称为"Mutti"（即妈妈之意）。希拉里·克林顿这个几乎成了全世界最有权势的女人育有一个女儿。虽然将最高级别的政治生活和育儿相协调比较困难，但值得注意的是，早期著名的女政治家们——果尔达·梅厄、英迪拉·甘地和玛格丽特·撒切尔——都尽力生下两个孩子（尽管撒切尔夫人很有效率，并且最大限度地缩短了生育双胞胎对其政治生涯的影响）。

生育率的转变和婴儿潮的终结很快就被注意到了，因为如今对统计数据的收集以及统计技术本身都有了很大提升。到 20 世纪70 年代早期，美国总统理查德·尼克松对国内人口过多这种新马尔萨斯式的担忧似乎有些过时，他迟至 1969 年才表达这一想法。[1] 除了女权主义，也出现了其他变化。社会不断世俗化，例如，使用未经教会批准的节育方法的天主教女性教徒比例，似乎从不到 1/3 上升到了 2/3。[2] 到 20 世纪 70 年代早期，美国天主教教徒和新教徒的生育率大致趋同，爱尔兰和意大利出了名的大家庭时代也行将结束。[3] 美国女性的平均生育年龄从战后几十年间的 26 岁升至 28 岁出头。堕胎法正在放宽，社会对堕胎的接受程度也在增加。战后生育率的意外上升似乎主要由经济因素推动，而其下降在很大程度上是技术进步（避孕药的出现）的产物，它调节了社会态度和女性受教

---

[1]　Westoff, p. 1.
[2]　Ibid., p. 25.
[3]　Ibid.

育程度的变化。这些模式在所有的发达国家都普遍存在；美国与其他发达国家显得有些不同的是，至少长期以来，美国的生育率已经降到了并未低于更替水平太多的地步，这一事实可能反映了美国的宗教信仰和实践更甚于欧洲。而提升了生育率的宗教驱动来自新教，并非天主教。爱尔兰和意大利裔美国人也不再出现大家庭，因为教会告诫他们不要使用避孕药具。可以说，美国出生率并未彻底陷入更为崩溃的局面，这应该感谢世人对待家庭和女性的传统态度的转变，圣经地带（Bible Belt）在这方面的表现尤其明显。这种趋势的极端表现则是基督教父权运动，它主张女性"为了上帝交出自己的子宫"，生育孩子的数量由上帝决定，并根据上帝对生育的鼓励令众人有成效地繁衍生息，同时谴责俄南，并给"生养众多"之人以荣耀。[①] 教会用《圣经》对俄南的责罚作为谴责手淫和预防体外射精的基础。尽管基督教父权运动规模较小且不太常见，但它表明宗教信仰和生育之间存在关联。我们也可以从生育率特别高的其他宗教派别中看出这一点，比如纽约的犹太教哈勒丁派以及如今一些较为分散的群体；又比如聚居在犹他州的摩门教徒，居住在宾夕法尼亚州和俄亥俄州的阿米什人等。

提升美国生育率的另一个因素是拉丁美洲大量人口的到来，当地大规模生育仍是常态。此类移民运动刚好开始于美国总和生育率开始下降的时期，即 20 世纪 60 年代中期。通常，高生育率国家迁往低生育率国家的移民人口的生育率会在一两代人之内下降，而这必定也发生在了美国的拉美裔群体身上，但在生育率下降以前，这部分移民群体仍旧提升了美国的生育率。将圣经地带和拉丁美洲移

---

① Kaufmann, *Shall the Religious Inherit the Earth?*, pp. 94 – 5.

民纳入考虑的话，即便在其最低值的时候，美国的生育率并未跌到1.75 的水平也是可以理解的。值得注意的是，生育率最低的 10 个州有 9 个位于东北部，它们都位于圣经地带以外，多数也位于拉丁裔移民较高的地区以外。近期生育率的低值既反映了移民生育习惯和本地习俗持续的趋同现象，也反映了宗教信仰的下降，这减少了因宗教而生育率高企的人口规模。

缺乏对应的圣经地带（一开始），来自发展中国家更小规模的移民则意味着西方世界其他地区的生育率会更为激烈地崩溃。多数情况下，这是从更低的基数开始的。从生育率的角度看，加拿大比美国更为确定地迈向了人口转型的新阶段。当地 1945 年的生育率便达到了 3，而到 20 世纪 60 年代初则已达到 4，战后数十年来，加拿大一直领先美国。然而，加拿大社会在 20 世纪 60 年代经历了快速变革，这种变化与北纬 49°（即美加分界线）以南类似，但却因为大量法裔天主教徒的迅速世俗化而加重。这部分人口的出生率与其参与教会活动频次的下降趋势一致，后者从曾经的 80% 下降至现在的不足10%。到 20 世纪 70 年代，加拿大的生育率已略微低于美国，从此时起，加拿大的生育率就一直很低了。到 21 世纪初的时候，每名女性生育的孩子数量已不足 1.5 个，而澳大利亚和新西兰则更接近更替水平和美国模式。[①]

为了论述方便，此处讨论的北欧发达国家也包含法国，它们在战后经历了类似于美国的婴儿潮，尽管并不那么显著。与美国一样，英国的生育率从 20 世纪 60 年代开始下降。英国女性的生育率在世纪初的时候约为 1.67，尽管自那以来曾有所上升。斯堪的纳维亚半

---

① United Nations Population Division, 2015 Revisions.

岛的情况也较为类似。法国的生育率也有所下降，然后稍有上升，但其生育率也从未低于 2 太多。该国生育率近期的回升可能部分与高生育率（但正在下降之中）移民群体的增长有关，正如美国的拉丁裔移民一样。这种情况可能性很高，但部分也是推测，因为法国难以收集民族统计数据。

20 世纪最后几年，一些发达国家生育率普遍小幅上升的部分原因还在于人口学家所谓的"进度效应"（tempo effect）：此时的社会态度出现了变化，女性开始接受教育并开启自己的职业生涯，因此她们的生育会延迟。在此期间，生育率似乎很低。然而，在某种程度上，她们并非想生育更少的孩子，只是更晚生育而已。一旦同期年龄群体的生育力消失（比如年届 45 岁左右），生育率往往会在之后数年中有所回升，但这并不能弥补此前并未怀孕的情况。这似乎有些学术了——当然如此——但却意味着发达国家近期记录的生育率的适度上升并不一定会长期持续下去，也不一定就是有意义的可持续回升，而只是生育年龄上移的过程结束了。人口浪潮能够欺骗性地出现中断，也可能佯装巨浪滚滚。

整个欧洲的进度效应和生育率变化，看上去就像整体低生育率和老龄化的欧洲泛起的微澜，但值得研究，因为它们产生了影响。例如，德国是欧洲生育率最低的国家之一，民主德国的生育率又下降得最厉害。职场女性舒适的确定状态结束了，她们享有的支持也丧失了，外加年轻人移居西方的愿望等，都解释了此地的出生人数从 1989 年（民主德国的最后一年）的 20 万下降到 5 年后的 8 万的必然性。但问题并不仅限于民主德国。自 20 世纪 90 年代以来，德国的生育率至少已不再下降，但每个女性生育孩子的数量却一直徘徊在 1.33 附近，可能也开始增长到了 1.5 左右。从长远看，这将产生潜在的灾难性影响。

这个故事在欧洲南部的发展有些不同，这一地区的特点是生育率初值普遍较高，但最近几十年都普遍较低。不仅很早以前纽约和波士顿郊区的意大利大妈们带着一大家子过活的情形已成过往，甚至米兰和罗马亦如此。"二战"之前，南欧社会的工业发展不如其北方邻国，其战后的社会变革也因此更为激烈。战后西班牙的生育率是先升后降，20 世纪 80 年代的降幅来得虽晚却幅度较大，因为当时西班牙的总和生育率甚至低于德国。而意大利的生育率在战后几乎没有上升，并且还下降到了毫无起色的低水平。意大利卫生部长在 2015 年表示："我们是一个垂死的国家。"因为当年的数据表明，意大利 2014 年出生的婴儿数量为 50 万，这比其统一以来 150 年中的任何一年都要少（应当指出，当年半数于今的人口规模也能生育比这更多的婴儿）。①

与美国一样，但来得更晚些的情况是，欧洲天主教的家庭规模开始变得比新教徒的更小了。②虽然延迟生育可能会让那些生育率最低的群体的生育率有所提升，比如德国和意大利，但效果再好也很有限。最近一批同期年龄组的生育力已经消失，回首过去，一个可供衡量的明确指标显示，德国每名女性生育 1.5 个孩子，意大利则为 1.6 个，尽管它们都略高于目前的总和生育率，但却低于人口更替水平。

值得注意的是，20 世纪中期欧洲生育率最高的地方是天主教国家（法国、西班牙和意大利），而最低的主要是新教国家（瑞典和英

① *Guardian*, 13 February 2015, https://www.theguardian.com/world/2015/feb/13/italy-is-a-dying-country-says-minister-as-birth-rate-plummets (impression: 13 November 2017).

② Morland, *Demographic Engineering*, pp. 17–20.

国），但自那以后的情况便发生了逆转，最低的生育率出现在了天主教国家。其原因似乎在于这些国家对待女性、婚姻和生育的态度有所不同。英国和斯堪的纳维亚半岛上的婚外生育逐渐变得司空见惯，但南部天主教欧洲的情况却并非如此。虽然西欧各地的婚内生育率并无显著差异，不那么传统的地区的婚外生育对整体生育率有所补充，但意大利和西班牙不在此列。<sup>①</sup> 似乎，最低生育率会出现在一方面陷入现代化、个人主义和女性解放运动（这会推迟乃至无限期拖延婚姻），另一方面又对婚外生育表示不满的社会。

比较一下，丹麦的生育率接近人口更替水平，但婚外生育的小孩比例达 45%，而西班牙的这一比例直到最近也仅为 12%，希腊为 4%。请记住，西班牙和希腊的生育平均数都比丹麦约低 0.5。<sup>②</sup> 东亚的经历与南欧的天主教国家类似，二者的生育率差不多一样低：事实上，似乎这些地方的女性都会发现自己处于"我们在婚姻中只能生育这个数量的婴儿"的被动地位，"再多的话，我们要么在婚外生，如果你不同意，我们干脆就不在了"。因此，在女性受到鼓励去接受教育从而开启自身事业，而婚外生育又不受欢迎的地方，生育率尤其低。而在那些对职场女性态度更加积极，并且规定允许女性和男性将事业和育儿兼顾起来的国家，女性的处境就好很多。

而像意大利和西班牙等国通常发生的情况是，这里的女性受到鼓励去接受教育，但职场中女性的态度又不太一致，于是，它们的生育率最低。当意大利政府发起一项鼓励女性更早生育更多孩子的活动后，女性们总是高举"我们在等待"（Simamo in attesta）的海报，或者播放"我们期待"和"我们在等待"的短剧，意指她们在期待

---

① Morland, *Demographic Engineering*, p. 36.
② Gaidar, p. 242.

和等待出现能把工作和母亲角色结合起来的强有力措施。脸书上有一个群体就曾抱怨说："政府想让我们生孩子，越快越好。我们多数人并不想。事实上，我们在翘首以盼，盼望着托儿所、福利、工资和救济。"① 国际货币基金组织已经将意大利列为鼓励女性进入职场所做努力最少的国家。虽然这一度可能与其较高的生育率有关，而如今，在那些女性享受了受教育机会，却没有工作机会的地方，或者在那些难以让她们实现工作和育儿兼顾的地方，她们往往也不会选择生育孩子。

尽管西方各国之间的差别可能很大，但从较为长远的观点看，这些国家的经历都符合战后生育率先升后降的模式。例如，德国和爱尔兰共和国的生育率差别大约在 0.5，它们分别代表了这组国家生育率的最高和最低，而这种差异若长期存在，则显得很重要。尽管如此，它也应该被视为这些地方在迈入第一次人口转型的最后阶段的普遍强劲趋势的组成部分，甚至在某些情况下还会超越这一阶段。

中欧国家（特别是那些加入了北约和欧盟的国家）自 1945 年以来普遍经历了生育率下降，然后保持在极低水平的状态。其中人口规模最大的国家为波兰，该国女性在 20 世纪 50 年代时一般会生育近 4 个孩子，如今则仅生育不到 1.5 个孩子。同样，保加利亚、立陶宛等国也都陷入了女性受教育程度和参与劳动力市场程度较高，但众人对待家庭的观念较为传统，以及想要兼顾事业和育儿的女性面临诸多困难的两难局面。事实上，欧洲范围内除了不列颠群岛、斯堪的纳维亚半岛、法国和低地国家以外，其他地方的生育率都极

---

① *The Local*, 23 September 2016, https://www.thelocal.it/20160923/the-real-reasons-young-Italians-arent-having-kids (impression: 14 February 2018).

低。天主教没能挽救立陶宛或斯洛伐克摆脱意大利或西班牙那样的命运。

## 白种人口的老龄化

2015 年 1 月，英国媒体上出现了一则不同寻常的招聘广告：大步迈向 90 岁高龄的女王正在寻找可以帮助她向那些年满百岁的英国臣民送去例行祝福的人。"您将负责处理公众的要求，以确保所有符合条件的接收者都能收到女王的贺卡。"女王于 1952 年首次登上王位时，仅发出了 3 000 份这样的问候，但截至此次广告登出时，这一数字增加了 3 倍多。

不论在哪个国家，那些年满百岁之人都是少见的。今天的英国约有 1.5 万名百岁老人，这个数字在 10 年内翻了 3 倍。而英国年满 90 岁的人数在 1984—2014 年间也翻了 3 倍，并在后一个时间节点达到 50 多万。女性曾在超级老龄人口中占据主导优势，年满 80 岁的女性与男性人数之比在 20 世纪 80 年代时为 4.5∶1，如今的比值可能为 2.5∶1。超高龄女性越来越多，男性也是如此。当然，老年人数量的增加并不仅限于那些有资格接受女王陛下祝福的人。就这部分人群的总数而言，德国和美国并未落后于英国和西班牙多少，而瑞典、法国和意大利则走在了前列。①

因此，尽管人口的生育故事方面常有惊喜表现，"二战"之后还出现了爆炸性增长，但是此后西方大多数国家在过去 50 年中经历了

---

① UK Office for National Statistics, 2015.

急剧下滑，死亡率方面却无甚变化，无论欧洲还是北美的人口都已越来越长寿。实际上，今天发达国家的大部分老龄化现象都是婴儿潮的结果，大量战后出生的同期年龄群体现在都已年届七旬。这应该不足为奇。家庭规模受到一系列社会、文化、经济和宗教因素的影响而充满变数，但所有社会中的多数人口都想活得长些。因此，延长寿命成了个人、政府和社会普遍追求的目标。在许多公民看来，提供卫生保障以延长寿命已成政府最核心（即便不是唯一）的职能之一，而关于生活方式的建议和选择则围绕健康生活及其方式而提出，并旨在推迟致命疾病的发作。在发达社会中，死于流感或霍乱等传染病的人越来越少，私人和公共卫生保健成功地将这些生命的威胁最小化了，甚至将其根除。与此同时，死于和年龄相关疾病的人则越来越多。

欧洲较为发达的国家在"二战"之前便已取得这些成就。乔治·奥威尔在 20 世纪 30 年代曾描绘过"生活在一排排低矮、阴暗的贫民窟中"的穷人，但无论其命运如何艰难，他们也享受着比狄更斯笔下的前人更为富足的物质条件，寿命也更长。这些人的健康状况更好，预期寿命更长，养育的孩子更少，而且孩子们也更可能长大成人。这一进程在 1945 年以后便扩展到了整个西方世界：住房、教育条件得以改善（几乎总是与更长的预期寿命相关），收入和生活水平全面提升；最后，普遍免费或得到补助的医疗保健逐渐成为常态。

社会年龄最常用的衡量标准是看人口出生时的预期寿命及其年龄中位数。1950—2010 年，美国人的预期寿命从稍低于 70 岁上升到了稍低于 80 岁的水平。欧洲的年龄记录仍令人印象深刻。像法国、奥地利和比利时等众多欧洲国家在 1950 年时的预期寿命才稍高于 65 岁，如今则已超过 80 岁。欧洲福利国家提供的医疗保健越来越多，其社会化程度也越来越高，无论我们对此是支持还是反对，终究更为健康的饮食和生活方式都意味着西欧人通常会比美国人的寿命多出几年。[①]

与美国一样，欧洲人的预期寿命自 1950 年以来也延长了 10 年或更长时间，这在一定程度上有助于抵消人口增长放缓——乃至人口减少——的影响，这种影响至少已造成了生育率下降的后果。近年来，西方社会预期寿命的持续增长逐渐变得步调不一。例如，美国人口中的一些亚群体——尤其是地位较低的白人群体——的预期寿命已陷入停滞不前甚至倒退的局面。而在 2014—2015 年，毒品、酗酒和所谓的"无望病症"使美国的预期寿命出现了些许降低。[②] 普遍存在且不断加深的肥胖病症也加剧了这一局面。断言此种逆流是否会造成广泛而持续的影响还为时尚早。似乎不太可能——朝越来越长的预期寿命迸发的态势是人口学的绝对假设之一——但人口浪潮也可能产生可预期的波动。

普遍延长的寿命——即便出现了些许波折——和出生率的下降都意味着西方社会已进入老龄化阶段，正如我们从年龄中位数上看到的那样。美国社会的年龄中位数从 1950 年的 30 岁增加到了 2015 年的 38 岁，而许多欧洲国家的增长则更加剧烈，这些国家的预期寿命增加更为显著，出生率下降也更为迅猛。例如，西班牙社会的年龄中位数从 28 岁增加到了 43 岁，意大利则从不到 29 岁增加到了 46 岁，德国社会的年龄中位数也已达到 46 岁，它与日本一样并列世界之最。每个社会逐渐走向中年并持续变老的情况可能也属

---

[①] United Nations Population Division, 2015 Revisions.

[②] *Washington Post*, 8 December 2016, https://www.washingtonpost.com/national/health-science/us-life-expectancy-declines-for-the-first-time-since-1993/2016/12/07/7dcdc7b4-bc93-11e6-91ee-1adddfe36cbe_story.html?utm_term=.25ef71e054e3 (impression: 13 November 2016).

历史上头一遭。如今，德国普通人——以及比他们早出生几十年的人——已经活到了其曾祖父曾祖母们出生时的预期寿命值。西班牙人、意大利人以及西方大多数其他人的情况也都与此类似。

更长的预期寿命和更高的年龄中位数在很多方面都是受欢迎的。人渴望长寿，因此，我们应该认识到，世人总体上寿命更长以后，更为丰富的生活、工作变动中更多的机会和前景，以及更多的闲暇都成了以前多数人无法设想的好事。比如休闲业整个行业都发展成了为退休之人提供冒险和各种经历的所在，而这些人的祖辈对此也只能想想而已。曾经被视为恐怖的事情——衰老、生病和依赖他人赡养——对许多人而言已经成了金色的黄昏。获益的是社会，而不仅仅是个人。老年人往往更为平和，这部分人占主导的社会也会降低犯罪行为的发生，这可能是对年轻人精力和创造力消退的某种补偿。

老龄化社会和犯罪率的下降之间存在可靠的联系，过去几十年来，西方社会的犯罪率的确下降了。但其中存在两个主要和相互联系的关注点。首先，老龄人口的增加会导致个人护理和医疗保健等需求的增加，会对社会上的劳动人口造成过重的赋税负担。这成了 2017 年英国大选的一个核心问题，首相特蕾莎·梅提议改革当前的社会保障体系，但又被迫做出让步，这让她在关键的时候丢失了自己"强硬稳健"的声誉。当地缺乏年轻人来满足这些需求很可能导致了进一步的移民，从而产生了进一步的后果。在任何情况下，移民可能都只是社会老龄化的权宜之计：移民人口的老龄化和年轻人流动的影响将超出欧洲的范围。此外，我们没有理由认为欧洲会永远拥有吸引境外年轻移民的经济影响力，即便它这么想也做不到。

与老龄化相关的第二个问题是老年人退休后获得的大量国家福利，而不断缩小的劳动力人口会越来越难以承受这种负担。1889 年，当德国宰相奥托·冯·俾斯麦首次为 70 岁以上的德国工人引入养老金制度时，他们很少有人能从中获益。当时德国人的预期寿命远低于 50 岁，因此，一个 70 岁以上的工人是幸运且相当少见的了。当时落实的是真正意义上的保险，特别是针对寿命长的穷人的保险。自那时以来的退休年龄不断下调，而预期寿命却大幅提升，这给代际契约造成了巨大压力，这种契约对许多欧洲福利国家起着支撑作用。与福利国家早期，年轻工人相对受抚养老人的比例很高的情况一样，通过转移支付的方式提供养老金并非难事，即便它们变得越来越不像真正的保险（因为多数想要获得这份福利的人最终也都偿所愿）。

随着活到高出退休年龄许多的人口越来越多，年轻工人的数量渐趋枯竭，局面也发生了变化。人们估计，为了稳定政府养老金支出占国内生产总值的比重，德国的福利支出会削减 1/3 以上，荷兰和美国则会削减 40% 以上。另一种办法便是提高退休年龄，例如荷兰就提高了 7 年。[1] 这些选项中的任意一个或者它们的组合都会面临政治上的困难，但由于许多欧洲国家已债台高筑，因此从长远看，政府选择增加债务来拖延问题的意愿并不明显。老后破产和国家破产的"幽灵"正在欧洲游荡，美国的情况也好不到哪里去。

## 墨西哥的人口浪潮

由于出生率持续走低以及对劳动力永无止境的需求，过去几十年中，欧洲和北美的发达国家一直从发展中国家攫取人口。移民来

---

[1] Jackson and Howe, p. 67.

自生育率高的社会（我们会在后文中看到），成千上万的人从这些国家移民国外也并未阻止其人口规模的迅速增长。在文化和人口方面，移民对接收国的影响更甚于输出国，他们不仅阻止了接收国劳动力人口的大幅下降趋势，而且还改变了民族结构。就美国而言，大部分移民都来自拉丁美洲，至少直到最近为止，他们都来自南部邻国墨西哥。

美国于 20 世纪 20 年代施行移民管制时，国会的辩论明确表明其目标是"捍卫美国白人的多数地位"，从而尽可能保持美国的白种盎格鲁 – 撒克逊人属性，并尽可能减少南欧或东欧移民，甚至完全禁绝来自亚洲或非洲的移民，而在接下来的 40 年中，这都是理解美国移民政策的一个视角。在后来的 20 世纪 60 年代，在世人对待家庭和女性角色的态度更为包容的同时，种族态度的变化也意味着美国移民法律的彻底翻转。突然，国门再次打开，而这次获益最多的并不是来自不列颠群岛或西欧的人（他们正享受着战后繁荣的经济），也并非来自东欧的移民，而是美国的南部近邻，即来自拉丁美洲尤其是墨西哥的穷人，他们的数量因自身的人口结构转变而膨胀，美国梦的诱人前景也仅仅一河之遥。巧的是，墨西哥人口的膨胀与美国生育率的急剧下降同时发生。

美国的人口持续朝 3 亿（及以上）的目标增长，但目前这种增长并不是由涌向史丹顿岛的苦难群众驱动的，也不是得自产房的贡献，而应归因于来自格兰德河对岸墨西哥和其他拉丁美洲国家的人口，以及规模更小的亚洲移民。自 20 世纪 60 年代以来，人们生育更少孩子的抉择，以及社会对种族态度的巨大转变共同塑造了今日的美国，因此，国门向非欧洲移民打开。来自世界各地的人都渴望抓住时机，拥抱美国梦。

1848 年，美国吞并当时仍属墨西哥北部的地区时，其境内便已有墨西哥人了，尽管数量可能并未超过 10 万，而其中许多人都已离开。[①] 然而，撇开这种情况以及大萧条时代的遣返和驱逐，美国的墨西哥裔人口都在稳步增长。1970 年的人口普查显示，美国境内生活的拉丁裔已超 900 万，其中约有半数为墨西哥人。[②] 相关数字在这一阶段开始急剧上升：到 1973 年，美国已有六七百万墨西哥裔人口。到 1980 年，美国境内的拉丁裔人口将近 1 500 万，占总人口的 6% 以上，其中约 60% 为墨西哥裔，其次为波多黎各裔（15%）以及古巴裔（12%）。后者被公开赋予移民权利。[③] 墨西哥裔人口的增长一直持续到 21 世纪之后很长时间。根据 2010 年的人口普查，拉丁裔人口占总人口 16% 以上，这超过了黑人这一传统上最大规模的少数族裔，后者占总人口的比重不到 14%，而在目前人数为 5 000 万的拉丁裔人口中，2/3 为墨西哥人或者有墨西哥血统，整个群体的数量在过去 40 年中增长了 5 倍多。那些自称为纯正白人的人口数量已不到总人口的 2/3，而纯正白人或部分带有白种血统的人口占比则略高于 3/4。[④]

虽然自 20 世纪 60 年代以来，拉丁裔人口的大部分增长都由移民推动，但"自然"增长也有所贡献。基于其人口结构大体上比较年轻以及较高的生育率，拉丁裔的出生率比白人高出一半，而墨西哥裔的出生率则又高出很多。[⑤] 实际上，在 21 世纪初，随着移民潮的减缓，美国墨西哥裔的出生数已超过了墨西哥的移民数量。[⑥] 这一

---

① Navarro, p. 38.
② Ibid., p. 92.
③ Navarro., pp. 92‐3, 97.
④ Navarro and Dunn, p. 26.
⑤ Navarro, p. 93.
⑥ Passel et al.

波流入美国的移民潮可能无法与 19 世纪末至 20 世纪初时相提并论：彼时，美国境内的外国出生人口比例达到了 14% 的峰值，而在 20 世纪 90 年代末期，这一比例则为 8%。[①] 然而，从绝对量的角度讲，后一波移民浪潮属美国历史上最大规模。此外，它还使美国成了全球迄今为止最大的移民接受国。[②]

然而，有迹象表明，流入美国的墨西哥人数量正在减少。正如人口和经济形势驱动移民流入一样，墨西哥经济的改善及其生育率的急剧下降（现已远低于人口更替水平）导致的人口增长放缓——与其最高水平相比已下降 2/3——也减小了墨西哥人的流出规模。与此同时，美国 2008 年以后的经济衰退减少了廉价劳动力的需求，许多新近抵达美国的墨西哥人都对此感到满意。而且据估计，自 2010 年以来，美国境内的墨西哥裔人口与 2007 年相比已减少约 50 万。[③]

美国近期人口结构的戏剧性变化尤其以加利福尼亚州为典型，从 1980—2010 年的 30 年间，当地被归类为白种欧洲人的人口比例已从 70% 降低至 40%。这种变化的民族结构导致了两种政治后果。首先，少数民族的选票随着自身人口的增长而越发重要。其次，仍然占据主导地位的白人选票在某种程度上反映了他们对迅速变化的种族人口结构的强烈抵制。单以白人投票数统计——他们直到最近仍占主导——奥巴马不会在 2009 年被选为总统。与此同时，许多人则不太会将特朗普的出现和胜出视为"让美国再次强大"的最后一搏，而是将其看作"尽可能长时间保持白种美国"的尝试。然而，无论世界主义精英是否愿意面对（或者愿意平心静气地讨论），针对

① Smith and Edmonston, p. 35.
② Waters and Ueda, p. 18.
③ Meacham and Graybeal, p. 6.

当代民粹主义的大量严肃研究都表明，民粹主义本质上并非那些被剥夺者或因全球化而受到冲击之人的呼告，而是长期占全球优势的某个族群持续陷入落后，并且（自认为）现在在国内也不断衰退时发出的抗议。正如英国《独立报》针对美国境内迅速变化的族群结构而指出的："种族焦虑在美国白人族群中深入人心。如今，特朗普更是为其增加了火力。"[1] 因大规模移民而导致最不安宁的地区也最有可能支持特朗普，尽管人们的工资中位数持续走高且失业率低于5%，但迅速发生的种族变化而非锈带的经济愤恨实乃美国民粹主义的更好解释。特朗普最具代表性的承诺并非重新开放煤矿，而是筑起一道阻止墨西哥移民的高墙，这无关糟糕的经济表现或年轻人的失业问题，额外增加了有助于其支持率的民众的挫败感。

墨西哥墙或许最好被看作人口之墙，它旨在抵挡以往生育选择的后果，即盎格鲁-撒克逊人规模的停滞不前以及拉丁裔人口的激增。然而如上所述，近年来，离开美国的墨西哥人规模已超过相应的抵达人数，这本身就是墨西哥出生率下降及其国内经济前景向好的结果（如今当地的出生率已低于20‰，而这一数字在20世纪70年代时则为40‰）。[2] 与此同时，许多拉丁裔人口正迅速融入美国生活，其第三代后裔甚至都不再讲西班牙语了。尽管如此，他们的存在已经改变了美国人口的带状分布，也改变了美国人的生活。（最后，值得注意的是，在2016年大选中与特朗普选票数最为接近

---

[1] *Independent*, 7 November 2016, http://www.independent.co.uk/voices/donald-trump-us-elections-hillary-clinton-race-hispanic-black-vote-white-americans-fear-minority-a7402296.html (impression: 13 November 2017).

[2] Pew Research, 19 November 2015, http://www.pewhispanic.org/2015/11/19/more-mexicans-leaving-than-coming-to-the-u-s/ (impression: 14 February 2018).

的共和党提名者——马尔科·卢比奥和特德·克鲁兹——则分别完全或部分具有拉丁裔血统，而紧随其后的杰布·布什则娶了一位拉丁裔女性。）

## 接踵而至的西方其他地区

西方其他地区的人口命运在很大程度上与美国类似，随着20 世纪 60 年代战后婴儿潮的终结，随之而来的是来自全球南部地区的大规模移民。加拿大、澳大利亚、新西兰和西欧的情况均是如此。前往欧洲的移民通常来自前殖民地，或者来自与接收国有关联的非欧洲国家。比如，前往英国的移民来自南亚和加勒比地区，去往法国的则是北非移民，流入德国的移民来自土耳其（该国在"一战"之前及"一战"期间均为德国的盟友），西班牙则为拉美移民。

与其他人口问题一样，英国向来位于这些问题爆发的前沿。从诺曼人入侵一直到战后时期，流入不列颠群岛的唯一重要群体向来是欧洲人，从 16—17 世纪的 5 万胡格诺教徒，到"一战"前几十年间的 20 万犹太人等，不一而足。[1]前者已完全融入英国社会，以至于谈论"胡格诺社群"都是毫无意义的。后者不断进行内部通婚，也会逐渐融入当地人口，他们甚至在其人口规模峰值期间也从未占到总人口的 1%。殖民地人口也零星抵达，但从未创建过可持续的人口社区。

---

[1]　Goodhart, p. xxviii.

一些港口（以利物浦为甚）的小股黑人群体则融入了更广泛的群体之中。这种情况自 1945 年以后发生了变化，其开端则是加勒比人的涌入。到 1971 年，西印度群岛出生的人口在英国已超 30 万，而到 20 世纪 70 年代中期，这个群体的规模已达 50 万人左右。[①] 更大规模的移民浪潮来自南亚次大陆，要么直接来自印度，要么来自新建立的巴基斯坦（以及后来的孟加拉国），或者来自东非的南亚移民后裔，前者通常为寻找工作而来。1961 年，英国境内生于巴基斯坦的男性数量与相应女性数量的比例为 5∶1。然而，家人在适当的时机前来团聚总是比移民回国更为常见。近几十年来，更多人因为各种原因而移民，他们通常为了寻求庇护、受经济利益驱动或者与欧盟内部的人口流动有关。现在看来，战后的移民规模与 21 世纪初相比规模较小。2000 年之后以 12 个月时段统计的一些时期中，抵达英国的人口规模已超出 1066—1950 年间的移民数量。[②]

这个转折点对英国民族构成造成了深远影响。尽管在战后时期，英国白人和英格兰 / 爱尔兰白人血统几乎就是全部人口，但是到 2011 年，将自己视为英国白人的人口占总人口的比重已降至稍高于 4/5 的水平。10 年之间，英国和爱尔兰人口中的白人总数占比已从 91.3% 降至 86%。当时的亚裔占总人口的 7% 以上，黑人（非裔加勒比人、非洲裔或英国黑人）则超过 3%。[③] 非欧洲血统人口占英国最大城市总人口的 40%，而在伦敦，20 岁以下每个年龄段的非欧洲血统人数都已超过白人。[④] 移民人口比原住民年轻得多；相应地，孟加拉裔和巴基斯坦裔社群中年龄小于 10 岁的人数为英国白人社区相应

① Byron, p. 78; D ü vell, p. 347
② Goodhart, p. xxix.
③ UK Office for National Statistics, 2012.
④ Sunak and Rajeswaran, pp. 7, 25.

人数的两倍。尽管少数族群的生育率往往会向下趋同于英国白人人口（实际上，印度裔生育率可能更低些），但随着移民的持续涌入，英国白人人口占总人口的比重可能会在 21 世纪中期降至 60% 以下，而非白人人口占总人口之比，则会在半个世纪内从大约 10% 上升到 30% 左右。[①] 余下部分则由欧洲大陆移民组成。

法国和德国的情况相差无几。二者都呈现出欧洲以外大量移民（外加来自欧洲内部的大量移民）和本国人口低生育率相互交织的情景，这种局面的长期持续从根本上重塑了两国人口的民族构成。法国在"二战"前便已经历过——实则为鼓励——欧洲其他地区移民涌入的情形，这种局面此后一直存在。该国已接收 250 多万意大利人、150 万西班牙人和 100 多万葡萄牙人。1945 年以来，法国还接收了大量来自北非的移民，最初是逃离独立之后的阿尔及利亚的"黑足"（pieds-noirs），但后来更多的则是北非的原住民和前法属非洲殖民地的原住民，这部分人口总数在 300 万左右。[②] 与生活在英国的巴基斯坦人一样，最初来自北非的众多移民都只是为了工作只身前往，但他们也逐渐设法带来了自己的家人。法国延续了"共和同化"（assimilationist republicanism）的传统，同时也缺乏来自官方的少数族群数据，但据估计，21 世纪初生活在法国的人口中有超过 10% 出生在国外，而穆斯林的人口比例仅稍低于此。另外一点与英国相似的是，移民人口比法国本土人口年轻，这表明即便没有进一步的移民涌入，法国人口也在持续增长。

而在德国，由于极低的生育率，相关数字也令人震惊。一位消息人士认为，德国多达 30% 的人口要么出生在国外，要么是 1945 年

---

① Coleman, pp. 456, 462.
② Brouard and Tiberj, pp. 1‑2.

以来的移民后裔。[①]与法国类似，定居德国的移民也来自南欧（通常是巴尔干半岛，尤其是南斯拉夫或前南联盟）以及更南边的穆斯林地区（主要是土耳其）。最初，土耳其人以临时工人的身份来到德国，但就像其他地方的情况一样，他们的家人也陆续到来。德国公民身份的获取难度高于英国和法国，其公民权更多取决于血缘而非出生地或居住地，尽管这种局面近年来已有所改变。就像我们在法国和英国看到的情况一样，移民群体通常更为年轻，生育率也更高，这种情况似乎也适用于德国。这是 2015 年大批移民试图进入德国的背景，其中许多（但远非全部）是为躲避叙利亚内战而来的。德国总理默克尔坚持说"我们能应付"，"我们能安排妥当"，但大批民众的反对意见表明，德国社会在这个问题上远未达成共识。

除了来自南方的人口，自柏林墙倒塌和欧盟扩张以来，欧洲内部也出现了自东向西的大规模人口流动。与美国的情况一样，这些转变不仅改变了欧洲相关国家的民族构成，而且还成为推动新政治力量起作用的主要因素，无论英国的独立党还是脱欧公投运动，或是法国的国民阵线和德国选择党，都是其具体表现。在法国，国民阵线获得的选票随着移民群体的增加以及民众对他们的激烈态度而稳步上升。2017 年法国总统选举票数第二的候选人玛丽娜·勒庞的口号——"On est chez-nous"，也许最好翻译为"这是我们的地盘"——不仅关乎身份，而且事关对"本土"法国人与近期更多移民划定界限的问题。与特朗普一样，勒庞获得的支持最好解释为民众对种族变化的反应，而非对经济困境的回应。众人对经济不平等的关切并

---

① Cyrus and Vogel, p. 131.

没有那么重要，今日发达国家中的民粹主义放在其人口背景中才能得到充分理解。例如，先于欧洲公民权前 10 年的英国地方种族结构和有脱欧倾向的选民的比例之间存在明显关联。除了对欧盟本身的态度以外，对移民的态度与投票"脱欧"的密切程度超过了前者与其他任何事项的关联度。此外，2015 年夏季叙利亚人大规模移民之后，德国极右翼政党德国选择党获得的支持率激增。

如果不是在人口转型中占据先机，英国也不可能输出其人口以维持所谓的日不落帝国。而如果生育率的急剧下降没有接踵而至，以及英国曾经统治过的土地上的人口没有同步迅速增长，大规模移民和文化上更为多元的社会也就几乎不会出现。如果想要了解为何加利福尼亚人会说英语，或者英国境内的穆斯林人数比卫理公会教派多出 5 倍，那么请想一想近期人口变化带来的伟力。

正如美国已经实施了保护其（主要指西北欧人口）种族特征的政策一样，澳大利亚在 20 世纪初就引入了"白色澳大利亚"政策，尤其旨在避免亚洲移民。与美国一样，澳大利亚对种族和种族划分之态度的改变，也意味着这些政策在战后已有所松动。到 2011年，1/4 的澳大利亚人出生在海外，另有 1/5 人口的父母至少有一方出生于海外。英国依旧是移民人数最大的单一来源国，尽管来自英国的移民仅占外国出生的澳大利亚人总数的 1/5，而来自亚洲各国（主要是中国、印度、越南和菲律宾）的人口比例为 15%。祖籍报告（一些人提到的不止一处地方）显示，仅有 55% 的人声称自己为英国、苏格兰或爱尔兰血统，而 35% 的人声称自己为澳大利亚后裔（但可以想象，其中仅有少数人完全或部分是当地原住民血统）。那些意大利、德国、荷兰和希腊人的后裔数量占澳大利亚总人口的 13%，而华裔和印度裔的比例仍为较低的 6%，但其增速较快。①澳大利亚从根本上仍旧保持了盎格鲁 – 撒克逊人属性，但这种一度看上去坚不可摧的优势正在迅速消失。

## 败退的欧洲人？

无论是在欧洲本地，还是在人口已"欧化"的地方，欧洲人生育率的下降以及非欧洲民族向这些地方的大量涌入，都以 19 世纪末傲视全球的欧洲人难以想象的方式改变着世界。

15 世纪以前，后来所谓的西方民族在世界舞台上都不是特别重要。他们想要回到圣地（Holy Land，即巴勒斯坦）的集体宗教梦想已在穆斯林面前化作泡影。伊斯兰世界从南部将其封锁，西边有汪洋大海，北面有北冰洋和大片荒野，而常常心怀敌意的游牧民族则在东侧环伺。回顾历史，欧洲崛起的迹象可能是显而易见的，但人们并不曾想到这个小小半岛上的民族能够称霸全球。到 20 世纪初，世人眼中的欧洲人形象就只剩下世界霸主这个角色了。

欧洲人已经占领了美洲的大片土地，澳洲的情况亦是如此，南非可能也会紧随其后。而在欧洲人未曾定居的地方，他们便将帝国的行政控制延伸到了亚洲和非洲的绝大多数地区。在中国这种并未正式纳入其殖民范围的国家，他们也施加了重要影响。从经济的角度看，世界上的工业化地区几乎都在欧洲（包括欧化的美国），而美国和欧洲核心地区（包括东欧和俄罗斯的部分地区）以外的区域，

---

① Australian Bureau of Statistics 2012 – 2013.

在全球经济中的存在意义仅在于为欧洲提供原材料并在某些情况下充当其市场。正如人口浪潮告诉我们的，这一切若从根本上缺少了人口基础，都不可能成为现实。尽管欧洲人从 15 世纪便开始在全球范围内开展活动，但直到其人口急剧膨胀和扩张、外加技术和工业发展的 19 世纪，他们才得以支配全球。

我们可能因为距离那段历史太近而无法看清 20 世纪的戏剧性逆转事件对西欧各民族的影响。真正意义上的帝国的终结，很大程度上是个政治事件，这一事件最初似乎并未结束欧洲在全球的经济和军事统治地位。然而，我们不能理所当然地认为，促成欧洲人口增长以及助其登上政治经济领导地位的技术将永远为欧洲人独享。欧洲统治地位终结的迹象甚至在"一战"爆发前便已显现：尽管抽调了很多欧洲人口，但布尔人的抵抗仍旧撼动了大英帝国。日本在 1904—1905 年的日俄战争中大败俄国，也打消了——或者说应该打消了——所谓白种人无敌的任何幻象。

按照如今的全球标准，欧洲和美国以及传统上更广泛的白人英语文化圈仍旧是相对繁荣的社会，但这种繁荣已不再是专属。东亚出现了高度繁荣的社会，其他地方也渐趋繁荣。从人口统计的角度看，即便考虑到非欧洲人口的大量流入，西方人口与其他地区和别种文化相比仍明显后劲不足。从经济总体规模不过是人均收入和人口规模之产物的角度看，这无可避免地意味着西方经济主导地位的下降。

1950 年，美国以及当时发达世界其他国家的人口占世界人口的 1/5 ~ 1/4；如今这一比例不到 15%，而到 21 世纪中期时则会降至可怜的 1/10。从货币购买力平价（PPP）的角度看，西方经济总量在 20 世纪中期约占世界经济的 2/3，但这一比例到 21 世纪中期时很可能会降至 40% 左右。[1] 冷战取得胜利后，西方世界仍然占据世界军事的主导地位；此处的"西方"指的是在北约盟国襄助下的美国，其主导地位在世界其他伟大文明国度的挑战面前尚能持续多久还有待讨论。

事实上，当我们从人口的角度对美国及其如今或往昔的全球竞争对手德国、日本、俄罗斯等国进行对比之后，可以看到美国的情况最为乐观。[2] 俄罗斯、巴西、印度和印度尼西亚等潜在国家的生育率要么已经很低，要么正在迅速下降。这些国家人口增长萎靡不振，以及现存国际体系都可能限制其挑战西方全球霸权的能力。与此同时，中东和非洲等人口爆炸区域则经济动力不足且面临分裂，我们在后面的章节中会对它们展开研究。然而，在我们关注当今全球霸权的有力竞争者以前，我们必须首先考察其最近的竞争对手俄罗斯，以及苏联加盟共和国成员和东欧社会主义国家的情况。俄罗斯的地位总是很模糊，其领土部分在欧洲，部分在欧洲之外。虽然较晚，但俄罗斯在 19 世纪末、20 世纪初的时候迅速经历了欧洲的人口转型过程，而在 1945 年以后，人口浪潮再次涌向东方。

---

[1] Jackson and Howe, p. 190.

[2] Haas.

# 第七章

# 1945 年以来的苏联和东欧集团：
# 冷战失败背后的人口学

 

 

1985 年 3 月 11 日，在苏共中央总书记康斯坦丁・契尔年科去世数小时之后，政治局便选举年仅 54 岁的米哈伊尔・戈尔巴乔夫为契尔年科的接班人。按照苏联的标准，他的年纪尚轻。契尔年科主政仅一年多，他是从病重后期的尤里・安德罗波夫手中接过权力的，但契尔年科在后者的葬礼上甚至都无法行礼致敬（根据戈尔巴乔夫的说法，撒切尔夫人的医生当时就已预测契尔年科也会在数周之内去世）。[①] 正如戈尔巴乔夫后来提到的那样，他在考察国内情况时，"旋即面临了大量问题"。[②] 苏联可能是绝无仅有的两个超级大国之一，它是地球上面积最大的核大国，也是从民主德国一直延伸至越南的社会主义阵营的核心，但却正在显露严重衰败的迹象。

戈尔巴乔夫描述的诸多问题就像雪崩一样在本国身上蔓延，而这些问题又有着深入的人口根源。正如苏共领导层的老龄化所证明

---

① Gorbachev, p. 155.

② Ibid., p. 171.

的，"无能的"高干们选举了契尔年科这位 13 个月后便死去的人。我们之前通过了解女王的家庭生活和生育率来获悉英国人口的大量信息，现在我们也可以通过了解苏联领导层的老龄化程度来获取其人口方面的大量信息。在戈尔巴乔夫之前，老人政治主宰着这个国家，这种现象是苏维埃俄国人口退潮的表现。事实上，戈尔巴乔夫 10 年前就曾对安德罗波夫说，治理国家的政治局的多数成员都是"一只脚已踏入坟墓"之人。[1]1917 年的红色革命先锋们也已垂垂老矣，口中唠叨着再没人相信且令人厌倦的革命论调。政府机构的老龄化是整个国家老龄化的象征，或者至少是苏维埃俄国的标志。

正如快速的人口增长是苏联在 20 世纪中期崛起为超级大国的先决条件一样，人口的衰落同样也是戈尔巴乔夫不得不与之缠斗的问题的基本面。的确，计划型经济系统是苏联经济的核心问题：为购买基本必需品排起的长队，工厂中的懒惰和腐败行为，导致切尔诺贝利核灾难的健康和安全方面的草率办法——这些都不能简单地归为人口问题。但无论经济中变化的需求是什么，苏联新生工人的匮乏（这是更早时期出生率放缓的反映）都让遮掩根本问题变得越发困难。而在过去，源源不断的工人流动让经济效率低下的情况得到缓解，并且创造了经济富有动力和增长的印象，如今从工厂或农场退休的人手与新加入的人手持平，这使得人们再难以维持经济增长的幻象了。

戈尔巴乔夫面临的问题不仅在于国内经济表现不佳。往南边望去，映入他眼帘的是阿富汗战争，苏联军队已深陷其中多年。因为苏联军队未能掌控该国，当地的伤亡人数不断攀升。苏联在阿富汗

---

[1] Gorbachev, pp. 10, 155.

面临的问题与其国内经济问题一样，本质上都不过是人口问题的表现。阿富汗的地形及其民众出了名的抵抗文化令莫斯科极为头疼，更不用说已从西方获取到支持的抵抗者了；但这一切都因为苏联军队无法再从斯拉夫民族的核心地带征召新兵而变得雪上加霜，他们只能越来越依赖高加索和中亚地区说多国语言的年轻人口，后者的忠诚度是可疑的，而且他们不通晓俄语这一点让战时管理变得更加困难。

苏联人无法征服阿富汗的原因是多方面的，但一些非常基本的人口数据为我们讲述了这个故事的重要方面，它更关乎阿富汗的人口结构而不仅仅是苏联的。苏联解体时，阿富汗的人口增长速度几乎 10 倍于它，而就在 20 世纪 50 年代中期，其人口增速比苏联还慢。苏联人口的年龄中位数为 33 岁，阿富汗则不到 16 岁。

与前文一样，我们需要谨慎对待历史中的反设事实，并且我们需要意识到苏联的整体情况要好于苏维埃俄国本土（正如上文所述，这本身也带来了军队可靠性和协同性问题）。然而，尽管存在地形上的挑战，里根政府对利雅得抵抗者的支持也充满热情，但我们会好奇，如果双方的人口形势调换，即苏联的人口很年轻且增长迅速，而阿富汗人口增长缓慢且不断老龄化，鹿死谁手也未可知。正如苏联较好的人口局势令其在面对老龄化的德国时处于优势地位一样，颓败的苏联人口局面也会让其在阿富汗生机勃勃的人口面前显得力不从心。年轻而不断增长的人口哪怕数量较少，也不会那么容易在本国被打败，正如西方世界后来在阿富汗和伊拉克学到的教训一样。也许戈尔巴乔夫只是部分意识到这一点，他也曾努力尝试解决苏联体制和苏维埃社会中存在的各种问题——从僵化的体制到酗酒问题，从阿富汗宗教极端人士到西方（比如撒切尔夫人和里根）在意识形态上新出现的领导姿态——他面对的事实是，历史为他呈现的几乎不可能应对的人口局势。

## 退缩的俄罗斯

戈尔巴乔夫可能抱怨过自己面临的问题，但 1917 年俄国革命时，这些问题在程度上完全不同。当时的俄国仍是一个以农业为主的"落后"国家。四年的世界大战对国家造成了严重破坏，还要设法避开德国和奥地利的军事进攻，物资供应也严重短缺。与此同时，迫在眉睫的内战让情况变得更糟了。然而，人口局面在更早的时候便已向好的方向发展，更好的人口局面的遗产让其熬过了数十年。人们会想起沙皇时代末期的女人们仍养育一大堆孩子，每家平均为 7 个孩子，婴儿死亡率随着基础教育和医疗保健的出现而降低，人口也开始快速增长——就像百年之前英国经历的一样，尽管这一切在俄国发生较晚，但进展迅速。

随后，俄国经历了典型的人口转型模式，死亡率下降，生育率也跟着下降，人口增长逐渐放缓。从 20 世纪 20 年代中期到 40 年代中期，生育率从 6 减半至 3，而英国的这一降幅在维多利亚时代晚期和爱德华时代用了两倍于此的时间。随着女性更加融入城市化，接受的教育也越来越好，并有机会进入劳动力市场，她们选择生育更少的孩子。这一变化模式早已在英国和德国出现，并席卷至更广阔的世界。1897—1939 年，女性识字率从 1/5 上升至 4/5。[1] 仅此一点

---

[1] Jones and Grupp, p. 75.

就足以说明问题，有文化的女性压根不会选择生育 6～7 个孩子。

"二战"以后，整个苏联的生育率继续下降，并在 20 世纪 70 年代降到人口更替水平，此后仍在继续下降。城市化和女性接受教育能在很大程度上解释这个问题，但苏联似乎也有其独特方面。与其他许多领域一样，苏联在避孕措施上未能给人们提供消费选择，也未能提供像西方社会一样的高质量消费品。在西弗吉尼亚或威斯特伐利亚的普通工薪阶层能够轻松获得汽车或避孕药之后许久，苏联消费者在这些方面依然落后。计划生育在这方面与其他方面并无不同。1955 年堕胎再次合法化，这对大多数女性来说是唯一容易获取的避孕方法。堕胎从来都不是容易的选择，它总不可避免也带来非常不愉快的经历。来自圣彼得堡的奥尔加已经堕胎 7 次，并且估计还要再承受 7 次，她讲述了自己在苏联后期的经历：

> 然后就轮到你了，你会进入一个血液四溅的大厅，两名医生同时为七八名女性堕胎；他们通常十分无礼和粗暴，对你大喊张开双腿，保持住……如果走运，他们会给你镇定剂，多数时候是安定。然后你就拖着疲惫的身子走出去……[①]

同时，生产条件也好不到哪儿去，一位母亲讲述道：

> 医生继续向你尖叫道："坚持一下！"如此对待难免敷衍且毫无人情味。他们对待我们的方式就好像性行为和生育是重罪一样。此后多年我都因为此事噩梦连连——产科病房的残

---

[①]　Gray, p. 19.

忍是我们拥有的"最佳"避孕手段，几乎没人想再次经历这一切。[①]

然而，尽管 20 世纪 50 年代和 60 年代生育率持续下降，但苏联的人口仍在快速增长，就像爱德华时期的英国一样，这要归功于被称为"人口惯性"的现象。每个女性生育的孩子数量可能一直在下降，但由于更早时期的人口增长，仍有大量年轻女性生育孩子，而年纪较大者和那些即将过世之人仅占人口的一小部分。然而，1914—1945 年间的战争、饥荒和大清洗对苏联造成的巨大损失都让人口惯性变得迟钝。这一时期直接死于人为原因的人数具体有多少仍存在大量争论，无论这些人是因为饥荒、大清洗而死，还是因为被视为"不忠"而遭到驱逐。不存在争议的是沙皇尼古拉二世在 1914 年将沙俄卷入战争。上述事件都发生在人口内在的强大惯性的背景之下。尽管如此，苏联的人口仍持续增长。后来成为苏联的领土的人口规模，1897 年时为 1.25 亿，到 1970 年时，这一数字已接近两倍于前的 2.5 亿了。[②] 到苏联解体时，其人口规模已达到引以为傲的 2.87 亿。当地强劲的人口增长势头到 1939 年时已受到战争的严重阻碍，但到 1945 年后又再次增长，并一直持续到 20 世纪 60 年代。然而，随着人口增速的放缓，到目前为止，增速下降已经成了人口的内在属性，就像经济发展一样。在低生育率面前，人口惯性最终会逐渐放缓。20 世纪 70—80 年代，苏联人口的年均增长率低于 1%，并且还在不断下降。

除了灾难性的历史进程之外，限制苏联人口增长的另一个因素

[①] Gray, p. 24.
[②] Lewis et al., p. 271.

是，即便战争结束并且恐怖事件减少，其人口的预期寿命也并未显著提升。在20世纪50年代后期，苏联人的预期寿命仅略高于60岁，到20世纪80年代后期也仅增加到了不到64岁，这一增幅仅是西方多数国家的1/3。[①] 灾难性的事实是，这成了苏联人口预期寿命的高值，苏联解体后也远未达到西方国家所取得的水平，而且在21世纪初又倒退到了20世纪50年代的水平。（从那时起，情况有所改善，但到2017年，俄罗斯男性的预期寿命才勉强超出20世纪80年代后期的峰值。）

与英国或美国不同，苏联时期在很大程度上是个封闭的人口系统，外来移民很少，迁出移民也很少。苏联城墙高筑，进入其中比较困难，它本身也缺乏吸引力，而且外迁几乎不可能。20世纪70年代，苏联犹太人发起了争取向以色列移民的运动，但一直到戈尔巴乔夫当政的整个时期内，仅有50万人成行，这个数量对以色列可能是重要的，但对有着2.5亿人口的苏联而言不过尔尔。

俄罗斯似乎向来在物质方面"落后于"西欧（尽管它也取得了无可置疑的文化和科学成就），但从边远地区的角度看，俄罗斯的大城市都是大都市。大型的工业化地区，无论是乌克兰东部的顿巴斯还是乌拉尔地区迅速建立的厂区，大部分都被斯拉夫语核心民族占据——要么俄罗斯人，要么白罗斯人或者乌克兰人。他们是第一批经历城市化且完全识字的人口，并且正如所料，他们也是首先经历人口转型的群体——随后便是人口膨胀——而中亚和高加索地区仍陷于马尔萨斯陷阱之中。此外，他们还面临一定的压力和可能的虚假俄罗斯化趋势，例如在1926—1959年期间对300万~450万乌克

---

[①]　Gaidar, p. 253; UN Population Division, 2017 Revisions: Life Expectancy.

兰农村居民再次划分的情况。[①]

以其在 20 世纪中期的有利地位看，苏联人认为未来掌握在俄罗斯及其民众手中也不足为怪。但在俄罗斯人口增长开始减速的同时，边远地区（尤其是穆斯林地区）也开始了自己的现代化进程。这种情况就不再是一国之内的社会主义发展问题，而是一国之内人口转型的多个阶段的问题了。与以往一样，婴儿死亡率下降是社会和经济进步的良好指标。到 20 世纪 50 年代时，俄罗斯的婴儿死亡率低于 60‰——与早期相比取得了巨大进步，但仍旧很高——而塔吉克斯坦的婴儿死亡率则是俄罗斯的 3 倍，其他中亚和高加索地区的比例也相差无几。到 20 世纪 90 年代初，苏联地区的婴儿死亡率都已下降许多，与此前的 50 年代相比，俄罗斯每千名婴儿中又多出 37 个能活满一岁了，塔吉克斯坦的这一数字为 63。[②]中亚地区的婴儿死亡率仍比俄罗斯高出许多——例如，乌兹别克斯坦在 20 世纪 70 年代中期的婴儿死亡率是俄罗斯的 3 倍——但在较落后的地区，婴儿死亡率的降幅更大，这种较大的降幅对当地较快的人口增长做出了贡献。[③]

上述情况不仅仅意味着中亚和高加索地区的儿童比过去更易存活，它更意味着当地婴儿出生数高于俄罗斯。到 20 世纪 90 年代初，塔吉克斯坦女性通常仍生育 4 个以上孩子。而到那时，俄罗斯女性每人几乎仅生育一个孩子。[④]整个这段时期内，乌兹别克斯坦女性的生育率至少比俄罗斯高出 2.5，在某些时间点上甚至还高出 3.5。[⑤]

---

[①] Lewis et al., p. 285.

[②] UN Population Division 2017 Revisions: Infant Mortality.

[③] Haynes and Husan, p. 117.

[④] UN Population Division, 2017 Revisions: Fertility.

[⑤] Coale et al., pp. 112–13.

乌兹别克斯坦是十分典型的以穆斯林人口占主导的其他共和国（the other republics）之一，这些国家包括后来最终获得独立的高加索地区的阿塞拜疆，以及中亚的哈萨克斯坦等。事实上，共和国层面的数据低估了各民族的具体情况，因为俄罗斯境内的非俄罗斯人也增加了俄罗斯的生育率，而乌兹别克斯坦的俄罗斯人则降低了当地的生育率。境内的穆斯林少数民族也表现出同样的特点，1926—1970年间，俄罗斯人口增长了60%，而鞑靼人则增加了一倍多。[1]

随着俄罗斯人口增长的放缓和少数民族人口的加速增长，俄罗斯人口占苏联整体的比例无可避免地开始下滑。此番转变起初看来十分温和：在1959年和1970年的两次人口普查期间，俄罗斯人口占总人口之比的降幅略高于一个百分点，鞑靼人以及/或者穆斯林人口占比则增加了近两个百分点。[2]这似乎是个小小的转变，但在此之前，人们一直认为俄罗斯化是个不断推进的过程，这一过程又在一定程度上与进步和社会主义相关，这意味着1970年的人口普查有些出乎苏联官方的意料。[3]

上述趋势到1970年以后仍在持续。俄罗斯人口占除它自身以外（即除了后来成为俄罗斯联邦的俄罗斯人核心聚居区以外的地方）的苏联人口比重也从1959年的近18%下跌至1979年的14%左右。[4]似乎经过几个世纪的积极扩张之后，俄罗斯人的伟大外迁运动正在发生逆转。在苏联最后的30年里，穆斯林人口翻了一番，而俄罗斯人口仅增长了不到1/4。穆斯林占多数的共和国的人口占总人口之比

---

[1] Lewis et al., p. 278.
[2] Ibid.
[3] Szporluk, p. 29.
[4] Lewis et al., p. 149.

也从 1959 年的稍低于 13% 上升至 1989 年略高于 20% 的水平。[1] 根据预测，到 21 世纪中期，俄罗斯人口占原苏联地区总人口的比例也不会高出 1/3 太多。[2]

与此同时，除了数量的上升以外，中亚和高加索地区各共和国的人口也实际地推进着去俄罗斯化进程。针对俄语核心区以外的苏联人口的调查显示，讲俄语的人越来越少。[3] 这可能反映了当地民族某种态度或倾向，但也反映出俄罗斯人向中亚大举移民趋势的终结，还部分反映出某种逆转趋势。这种局面也遵从了赫鲁晓夫的处女地（Virgin Lands）政策，官方的这个政策向来是在被认为具有农业潜力的边缘地区安置苏联公民（他们主要来自斯拉夫核心地区）以促进农业生产。到 20 世纪 60 年代初，这个政策已明显失效，年轻的俄罗斯人迁往边缘地区的运动也已结束。俄罗斯人在边缘地区的存在感式微，这对国家统一和凝聚构成了威胁，并且意味着边缘地区在文化和人口方面一度似乎不可逆转的俄罗斯化趋势的某种倒转。

就像美国的盎格鲁 – 撒克逊人和南非的英裔和布尔人（现改称阿非利卡人）一样，俄罗斯人发现，首先跳出马尔萨斯陷阱的民族在人口增长方面不受限制的优势只是暂时的，其他民族迎头赶上仅仅是时间问题。事实证明，大俄罗斯民族之无可阻挡的人口增长不再是某种必然：俄罗斯人不再像当年盎格鲁 – 撒克逊人一样注定会填满整个地球，他们甚至注定无法填满苏联的边缘地区。

与前文一样，我们不得不对当地的数据，尤其是他们使用的分类持怀疑态度。今天的人类学家会对苏联关于"民族"的构成，以

---

[1]  Anderson and Silver, pp. 164 – 5.

[2]  Szayna, p. 10.

[3]  Besmeres, p. 71.

及哪些人应该被定义为何种民族的老一套做法不以为然。苏联使用的民族范畴在其他地方已不再"常用"或"自然而然"。在某些情况下，他们的区分是任意的，或者至少是有问题的（例如，将犹太人指定为一个民族），而在牵涉非欧洲民族的场合，分类往往是根据系统化、规整化的语言和民俗而强加的。

## 政治上的回应

苏联并非一个放任自由发展的社会，它是实行计划体制的社会。对苏联的理论家而言，社会和经济的运作旨在达到特定的目标。在实质上缺乏自由市场或私有财产的情况下，国家应为其公民提供从教育、家庭、就业到休假等所有安排，更不用说产房和丧葬了，这是"从摇篮到坟墓"的原型。因此，毫不奇怪，人口也不会被放任不管。但事实证明，国家不能随意决定孩子的出生数量，也不能决定特定年份中的死亡人数，因此，人口规模及其构成无法完全受到控制，而这两方面可能也的确对国家的人口趋势做出了反应。

苏联政策制定者会面临巨大的压力且彼此掣肘，这或许可以解释政策制定的缓慢和相对无效的性质。首先，理论上是鼓励生育的。马克思是反马尔萨斯主义者，他认为，人口受到的限制并非来自"自然"，而是压迫、剥削和压榨式政治和经济制度的产物。对马克思而言，马尔萨斯不过是资产阶级为农民和工人的贫困状况寻找的借口，还辩称他们的贫困是生物学和生态学上无可避免的结果，而非过时的政治经济学不再满足时代要求的产物。于是，对马克思而言，人口控制是不必要的；在社会主义制度下，所有人都会生养众多。从这一点来看，苏联人偏爱大规模人口。此外，规模庞大、年轻且不断增长的人口不仅证明了苏联模式的男子气概，还证明了社会主义重视生命的包容性。一批又一批年轻人——实际上是女性——已经阻止了1941年法西斯军队的大举进攻。苏联还需要大量不断增长的人口来确保劳动力的持续扩大，并为实现这个计划做出经济贡献。

然而，同时起作用的反对力量往往会让党魁对大家庭不那么热衷。其中包括要求女性留在劳动力市场——而鼓励她们生育则有助于满足劳动力市场的未来需求，但后者有损于眼下更急迫的需求。国家还可以建立儿童保育设施以鼓励生育并延长劳动力工作年限，但国家对资源还有其他方面的要求。尤其在早期，苏联人倾向于将大家庭与落后和农民身份联系起来。让女性接受教育以及适应城市生活，并在现代工业经济中给予她们合适的位置等事项，与生育六七个孩子并不相容。

尽管中亚人和高加索人的生育率对国家总和生育率有所贡献，但一般意义上的斯拉夫民族，尤其是占主导地位的俄罗斯人数量的减少再次导致世人对国际主义正统观念产生担忧。首先，毫无疑问，苏联党和国家创建者中的很多人的确抱有一定程度的种族偏见，其中一些人还是坚定的大俄罗斯主义者。其次，有些人担心穆斯林或鞑靼人对苏联的忠诚度，并怀疑这可能表现在种族和 / 或宗教情感的纽带上，例如，他们与阿富汗穆斯林的联系，后者许多人与中亚人在种族上的关系较为密切。再次，从纯粹的经济学角度看，人口增长地区提供的人口所受的教育水平和经济富足程度都相对较低；俄罗斯或乌克兰边缘人口对经济的贡献高于乌兹别克斯坦或塔吉克边缘群体。简而言之，所有苏联婴儿生而平等，但有些婴儿比其他的更平等。至少在许多人看来，相对于阿塞拜疆或土库曼斯坦出生的婴儿，俄罗斯婴儿天生就更可能成长为忠诚而进取的公民。

苏联军队遇到的问题尤其严重，并且反映了一个更为普遍的问题。士兵的忠诚比一般公民的忠诚具有更直接的重要性。中亚各共和国未受过良好教育的士兵效率较低，正如哈布斯堡王朝早就发现的那样，用多种语言组织大规模军队实属不易。到苏联行将终结的最后几年，3/4来自中亚的新兵不会讲俄语。[①] 此外，虽然前述一般数据显示俄罗斯穆斯林人口整体呈上升态势，但这一点在18岁的入伍新兵中的体现比在整个人口中更为明显。穆斯林人口异常年轻，因此年轻人口——即应征入伍之人——中的穆斯林比例尤其高。

从20世纪70年代开始，苏联学术界和政策界内部的争论尤其围绕着不断增长的人口与希望确保其"质量"或者（当时并未使用暗语）确保其俄罗斯特性而展开。1970年的人口普查之后，人们对民族特质的担忧开始浮出水面，这也表明俄罗斯的人口浪潮高峰已经过去。支持"差异化"人口政策的呼声开始出现，它鼓励俄罗斯和斯拉夫民族各共和国多生多育，而中亚高加索各共和国则少生少育。争论在支持歧视性"差异化"生育政策的人和那些谴责它违背了国家精神和意识形态的人之间逐渐分化。后者中有来自中亚的"非差异化"支持者，他们主张差异化政策等同于歧视，即便人们辩称它旨在通过压低高值、提升低值的方式让生育率变得均衡。反对差异化政策的人则引用总书记列昂尼德·勃列日涅夫的观点，他们认为边缘地区共和国出现的大家庭可被视为乐观的源头，而非忧虑的所在。乌兹别克斯坦的一位政治家（可能在某种意义上是个无伤大雅的玩笑）则表扬了乌兹别克人在推动苏联人口增长方面的"领导

---

① Szayna, p. vi.

角色"。（"领导角色"一词通常用于描述党在指导社会方面所做的工作。）争论一直持续到 1981 年的第 26 次党代表大会，然而，结局是差异化生育政策的支持者占优势，勃列日涅夫承认人口问题"最近变得越发严重"，并且还宣布了诸如带薪休假和缩短母亲工作日等政策。[1] 澄清新政策中需"稳步"、逐个在共和国中推展的任务则留给了他的同事尼古拉·吉洪诺夫（Nikolai Tikhonov），这实际上意味着这些政策首先会在苏俄实施，仅到后期才会（如果实施过的话）在中亚和高加索地区推广。[2] 事实上，这些政策首先被引入苏联的远东和西伯利亚地区，苏俄一直以来都渴望增加当地稀少的人口规模。[3]

## 人口与苏联的解体

人口因素从经济和民族两方面对苏联解体产生了影响。从经济的角度看，劳动力增长的放缓是苏联经济增长率下降的重要原因。换言之，劳动力作为关键性投入曾推动了苏联经济的高速增长；一旦劳动力供给不足，经济增长率就会下降。而增长的劳动力越来越多地来自教育和生产水平低下地区这一事实也加深了局势的严重程度。

很明显，苏联解体的诸多压力多少都有其人口原因。正是在不断去俄罗斯化的高加索地区，苏联控制的失败最先体现出来。亚美尼亚人和阿塞拜疆人之间的冲突爆发于 1988 年初，此时距离苏联正式解体不到 3 年时间。

---

[1] Szayna, pp. 279 - 5.
[2] Brezhnev and Tikhonov, pp. 373 - 4.
[3] Zakharov, p. 921

对俄罗斯来说，苏联解体意味着它从自己长期以来视为核心地区的领土范围的后撤。而对非俄罗斯民族来说，它意味着独立的机遇和挑战，也意味着长期与俄罗斯毗邻而多少受到的限制以及后者将其视为"近邻"之感的减弱。对世界而言，这意味着冷战的结束。

就像苏联的解体不仅仅是因为人口方面的原因一样，西方取得冷战"胜利"也不仅仅是因为苏联的解体，背后还有其他原因——它本身相对于华沙条约组织内部衰退的经济和社会而突显出来的活力等。然而，有些人主张，如果苏联在民族上实现同质化，那么它到如今可能都还在继续运转。[①]古巴和朝鲜缺乏真正意义上的民族分裂，它们一直奉行苏联式的中央计划政策，其政权在苏联解体之后仍坚持了一代人之久。最终，苏联在民族上更加异质化的原因可归结为人口因素，尤其可归结为在这个世界最大国家内部差异极大的地区之间完成人口转型的不同时机。

## 俄罗斯奄奄一息？

1991年，苏联正式解体，其主要组成部分俄罗斯苏维埃联邦社会主义共和国最终成为俄罗斯联邦。从那以后，这个国家历经叶利钦的混乱年代以及更有序的普京时代，其经济也先是因为石油等碳氢化合物的价格高企而得到改善，然后又因为其价格下跌而受挫。与此同时，俄罗斯从苏联时代便面临的人口问题——低生育率、低预期寿命和俄

①　Botev, p. 700.

罗斯民族的衰落等——都一仍其旧，尽管略有改善的迹象。

根据联合国的统计，俄罗斯 20 世纪 90 年代初期的总和生育率一直在稍高于 1.5 的水平，而到 90 年代后期则降至 1.25。自那以来，俄罗斯的生育率又在一定程度上回升到了约 1.67‰的水平。[1] 这一复苏是重要的，但也并未掩盖俄罗斯生育率低的事实（即便不在世界最低的国家之列）。苏联及东欧社会主义阵营的解体以及随之而来的混乱和经济困难，通常被视为俄罗斯 20 世纪 90 年代极低生育率的重要肇因。城市地区住房短缺也常被提及，此外，苏联后期的儿童福利在扣除了物价因素后，实际上已被高通胀抹杀。更加无形和难以统计的则是俄罗斯的反生育文化，这也并非近期才有的现象。对一些人而言，反生育文化可表达为对大家庭的恐惧，他们会将后者与刚从农村走出来的农民以及未受教育群体联系起来。当然，这种态度不仅为俄罗斯所独有，我们还可以在近期经历过现代化过程的许多社会中看到。[2]

尽管表面上俄罗斯的低生育率与南欧和中欧的低生育率有相似之处，但它们也存在一些显著差异。在苏联时期，俄罗斯的生育率就已经很低了，俄罗斯的女性也并不像欧洲西部的女性那样会推迟生育。而在苏联解体时期，俄罗斯女性第一次生育的年龄不到 22 岁。虽然这种情况在新俄罗斯时期已开始发生变化，但变化只是循序渐进的。到 2004 年，女性生育第一胎的平均年龄也没超过 23 岁多少。[3] 这对俄罗斯的生育率来说喜忧参半。从积极的方面看，这意味着俄罗斯近 10 年生育率的恢复，尽管当地女性推迟生育的行为也造成了

---

① UN Population Division, 2017 Revisions.
② Kanaaneh, pp. 83, 108.
③ Zakharov, p. 936.

进度效应（虽然很微弱），相比之下，北欧生育率的恢复很大程度上可归结为女性生育进度效应的终结或减缓。这可能意味着总和生育率比看上去更有活力。坏消息是，由于俄罗斯普通女性生育年纪依然很早，因此，进度效应还有很大的潜力。换言之，如果俄罗斯女性决定一直推迟到20多岁或30岁出头才生育小孩，在她们如此行事的时期内就会出现生育率的下降。

俄罗斯生育率还有其他一些值得注意的特点。一是女性一直都倾向于只要一个孩子。在其他生育率低的国家，不生育孩子的女性和生育多个孩子的女性之间还有多种可能。而在俄罗斯，一个女性生育一个孩子的情况非常普遍，不生育孩子的女性则相当少见。此种情况在苏联时代就已经非常明显（尽管现在有一些迹象表明情况已开始改变，而且无子女的女性数量正逐渐上升）。[1] 因此，俄罗斯的低生育率主要缘于女性在生育一个孩子之后做出的不再生育的选择。而在第二个孩子出生的地方，第一个孩子和第二个孩子之间的差别在俄罗斯比在西方其他国家更大。[2] 在其他方面，俄罗斯也和那些经历过第二次人口转型的西方国家完全不同，至少到最近为止，俄罗斯的婚前同居现象仍不常见，而人们结婚（以及初次生育）的年龄也仍然很早。[3] 然而，自苏联时代以降，可能因为可承受的避孕措施越发普遍，俄罗斯的堕胎率下降了一半。[4]

同时，值得注意的是苏联境内其他地区自其解体后发生的变化。波罗的海沿岸国家的生育率在苏联解体之后都有所下降，但后来也经历了小幅回升，就像俄罗斯一样，这些国家平均每个女性会生育

---

[1] Zakharov, pp. 918 - 19; Perelli-Harris and Isupova, p. 151.
[2] Perelli-Harris and Isupova, p. 146.
[3] Ibid., p. 931.
[4] Ibid., p. 936.

1.5 个或者更多孩子。白罗斯和乌克兰也可观察到类似的模式。在外高加索共和国中，生育率下降得厉害，这倒是与更广泛的伊斯兰世界的发展一致，我们后文再对其进行探讨。自苏联解体以来，阿塞拜疆女性的生育率已从不到 3 变成了稍高于 2 的水平，甚至，苏联曾经的生育冠军乌兹别克女性的生育率也从 1990 年的 4 下降到了不久前统计的 2.5。[①]

尽管 1945 年以后苏联人口的预期寿命与美国相比不值一提，与西欧相比则更是如此。如前所述，二者的差距在苏联解体后拉得更大了。俄罗斯男性的预期寿命从 1989 年的 64 岁下降到了 2001 年的 58 岁。如此局面不仅与西方世界在延长预期寿命方面正在取得的成就有着天壤之别，而且与不断壮大的发展中国家相比也相形见绌。同一年，人均收入不足俄罗斯 1/3 的印度男性的预期寿命也超过前者两岁。[②]俄罗斯男性和女性的预期寿命差异则非常大。当俄罗斯男性的预期寿命于 2008 年恢复至 59 岁时，该国女性的预期寿命则已达 73 岁，[③]而最近的联合国数据显示，尽管俄罗斯男性的预期寿命正在回升，但也不过是回到了约 50 年前的水平而已。俄罗斯男性和女性在预期寿命上的极大差距（对多数国家而言，3 或 4 岁的差距都是正常的，但最近的联合国数据显示俄罗斯差距在 10 岁左右）表明该国死亡率问题主要与男性有关。

与预期寿命偏低相关且常被提及的问题是酗酒。就此而言，尽管俄罗斯的人均酒精消费量比西欧一些国家高出许多，但在俄罗斯，纵酒狂欢的人主要是男性。有趣的是，俄罗斯在 20 世纪 90 年代中

---

① UN Population Division, 2017 Revisions.
② Haynes and Husan, p. 152.
③ Pearce, p. 125.

后期酒精消费的下降也伴随着人口死亡率的适度下降。[1] 另一个导致预期寿命较低的因素则是，俄罗斯的自杀率属世界最高之列，而这个因素也是造成 2000 年超过 5 万人死亡的原因。[2] 一名记者描绘了苏联解体后甫一开始便司空见惯的肃杀气氛：

> 死亡人数不断增加。人们——男男女女——纷纷从火车和窗户上跌落或跳下；村舍中破败的柴炉和前门拥塞的公寓令人窒息；宁静乡村中加速通过的汽车将他们撞倒，一群群行人被撂倒在人行道上；众人会醉酒跳入湖泊而溺毙，或者无视海上风暴的警告以及没有明显原因地溺亡；他们还会用过量的酒精、假酒、酒精替代品或者毒品毒害自己；最后，心脏病发作和中风都会带走这些年轻的生命。[3]

除了酗酒和自杀，似乎还有其他许多因素导致了俄罗斯较高的死亡率和较低的预期寿命。俄罗斯因传染病和寄生虫病而引起的死亡率高达欧盟的两倍以上，而心血管疾病的死亡率则几乎是国内生产总值为其两倍的国家才会出现的水平。俄罗斯医疗保健支出的总体水平相对其国内生产总值而言较低，而相关行业的服务水平甚至还不如苏联时期。[4]

尽管出现了小幅改进（部分在于自杀率的降低和酗酒现象的减少），但俄罗斯男性的预期寿命与 20 世纪 60 年代后期相比却并无进一步的

---

[1] Haynes and Husan, p. 163.
[2] Ibid., p. 166.
[3] *New York Review of Books*, 2 September 2014, http://www.nybooks.com/daily/2014/09/02/dying–russians/ (impression: 13 September 2017).
[4] Eberstadt, *Russia's Demographic Disaster*.

提升。自那时以来，整个世界人口的预期寿命增加了 15 岁，这意味着俄罗斯甚至落后于埃及和巴基斯坦等国。[1] 由于俄罗斯的婴儿死亡率并没有很高，但与其他国家相比，该国婴儿预期活到 15 岁的可能性甚至更低。然而，这些都意味着俄罗斯并不存在欧洲多数国家都面临的老龄化问题。生育下降往往会增加社会的平均年龄，但那些原本可以活得更久的人的过早死亡则会产生相反的效果。俄罗斯人口的年龄中位数不到 39 岁，这与 20 世纪 70 年代相比整整老了 8 岁，但与德国相比则年轻 7 岁。[2] 然而，一个社会未经历老龄化的原因是如此多的人中年早逝而并未活到老年，这并不能让人感到些许慰藉。

俄罗斯与中南欧之间的巨大差异在于，尽管它们的生育率都低于更替水平，但后者在某种程度上可以用提升预期寿命的方式加以弥补，而俄罗斯不断下降的预期寿命（也即死亡率的上升）直到最近才和低生育率的影响一并导致了人口自然地急剧减少。在 1992 年以后的 9 年中，俄罗斯死亡人数超过出生人数的规模已达 1 200 万。[3] 其他国家也出现了类似的人口自然减少的状况，但尽管如此，局面总是与死亡率下降相伴而生，因而无法部分归因于上升的死亡率。

俄罗斯人口并未像自然减少那般快速下降的事实还要归因于移民。随着苏联的解体，俄罗斯成了人口方面与昔日的苏联相比小得多的存在。彼时，俄罗斯人口接近 1.48 亿；到 2015 年时，其人口已低于 1.43 亿。[4] 当然，此间的大部分损失都无关出生率和死亡率，而应归结于如今从爱沙尼亚到哈萨克斯坦在内的独立国家不再被包含在内而导致的人口缩减。尽管如此，由于俄罗斯的出生率和死亡

---

[1] UN Population Division, 2017 Revisions.

[2] Ibid.

[3] Eberstadt, 'Dying Bear'.

[4] UN Population Division, 2017 Revisions.

率之间严重不平衡，联合国基于中等生育率水平做出的预测表明，到21世纪末，其人口规模会低于1.25亿，而有些人则预测会降到1亿以下（尽管俄罗斯近期在生育率和预期寿命上取得的成就降低了这种可能性）。[①]虽然存在一些乐观的理由，但如此规模与苏联人口盛期接近3亿人口大关相比仍相去甚远。低生育率、高死亡率和帝国的消退等因素，严重压缩了俄国在20世纪初看似无限扩张之可能。无疑，这也会产生地缘政治后果。

如往常一样，当一个国家的人口停滞不前或下降时，边远地区首先会对此有所觉察。城市化随着人们持续从乡村迁往城镇而不断推进，俄罗斯的情况尤其如此，因为该国大片区域都地处偏远且气候恶劣。苏联国土辽阔，许多边缘地区都因为国家的努力而有俄罗斯人居住；一旦国力衰微，引导人口移居的意愿降低，不可避免的情况便是定居偏远地区的过程会随着人们远离缺乏基础设施、工作机会的地方而逆转。莫斯科西部的一个村庄仅有8人留守，一位当地村民哀叹道："仅有老人才留在此地。而我们老年人又能做什么呢？我们只能等死。"2010年，俄罗斯有1/10的村庄中的人口都已不到10人；如今，这个数字很可能更低。[②]

## 俄罗斯的反击

普京治下自信且专断的新俄罗斯与苏联解体后混乱的叶利钦时

① Rozanova, p. 36.
② *Al Jazeera*, 14 February 2017, http://www.aljazeera.com/indepth/features/2017/02/death-throes-russia-iconic-countryside-170207084912286.html (impression: 13 September 2017).

代形成了鲜明对比。普京不乏批评者，他们指出，大部分表面的复苏都仰赖某种表面的不可持续的资金支持，即到 2014 年仍旧高企的油气价格。无论这种批评是否合理，普京的努力都超越了他对克里米亚和叙利亚的武力行动。他的政权意识到了人口危机，并且非常希望能够计算自己取得的成就带来的人口复苏总量。一个重要的标志是普京在 2006 年的一次重要讲话，他在其中谈到了"当前我国面临的最严重问题——人口问题"。[①] 勃列日涅夫在第 21 次党的代表大会上提及这个问题 25 年以后，人口问题已经从诸多国家问题之一上升为国家面临的最重要问题。

虽然普京在 2006 年的演讲中对降低死亡率的吁求给予了一定的关注，例如通过减少交通事故和提升医疗保障等方式实现，但重点是提高婴儿的出生数量。普京明确将低生育率与低收入、住房不足、儿童健康保障和教育前景不佳等问题联系起来。他甚至建议父母把重心放在育儿上。从物质和金融方面解释了这个问题的基本面以后，普京的回应则是对每个出生的婴儿进行拨款补助，并且改善职场母亲的待遇。与以往一样，人们难以知晓俄罗斯总和生育率的恢复是应归结于这些政策，还是归结于其他因素。

解体之前，苏联的人口就已经越来越少，占总人口绝大多数的俄罗斯民族当时正呈减少之势。从民族的角度看，退回到苏维埃俄国意味着在一个更为有限但仍旧广阔的空间内实现某种整合与人口增长。然而，就像此前俄罗斯民族不仅生活在苏维埃俄国，还散布在更广阔的领土上一样，新的俄罗斯联邦中的非俄罗斯少数民族亦是如此。在这个意义上，其中一些"原住民"甚至先于苏联很久之

---

[①]　Putin p. 385.

前便居住于此，其他一些人则更晚抵达，他们被大都市核心地区提供的各种机会吸引而来。

在思考苏联解体之后的俄罗斯特性时，我们应区分三种现象：首先，俄罗斯人从"近邻国家""回归"，他们更喜欢居住在俄罗斯，而非新独立的国家；其次，俄罗斯内部的非俄罗斯族原住民，比如鞑靼人和车臣人，其中许多人是穆斯林，这些人表现出相对于他们中亚的同教信徒更高的生育率；再次，非俄罗斯民族进入俄罗斯联邦，他们通常来自苏联以外的其他共和国，而且主要前往大城市。这些现象中的第一个现象具有加强俄罗斯人口构成的作用（同时会持续减少"近邻国家"中俄罗斯人的占比），第二和第三个现象则会抵消这种影响。另外一种现象也可纳入考虑范围，那就是自苏联解体以来非俄罗斯民族的外迁移民，尤其是100万犹太人移居以色列和50万日耳曼人迁居德国。虽然数量有限并且基本上是永久性移民，但是其境内少数民族人口的减少对增强俄罗斯特性的确有所助益。

解开这些不同线索的最佳方法是调查整个俄罗斯的民族构成。1959年，苏维埃俄国的人口中有超过83%为俄罗斯人。[1]2002年，俄罗斯联邦人口中约有80%为俄罗斯人，其间经历了小幅但具有实质意义的下降。到2010年，俄罗斯人的比例已降至78%以下。[2]最大占比的少数民族鞑靼人约占总人口的4%。[3]尽管俄罗斯人似乎占据了稳固的多数地位，但仍存在一些令俄罗斯民族主义者担忧的趋势。1989—2002年间，俄罗斯联邦中的俄罗斯族人的规模从1.2亿减少到了不足1.16亿，而车臣民族的人数则从不足100万增加到了

---

[1]　Szporluk, p. 34.

[2]　CIA World Fact Book, https://www.cia.gov/library/publications/the-world-factbook/fields/2075. html (impression: 14 September 2017).

[3]　Ibid.

超过 133 万——尽管其间车臣地区经历了一场恶战和所谓的种族屠杀。当此之时，整个俄罗斯人口的年龄中位数仅稍高于 37 岁，而车臣地区则低于 33 岁。[1]

与此同时，来自中亚和高加索地区的人口移居到俄罗斯的大城市也在改变其人口构成。据信，莫斯科的人口中约有 20% 为穆斯林。[2]尽管俄罗斯联邦的领导人声称奉行多民族和多信仰政策，但政府仍在 2002 年收紧了有关公民身份的法律。与 1991 年时更为宽松的法律相比，那些非俄罗斯出生的人口获取俄罗斯公民身份的难度增加了，后来的法律主要依据血统或基于"血统"和种族而赋予身份。[3]此外，尽管俄罗斯当局的主要人口关切仍是整个国家的低生育率和高死亡率，但似乎他们并未意识到俄罗斯民族多元构成发生改变的长期可能。如果这是由非俄罗斯人进入俄罗斯引起的，他们也并未采取哪怕会降低这些人获取俄罗斯公民身份的举措。因此，多民族政策仍被国家领导层坚持，但地方层面却并不总是如此。如今的莫斯科被认为拥有欧洲所有城市中最多的穆斯林人口，可能多达 200 万人，但这里仅有 6 座清真寺，尽管被要求修建更多。[4]

## 俄罗斯以外的东正教世界

直到 1979 年，社会主义阵营中被西方称为苏联集团的欧洲部分

---

[1] Morland, *Demographic Engineering*, p. 24.
[2] BBC, 2012.
[3] Rozanova, p. 44.
[4] *International Business Times*, 23 July 2017, http://www.ibtimes.com/moscow-largest-muslim-city-europe-faithful-face-discrimination-public-authorities-2020858 (impression: 13 September 2017).

主要由中欧和东欧国家组成，包含了既不说斯拉夫语也不信东正教的国家（比如民主德国和匈牙利），也包含了说斯拉夫语但不信东正教的国家（比如捷克斯洛伐克和波兰），还包含了信奉东正教但不说斯拉夫语的国家（比如罗马尼亚），以及说斯拉夫语和信奉东正教的国家（比如保加利亚）。随着社会主义阵营苏联集团的解体，东正教世界自1991年以来可以说在文化和发展程度上与俄罗斯并驾齐驱了。但在我们进一步分析之前，值得注意的是，随着苏联和东欧在20世纪80年代晚期和90年代初的剧变，早期社会主义国家中的生育率从本来就很低的水平骤降是相当普遍的情况。例如，民主德国的出生率从1988年的13‰下降到了1992年的5.5‰，如此短时间内出现如此降幅实属惊人。[1] 与俄罗斯一样，普遍的衰败和经济困难以及年轻育龄女性的重大运动都成了西方世界归咎的对象。

令人信服的证据表明，那些可被归为"文明"的国家和民族群体往往会在人口和其他方面表现出类似的风格，而这反过来又的确是将它们定义为文明的依据。西方（美国、加拿大、西欧、澳大利亚和新西兰等国家和地区）在战后都出现了类似的婴儿潮模式，紧接着就是生育率的下降和来自欠发达国家的大规模移民，同时还伴随着人口预期寿命稳定增长的趋势。同样，类似而一致的模式也广泛出现在远东、中东、拉丁美洲、南亚和撒哈拉以南非洲等地，尽管具体情况各有不同。事实上，这些相似之处使得本书能够按照1945年以后的文明路线进行组织。同样的情况也适用于东正教文化。多数东正教国家到1950年便已完成人口转型的大部分进程，当时仅有俄罗斯和塞尔维亚上报的生育率高于3，但二者到20世纪50年

---

[1] Bhrolgh á in and Dyson, p. 15.

代中后期也经历了生育率迅速下降的过程。尽管这些国家走过的道路有所不同——罗马尼亚出现了异乎寻常的跃升——但它们的生育率到 21 世纪初的时候都止步于某个极低的水平。在除塞尔维亚的其他国家中，其生育率都下降到了远低于 1.5 的水平，尽管其中多数国家的生育率在过去 10 年左右的时间中都曾有所恢复甚至超过这一水平。（与俄罗斯不同，多数东正教国家都经历过人口寿命的增长过程，因此，其人口从低于更替水平的生育率上下降也在一定程度上得以抵消。）然而，恢复之后的生育率仍远低于人口更替水平。其中的原因与意大利、西班牙和葡萄牙等国的人口下降现象类似：现代人对女性教育及其理想的态度，外加持续存在的对待婚外生育的传统观念共同使然。

## 罗马尼亚生育率的跃升

然而，20 世纪 60 年代后期罗马尼亚生育率的跃升是上述趋势的明显（通常也被视为悲剧性的）逆向。注意到 20 世纪 50 年代和 60 年代初生育率下降后，当局担心这会减缓人口的增长，而罗马尼亚政府又比其他东欧社会主义国家更多地将人口视为衡量声望的指标和经济增长的源泉。其领导人将人口视为一个问题，宣称"最重要的问题是更加稳定的人口增长，这是社会活力和社会生产力的重要因素……到下个 10 年结束之时，罗马尼亚可能会有 2 400 万 ~ 2 500 万居民"。[1]

---

[1] Ceterchi, Zlatescu, Copil and Anca pp. 54‑5.

因此，1966 年罗马尼亚政权一夜之间废除了堕胎（少数情况例外）。这项举措因为平衡个人自由和国家对人口"自然"增长的要求而得到辩护。[①] 在此之前，罗马尼亚的情况与苏俄一样，堕胎是最常见的节育形式。例如，在堕胎禁令颁布的前一年，当地每出生一个婴儿都意味着 4 次堕胎。毫不奇怪，生育率几乎在一夜之间就从 2 上升到了 3.5。[②] 然而，罗马尼亚的生育率在整个 20 世纪 60 年代后期都在 3 左右，这表明到这个 10 年期结束之时，堕胎禁令对生育率的影响正逐渐减弱。政策对人口系统的一次性冲击旋即产生了影响，但人们也开始通过非法堕胎或其他避孕手段绕开禁令。到 20 世纪 80 年代中期，罗马尼亚的生育率又回到了较高的水平。

尽管如此，该政策对此间 20 年岁月仍旧产生了影响。除了人口规模超过其自然发展程度以外，此项政策很可能还导致了厌恶生育的文化，以及资源不足和孤儿院备受忽视。至于当局的人口目标则并未实现。罗马尼亚的人口的确在 20 世纪 80 年代增加到了略高于 2 300 万的规模，但后来又回落到不足 2 000 万。罗马尼亚开展的实验是个有趣的案例研究，它说明了即便威权政府在左右人口趋势方面也有其局限性。

罗马尼亚人口故事值得注意的另一面则与其敌对民族或国家实施的人口工程或人口战略部署有关。罗马尼亚政府比它的一些东欧邻国更有民族主义情绪，并且在人口政策上追求某种罗马尼亚民族立场。自 20 世纪 60 年代晚期以来，罗马尼亚在允许犹太人移居以色列的政策上明显更为宽松，尽管这样做是为了换取资金，并且有

---

① Ibid., p. 54.
② Bhrolgh á in and Dyson, p. 10.

人认为，堕胎禁令在匈牙利人和吉普赛人中的执行力度比在罗马尼亚人中更为宽松。[①]

## 南斯拉夫战争

冷战结束时，社会主义阵营中的多数国家在很大程度上都过渡到资本主义社会，无论是维持边界不变的国家（例如波兰和匈牙利），还是经历了分裂（例如捷克共和国和斯洛伐克共和国）与合并的（例如民主德国和联邦德国）国家，均是如此。其中较大比例的国家是同种同族，至少自第二次世界大战中的大屠杀和随之而来的强迫迁移以来便是如此，这保证了人口在民族层面的稳定延续。然而，南斯拉夫的情况并非如此，其人口因素在 20 世纪 90 年代的冲突中起了决定性作用。

与俄罗斯一样，塞尔维亚人的生育率从 1945 年之后便不断下降，而他们那些继承了基督教文明遗产的南斯拉夫同胞（波罗的海人、乌克兰人、摩尔多瓦人，以及苏联境内的白俄斯人，南斯拉夫境内的克罗地亚人和斯洛文尼亚人）也有着同样的经历，但并不包括传统上带有伊斯兰教背景的民族（此处指的是苏联境内的高加索人和中亚人，以及南斯拉夫境内的波斯尼亚穆斯林和科索沃的阿尔巴尼亚人）。其结果是南斯拉夫境内塞尔维亚族人口比例的下降，在他们与穆斯林一起生活的地方尤其如此。波斯尼亚和黑塞哥维那地区的塞尔维亚族人口比例已从 1948 年的 44% 下降到了 1981 年的不

---

① King.

足33%，而同期穆斯林人口的比例则从不足33%上升到了近40%。在科索沃（与波斯尼亚和黑塞哥维那不同，科索沃原位于塞尔维亚共和国境内，而非南斯拉夫境内的一个独立共和国），其人口占总人口的比例已从1948年的25%下降到了1981年区区13%，造成这一结果的原因不仅在于塞尔维亚族人的出生率比当地阿尔巴尼亚人更低，也在于塞尔维亚族人向外迁往塞尔维亚共和国。[①]就塞尔维亚民族主义者而言，这两个地区都是敏感的，前者是塞尔维亚民族主义者刺杀奥地利大公斐迪南进而引发"一战"之所，后者则是塞尔维亚人与土耳其人战斗的地方，此地在塞尔维亚人的历史意识中占据了核心位置，同时也是塞尔维亚众多具有历史意义的中世纪修道院的所在。总体的人口数据部分掩盖了年轻人口中更为戏剧化的趋势，塞尔维亚不满14岁的人口比例仅为科索沃相应比例的一半。[②]

塞尔维亚人除了在这些敏感地区丧失了人口存在感以外，"二战"的记忆也犹在眼前，当时大批塞尔维亚人不仅被克罗地亚人屠杀，还被纳粹党卫军收编的波斯尼亚穆斯林杀害。随着南斯拉夫解体而爆发的战争不能简单地归结为人口因素，但人口肯定起了作用。对战争期间波斯尼亚和黑塞哥维那发生的暴力事件展开的详细研究表明，1961—1991年间塞尔维亚人口减少的地区极有可能发生过战斗。[③]紧接着，波斯尼亚穆斯林和阿尔巴尼亚人的生育率也迅速下降，如今的波斯尼亚和黑塞哥维那地区（包括塞尔维亚人、穆斯林以及克罗地亚人）的生育率与摩尔多瓦一样，同属欧洲最低之列（仅为1.25），甚至科索沃的总和生育率仅在更替水平附近。

---

① Judah, pp. 152, 155.
② Morland, *Demographic Engineering*, p. 25.
③ Slack and Doyon, p. 158.

总之，前南斯拉夫是人口转型不顺利而产生不稳定影响的典型案例，不同宗教信仰或不同民族背景的人在不同时期都曾备受打击。

## 消失的人口

综观整个东正教世界，同样的力量也一直在发挥作用。经历长期的低生育率之后，不仅年轻女性生育的孩子更少，而且年轻女性也变少了，因此，这些地区的生育率和出生率都很低。很多地方的经济机会匮乏，而移居西欧更富有地区的机会又很多，这就造成了极少或几乎没有外来移民对大规模外迁移民形成补充（此处的例外是俄罗斯，它已从苏联加盟共和国中接收了大量移民）的情况。保加利亚是个很好的例子，该国20世纪80年代有近900万人，2005年则仅有700万人，其最近的人口下降不仅受低生育率驱动，还受到加入欧盟以及随之而来的移民机会的补充。一如既往，这些国家的农村人口减少十分常见。在一个曾有800人居住的村子里，仅剩余的两个村民中的一个感叹道："我要在此地咽下最后一口气。可悲的是，马托奇那（Matochina）没有牧师。当我死了，他们也只能从别处找人（接替）。"[1]

自20世纪90年代初以来，摩尔多瓦的人口损失已达7%，根据联合国依据中等生育率水平做出的预测，到21世纪末时该国很可能损失半数人口。到2015年，希腊和保加利亚的人口年龄中位数已位居世界最老的七国之列。[2]而就东正教世界而言，它并非一个单一的

---

① *New Internationalist*, 24 June 2015, https://newint.org/features/web-exclusive/2015/06/24/ghostly-bulgaria (impression: 13 September 2017).

② UN Population Division, 2017 Revisions.

国家，而是整个文明。除非发生一些根本性的变化，否则它就会在下个世纪的某个时候彻底消失。

革命性的人口膨胀在 19 世纪的英国爆发，随后蔓延至包括俄国在内的整个欧洲，以及欧洲人征服和殖民的土地，最终撞上黑海海岸并开始消退。

然而，此处的描述仅涵盖了地球表面一小部分地区和人口。在更远的大陆上，大得多的人口趋势将会以远超西方经验的规模和速度发挥其作用。

第三部分

# 涌向全球的人口浪潮：欧洲以外的人口

第八章

# 日本、中国和东亚：人口大国的老龄化

　　1905 年 5 月，来自俄国南部的 24 岁农民阿列克谢·诺维科夫（Aleksey Novikov）发现自己乘坐的战舰"奥廖尔"号正驶向日本海。在此前因为政局不稳而被俄帝国海军解雇后，他又在战争爆发前一年获准回到部队。该战舰于 1904 年 10 月离开波罗的海，耗时 6 个多月才抵达目的地。到达远东后，诺维科夫及其同伴发现日本海军在战略和火力上都对己方形成了压制态势。他们无法编队，几艘战舰也沉入海中，"如果他们参与过打靶训练"，[①] 就不会承受更大的损失了。诺维科夫是幸运的。在做了短时间的战俘之后，他回到了俄国，重新投身革命并最终开始写作。大约 7 万名士兵在战争中丧生：俄国失去了 8 艘战舰和多艘小型船只，而日本的损失则小很多。

　　局势本不该如此。欧洲人肯定已雄霸全球，并且能够运用自己的意志将帝国扩张到想要的地方。的确如此，几年前的布尔人就被证明是英国的棘手问题，但毕竟他们出自欧洲人群体，在非洲立足

---

[①] Novikoff-Priboy, pp. 214, 242.

的时间也不过几代人而已。非欧洲人不应该反击，而且肯定赢不了。沙皇尼古拉二世的表弟威廉二世皇帝曾督促他占领日本以捍卫基督教和白人种族；相反，战争的结果却引发了皇帝和其他人对"黄祸"的偏执。

日俄战争不仅震惊了俄国人，而且震惊了所有欧洲人，他们曾以为自身固有的优势会令世界永久臣服。日本的胜利并不能明显地归结为人口因素——俄国的人口规模比日本大得多，而应归结为战略因素。然而，人口因素起了作用，情况是这样的：日本正在崛起，它是率先摆脱马尔萨斯陷阱的非欧洲民族。随着军队实现现代化，海军也迎来了工业现代化时代，这让日本能够建造一支打败俄国的舰队。在日本进入现代世界的同时，曾经随着欧洲核心地区的发展而来的人口起飞和扩张现象也在日本出现了。第一个摆脱前现代人口状况的非欧洲民族成了头一个在现代世界中给予欧洲强国当头棒喝的民族，此事绝非巧合。

今天的东亚和东南亚等地的人口几乎占了世界人口比重的1/3，并且这片土地上的大部分地区都相继经历了欧洲和北美曾经经历的人口转型过程，日本是其中的先行者。除了这个熟悉的故事，该地区还囊括了人口方面史无前例的国家——日本和中国。日本位列其中的原因是，它是第一个突破了马尔萨斯陷阱，从而实现人口转型，并且拥有世界上最为老龄化人口的非欧洲国家；而中国则是因为其人口规模比世界历史上任何其他国家都要大。这两个国家在被迫与西方密切接触之前都拥有自己的古老历史、悠久的制度和复杂的社会结构，而此番接触对二者而言肯定都是革命性的，从人口角度看尤其如此。

## 日出之国：日本的崛起

日本如何挑战的西方，这一点仍众说纷纭。有人曾提出，谈论其他地方的"人口转型"是把欧洲中心的模式套用到非欧洲民族身上。[1] 据称，如此套用意在主张，在采用欧洲的经济和社会组织模式之前，这些地方的人口并未发生什么值得注目的事情（或者根据其中的暗示，其他方面也一样）。在某种程度上，这个批判有其公正的一面，尽管它同样适用于欧洲和世界其他地区。欧洲早在 19 世纪前便发生过人口波动，以黑死病为甚，这个大陆的人口规模也因此倒退了数个世纪。然而，此处的重点并非这些地方在人口转型之前一成不变，而是说，只有当某个地方的现代化（不管如何定义它）开展之时，其人口演变才会遵循一个大概一致且可预测的路径，至少在一段时期内如此。19 世纪中期的日本突然再次与世界其他地方恢复交往是漫长而复杂的历史产物，同样的说法也适用于其人口的演变。然而，这并不会分散我们的注意力，因为从 19 世纪末和 20 世纪初席卷日本的城市化和工业化浪潮以及该国历史的角度看，这些事件的确具有革命性。

理解早期日本人口演变的困难，部分问题在于数据。与工业化时代之前的多数地方一样，20 世纪初以前的日本人口数据也不完整，其中的许多方面都存在争议。尽管如此，一些大致的轮廓仍是清楚的。17 世纪初德川幕府时期政局稳定、农业创新频仍，其人口也开始增长[2]。事实上，在 16 世纪末到 17 世纪初的大部分时间里，日本

---

[1] Knight and Traphagan, p. 6.
[2] Macfarlane, pp. 31 - 2.

的人口年增长率可能都在 1% 左右。而在这一时期，世界其他大部分地区都遭遇了人口挫折：中国正在经历从明朝到清朝的王朝更替所造成的破坏，欧洲正在经历恐怖的 30 年战争，不列颠群岛深陷内战，英格兰的北美殖民地才刚刚站稳脚跟，其人口规模也处于弱势。相比之下，17 世纪的日本是宁静而繁荣的，因此其人口也得以增长。然而，日本人口自 17 世纪中期以来便一直停留在 2 600 万 ~ 3 300 万。[①] 即便依据 1721—1846 年的最低值和最高值估计，日本的人口规模在一个多世纪中似乎也仅增长了不到 5%。[②]

日本人口长期处于高原期的一种解释为，其内部的稳定与和平直接为其他马尔萨斯式的末日骑士[③]提供了更多施展空间，并且日本在 18 世纪早期便在其人口规模最大值附近徘徊。根据这种解释，日本的人口只是扩展到了生产力的边界，相应地，其人民也就生活在马尔萨斯式的苦难状态中。另外一种解释是，日本人生活在马尔萨斯式的维持生计和苦难水平之上——换句话说，更多人可以在一个更低的维生水平上过活——但社会机构会控制人口规模，其主要方式为杀婴和堕胎。[④]（这些几乎都不是作为牧师的马尔萨斯会同意的限制生育方式；他承认社群存在避免扩张到饥荒和苦难边缘的可能，但认为人们道德上唯一可接受的做法便是保持贞操和晚婚等性活动限制措施。）有时候，被杀的婴儿可能占了日本新生人口的 10% 甚至至 20%，部分原因在于可选择性堕胎成为之前男女性别失衡的可能。在 18 世纪日本东部的部分地区，杀婴被称为 "mabiki"，这个词的意

---

[①] Reinhard, p. 557; Cole, p. 399.

[②] Nakamura and Miyamoto, p. 233.

[③] 末日骑士（apocalyptic horsemen）语出《圣经》，指的是白马骑士代表瘟疫、红马骑士代表战争、黑马骑士代表饥荒、灰马骑士代表死亡。——译者注

[④] Reinhard, p. 558.

思是将幼苗连根拔起或者让其变得稀疏。在某些情况下，这种行为又被认为是一种义务，因为大家庭的父母会被贴上反社会甚至像狗一样繁殖的标签。一位富有的农村商人的日记记录了他自己是如何杀婴的，他通过占卜确定哪些婴儿该存活，哪些该被杀死。[1]

在这种情况下，外加数据的可用程度，我们很难将杀婴与生育率的降低分开。堕胎也是控制人口的常用办法，一直到 1870 年，特别是自 1882 年起，[2] 这项行为才被归罪化，此后杀婴仍有多广泛就不确定了。除了杀婴和堕胎，禁欲和分居似乎也在 17 世纪末到 18 世纪日本所谓"低生育率文化"的形成过程中起了一定作用。我们很难知晓，真正普遍存在的到底是受节育压制的生育力，还是避孕手段，或者是杀婴和堕胎。无论如何，如果这种解释正确，那么日本总是通过这种或那种方式避免产出其所能产出的最大人口规模，并且如果人们还因此有机会享有更好的生活并储蓄一些资本，那么日本在这方面便与 18 世纪的英格兰类似了。

1868 年，随着闭关锁国时代的终结和明治王朝的到来，随之而来的则是一般意义上的封建社会的终结和一个现代国家的诞生。起初，日本工业和人口的发展（即人口转型的进展）很慢，但二者在 19 世纪末和 20 世纪初都在加速发展。这一时期的官方数据表明，日本的出生率从 1875 年的 24.5‰一路上升到了 1920 年的 35.7‰。其他数据源表明，日本 1875 年的出生率已经超过 30‰，甚至达到了36‰。相反，官方信息源表明死亡率正在上升，而其他数据源表明它正在下降，后者更符合人口转型早期阶段的预期。[3] 后者确实也更

---

① Drixler, pp.18 - 19, 33, 124.
② Cornell, p. 211.
③ Obuchi, p. 331.

有可能：无论工业化早期的日本城市的条件多么初级，农民的条件都可能更糟，但随着越来越多的农民开始生活在城镇，他们也更长寿了。

尽管人口增长背后的原因令人困惑，但至少到 1920 年为止，日本人口在长期经历了 2 600 万～3 300 万的高峰期后已不断增长，这一点毋庸置疑。到 1914 年，日本人口已增长到 5 200 万，到 1924 年则超过了 5 800 万。[1] 在 19 世纪末，日本人口年增长率超过 1%，这与英国在其工业化起步阶段的情况一致，而到 1915 年，其人口年增长率已接近 1.5%。[2] 这个速度与早年俄国达到的水平有一拼，后者的人口年增长率在 20 世纪 20 年代晚期已超过 1.5%。[3]

"一战"爆发前的几十年里，西方旅行者和外派人员的回忆录和信件都揭示了他们的所见及未见之事。外交官的妻子和传教士们常常是此类作品的作者，他们描述了日本的插花艺术和神社，对寺庙和山水景观感叹不已。然而，似乎少有人注意到日本正在发生的事情与英国几代人以前的经历类似。当然，这些作品充满了讽刺的种族主义的刻板印象。日本帝国大学日本语和文献学荣退教授巴兹尔·霍尔·张伯伦（Basil Hall Chamberlain）——因此他也比其他多数作者更了解这个主题——注意到，尽管日本商人对西方已有 30 年的了解，但仍有很多东西需要学习。他提出，"普通的本地经销商"：

> 在守时、严格遵循真理、恪守诺言等无论多么微小的事情上仍显得十分落后。即便涉及蝇头小利，他也是个糟糕的输

---

① Ishii, p. 24.
② Tauber, p. 41.
③ Ishii, p. 60.

家，并且不会认为拼力违背合同是件丢人的事，而履行合同
则会带来损失。[①]

也许张伯伦的种族主义不会让人感觉惊讶。他的弟弟是休斯
顿·斯图尔特·张伯伦（Houston Stewart Chamberlain），理查德·瓦
格纳的女婿，他在与希特勒进行了有悖性情的个人会晤之后，便在
自己的最后几年中将其奉为前途无量之人。然而，与他的多数竞争
者竞相使用漆艺花瓶、招揽艺伎的故事吸引读者不同，张伯伦对日
本的经济和工业发展做出了评价，并且他指出，过去30年来取得的
主要进展是工业的发展。矿山已开放，工厂已建成，新的产品也开
始出现。日本的煤炭如今在整个东方都赫赫有名，铜和锑主要用于
出口……以前需要进口的许多物品现在都在国内制造了。鉴于其低
廉的成本和熟练的劳动力状况，"仅需要有能力的商人指导，日本工
业的未来就应该是光明的"。[②]

西方评论者中另外一位并未忽视日本迅速现代化的例外人士
则是斯塔福德·兰塞姆（Stafford Ransome），这位工程师和记者在
1899年注意到，"日本人对西方制造方法的使用是日本人完美适应性
的最好例证"。兰塞姆观察到，

> 日本的现代工业何以正在全国各地崭露头角……大阪可以
> 说正在大踏步发展成为纯粹而简单的工业城市。这也是为何
> 我在听到英国人将其称之为日本的曼彻斯特、苏格兰人将其
> 唤作格拉斯哥、法国人称之为里尔、德国人将其唤作汉堡、

---

① Chamberlain, p. 432.
② Ibid., p. 433.

美国人称呼它为日本的芝加哥时，并不感到奇怪的原因。[1]

日本的工业和国力与其人口规模的增长密不可分。就像盎格鲁－撒克逊民族的人口增长为英国和美国带来了支配全球大部分地区的巨大优势一样，日本的人口和工业相结合的实力——后者若无前者的支撑则无法持续——将其推向了欧洲人眼中的"大国"位置（日俄战争以后尤其如此），其他任何亚洲国家都不具备如此地位。现代化和人口转型为日本在1904—1905年日俄战争中取得胜利提供了有力支撑，这表明向来被误认为是盎格鲁－撒克逊民族（或者当时的欧洲人）的内在优势实际上压根不是来自种族，而是人口规模和经济、工业力量相结合的产物。若无这些因素，日本就无法踏上可能战胜俄国、占领中国大部和东南亚多数地区的侵略性扩张道路，并挤压英帝国和美国势力范围，从而将其帝国权力（尽管只是暂时地）从印度边缘扩张到太平洋深处。日本征服和支配中国大部分地区的能力表明，仅靠人口规模一项还不足够——毕竟，中国的人口总数更多——但日本人口和工业的活力则能战胜中国这个人口巨人。

自现代人口普查制度以及数据收集方式在1920年得到改善以来，伴随城市化进程、死亡率陡降而来的出生率渐趋下降的图景也得以呈现，因此，与人口转型理论一致的是，人口规模快速增加。[2]尽管人口的增长受经济环境的改善驱动，但日本的舆论却显示杞人忧天者对人口过多的担忧。相对于其可耕地面积而言，日本是世界上人口最稠密的国家。[3]这个担忧可能触发了20世纪30年代的帝国

① Ransome, pp. 206, 226, 227.
② Tauber, pp. 233, 286.
③ Cole, p. 397.

扩张行径，或者至少被用来为其辩护。[1] 然而，日本的外迁移民——无论是定居在扩大了的帝国边界以内还是以外——规模都很小。无可否认，此前北美和澳大利亚一直持续到 20 世纪 60 年代的移民限制并未对日本的移民产生什么影响，但即便在日本占领的中国伪满洲国等地，日本移民也并未对当地总体人口规模产生实质影响。[2] 外迁的日本移民规模绝少超过每年 1 万人，这与其人口增长水平相比可以说微不足道（当然，与"一战"前的欧洲移民率相比也微不足道），而到 20 世纪 30 年代，居住在日本的朝鲜人的规模已超过居住在朝鲜的日本人。[3] 事实证明，伪满洲国并非日本的加拿大。这里并无大量日本人定居，也未成为日本剩余人口的安置之所，更没成为日本本土的粮仓。

从多方面讲，日本帝国面临的困境、给出的说辞和颁布的政策都与纳粹德国类似。工业化让人口增长成为可能，不断增长的工业人口需要用工业出口换来的进口农产品养活。到 20 世纪 20 年代末，日本大米消费的 1/7 依靠进口。[4] 这种依赖国际贸易的状况为民族主义者所不喜，因为这被视为仰赖他人而非自力更生。接着，日本和德国的民族主义者便声称需要额外的空间，从而可以用自力更生的方式养活本国人口。日本驻伦敦和驻华盛顿大使分别从国家人口的角度为其帝国主义扩张进行了辩护，他们给出了人口增长的基础。后者主张，鉴于日本人口的不断增长，美国人民应当承认"这些人口为了生存而需要更多土地的绝对必要性"。[5]

---

[1]　Cole, p. 405.

[2]　Reinhard, p. 566.

[3]　Cole, p. 413.

[4]　Ishii, p. 163.

[5]　Saito, p. 129; Tolischus, p. 75.

然而，当日本帝国主义者像他们的德国同伙一样占领了生存空间后，他们会发现难以从看起来过度拥挤的国内派遣移民填满这些地方。对希特勒试图将乌克兰变成德国牧场的终极愿望，以及日本试图像当初吸引美国人那般朝着自己的"蛮荒西部"扩张的需求而言，盎格鲁－撒克逊民族的人口与领土相结合的扩张模式压根不起作用。一方面，这些政权会以国内人口过多为说辞为其在国外的领土扩张做辩解；但另一方面，为了提升自身的权力和声望，它们也在寻求支持多生多育的政策，从而试图扩大人口规模。就日本而言，明确鼓励生育的政策颁布于 1941 年，当时的政府设定了一个目标，旨在到 20 世纪 60 年代早期将人口规模增加到 1 亿，为此还提供了经济刺激[①]。两年后，首相表示，这一目标对于日本民族的成功延续是必须的。[②]

日本的工业、人口和帝国崛起已经引发了当时大国的反应。早在 1895 年，威廉二世皇帝便制造了"黄祸"一词。3 年之后，俄国战争大臣就对日本和中国所能派上战场的军队规模[③]表示了担心。英国杂志《旁观者》（*Spectator*）曾对"一个控制了中国，并整饬了陆军和海军的日本军事阶层"表示忧心忡忡，同年，英国首相对"权力巨大的大国年复一年的扩张"表示过关切。[④]这些都不仅仅事关字面上的人口统计，而且往往将中国的规模与日本的扩张并置看待，但这一切都承认，从根本上讲，东亚的人口活力让它自身显得充满威胁。英国的反应是与日本签订条约，并发展日本的海军以对抗其对手俄国。俄国则因为与日本的距离比英日更近而在远东大陆上与

---

① Reinhard, pp. 567 - 8.
② Tolischus, p. 75.
③ Marshall, pp. 95 - 6.
④ Diamond, Lesser Breeds, p. 12.

日本的野心存在冲突才反对日本，起而斗之，败。无论如何，日本的人口增长及其给别国带来的威胁，外加工业和军事的进步共同塑造了 1900—1945 年东亚和太平洋地区的国际关系。

与欧洲相关国家一样，日本的工业和人口扩张也相互影响，若无人口增长的推动及其提供的资源，日本的帝国扩张和随后爆发的战争将是无法想象的。日本战争期间约 300 万人的损失是人口和历史的悲剧，但从人口角度看，这双重损失所对应的则是人口增长峰值期间 3 年或 4 年的增量。因此，尽管 1945 年的日本在工业和道义上遭遇重大挫折，但其人口规模仍属世界最大之列。与苏联一样——它本身也属胜利一方，但却遭受了巨大的人口和物质损失——日本在"二战"终结之时至少保持了一个关键优势：当时人口迅速扩张带来的强劲人口势头。

## 战后的日本：向世界最高龄国家迈进

"二战"甫一结束，日本便经历了明显的婴儿潮。无论从绝对还是相对的角度看，日本的婴儿潮与美国和西欧相比，其强度都引人瞩目，但其持续之短暂则更令人印象深刻。日本的出生率早在 20 世纪 30 年代之际便已降到 30‰，到 1947 年则升至 34.3‰。[①] 值此之时（现在我们可资利用的数据已更加可靠），日本的总和生育率约为 4.5，远高于西方战后时期的任何时期，但此后便迅速下跌。[②] 20 世纪 50 年代初已降至 3，到 60 年代时则降到了 2 的水平。20 世纪 60 年

---

[①]　Tauber, pp. 233 - 5.

[②]　Coulmas, p. 5.

代中期到 70 年代中期，日本的生育率经历了小幅回升，但也从未达到超过 2 很多的水平，此后再次下降，并缓慢而不可阻挡地降低到一个前所未有的低值，最终在本世纪初跌至 1.3 的水平。[①] 如今，最新的联合国数据显示，日本的生育率已有所回升，但幅度十分有限，其总和生育率仍低于 1.5。[②]

为何会如此？日本生育率的此种下降并不比其他地方更能明确地加以确定，但与其他地方一样，如此低水平的生育率与收入增加、城市化和女性受教育程度提高（特别是高等教育）等因素相关。相比之下，1955 年日本高等教育的女性入学率低于 5%，仅为男性的 1/3，而 50 年后则达到了超出男性水平的 50% 左右。[③] 这些因素与世人对待职场和家庭中的女性的传统态度相结合（日本仅有 2% 的小孩为非婚生子女，而英国的比例则接近 50%），形成了低生育率的模式。正如我们已经看到的那样，尽管目前日本的生育率远低于更替水平，但也并不比南欧和东欧许多国家的水平低，甚至还略高。总体而言，日本生育率的变化模式与西方类似，但其变化速度却略快，这也确证了人口旋风加速这一点。

绝对地确定低生育率的原因当然不可能，并且围绕这个主题还存在大量有趣的逸事和评论。神户大学的人口学家建议：

> 如果你单身，则难以找到一个合适的婚姻伴侣。如果你已婚，且夫妻双方都忙着工作，则生孩子的机会就很小，没有多余的时间或精力。如果你想要孩子，你（通常是你的妻

---

① UN Population Division, 2017 Revisions.
② Japan Times, 6 June 2013.
③ MacKellar et al., p. 50.

子）会面临一个抉择——继续工作或者辞职，然后生子。此处
需要权衡。①

正如欧洲所见，在女性受教育和获得解放的时代，存在着并不
利于女性进入职场的文化，在此种氛围中崛起，并且能够将这种要
求与生养小孩的要求相结合的国家，其生育率一定很低。因此，世
界经济论坛一直将日本评定为发达国家中职场经济平等状况最糟糕
的国家，这丝毫不足为奇。一位来自东京的 32 岁女性描述了一种可
能十分典型的经历：

> 前男友三年前向我求婚。当我意识到自己更在意工作后，
> 便拒绝了。此后，我对约会失去了兴趣。关于未来的问题出
> 现后就会很棘手……老板假设你会怀孕，你不得不辞职。你
> 最终会成为没有独立收入的家庭主妇。对于我这样的女性，
> 这并非一个可选项。②

有意见认为，日本年轻人对性行为和两性关系越发不感兴趣了，
他们会更多地选择独自一人的乐趣，常常是某种形式的电子游戏。③
除了降至极低水平的生育率，"二战"以来日本人口第二个值得
注意的特点则是预期寿命的延长。在 20 世纪 50 年代早期，日本人
出生时的预期寿命已超过 60 岁，这与该国 19 世纪大部分时间里略

---

① *Business Insider UK*, 22 February 2016, http://uk.businessinsider.com/how–japan–government–solving–sex–problem–2016–2?r=US&IR=T (impression: 26 July 2017).
② *Guardian*, 20 October 2013, https://www.theguardian.com/world/2013/oct/20/young–people–japan–stopped–having–sex (impression: 26 July 2017).
③ Ibid.

高于 35 岁的预期寿命相比已是巨大的进步。[1] 随着城市化和工业化进程的推进所带来的好处，这种改善也在持续，因为日本的饮食、食物储存、住房和医疗保健都得到了改善。其人口死亡的主要原因则从传染病变成了慢性退行性疾病。如今日本的预期寿命已超过 83 岁。这一数字是联合国所有成员国中最高的，也是联合国所有地区范围内最高的，比除了香港以外的其他地区都高，而日本和香港的预期寿命差异很小。日本的预期寿命超过美国不到 5 年。[2] 日本女性如今是世界上寿命最长的群体，过去 160 年来，她们的预期寿命每年都会延长 3 个月。[3] 无论人口方面面临何种困难（我们很快会对此详加讨论），日本都应该为如此卓著的成就受到赞扬。日本还以其 1‰ 的世界最低婴儿死亡率为傲，相比之下，法国和美国分别为 3‰ 和 6‰。[4]

出生率的萎缩外加史无前例的预期寿命对死亡率的影响，使得日本经历了长期的人口增长。最初，这曾是人口惯性的典型情况，即便生育率长期没能达到更替水平，但年轻人也会创造绝对数量上的众多新生人口，而相对较少的老年人口则意味着较低的死亡率。在某种程度上，这种影响已不再是推动人口增长的原因，相反，是年龄较大的人口成功地活到越来越大的年纪这个事实推动了人口的增长。虽然人口的增量——即出生人数——越来越少，但人口减量也是如此。

尽管出生率很低，但日本人口的增长态势一直持续到了 21 世纪，只是增速不断减慢而已。从战后到 20 世纪 70 年代末之间，日本的年均人口增长率超过 1%，80 年代已减少一半，90 年代则再次

[1]  Cornell, p. 30; UN Population Division, 2017 Revisions.
[2]  UN Population Division, 2017 Revisions.
[3]  Pearson, p. 117.
[4]  UN Population Division, 2017 Revisions.

减半；而 21 世纪头 10 年的增长率已不及战后水平的 1/10，日本总人口规模最终于 2012 年达到 1.28 亿的峰值。[①] 此时的人口自然减少数（死亡人数减去出生人数，即不考虑移民影响的情况）超过每年 20 万，尽管实际的减少因为少量的净移民流入而略有放缓。[②] 到 21 世纪中期，日本人口规模可能会降至 8 000 万，不及目前水平的 2/3。[③] 而联合国的主流预测是，日本人口规模到 21 世纪末会减少 1/3。尽管人口减少才刚刚开始，但其酝酿期已达数十年：当 1989 年的数据显示当年的生育率低于 1966 年这个奇特的年份时，当局震惊了，1966 年的生育率受到"火马"（fiery horse）这个不祥星象的严重抑制。[④]

　　日本在某些方面不同于其他国家。相较而言，美国和西欧在某种程度上不得不从第三世界（西欧则全是从东欧引进人口）引进移民来弥补其迫切的人口减少趋势，这些国家的民族构成也会受到相应的影响。尽管近年流入日本的移民不多，但这并未引起重视。

　　如果日本和西方形成的鲜明对照与移民有关，那日本与俄罗斯的强烈对比则与预期寿命相关。相比之下，俄罗斯人口的减少向来是其居高不下的高死亡率和低生育率相结合的产物，而日本的人口减少则因为不断增加的预期寿命对低出生率的抵消而延缓。如果日本人不能设法继续提升预期寿命，其人口减少速度会更快。因此，日本人口虽然在民族上大致保持了一致，但却在不断变老。

　　日本尤其令人感兴趣，因为它让我们瞥见了一个低生育率和人口不断老化的社会，它在这方面是先行者。尽管起点较低，但日本凭借如此的人口转型速度，已经超越了欧洲和英国，人口老龄化方

---

[①] Ibid.
[②] *Japan Times*, 6 June 2013.
[③] Knight and Traphagan, p. 10.
[④] Coulmas, p. 47.

面尤其如此。由于世界人口增长变慢很可能会发生逆转，因此，老龄化趋势势不可当，并且已经发生了。日本的年龄中位数现已超过46岁，这使其人口与意大利和德国一样同属世界最老之列，这比美国的年龄中位数高出近9岁。[1] 日本人口的老龄化速度会成为有史以来最快的，[2] 年龄超过65岁的人口比例从1950年的不足1/20增加到了2005年的1/5以上。[3] 仅在2005—2015年间，日本人口尽管整体上保持平稳，但百岁老人的数量几乎增加了两倍。[4]

欧洲经历了同样的老龄化影响，甚至有过之而无不及。相比较而言，保加利亚和意大利的乡村人口正不断减少，而日本人口的减少甚至一开始就发生在城郊。这引发了迫切的自然衰退问题。日本已有800万间空置房屋。"东京最终的结局就是被底特律一样的景象包围。"一位房地产经纪人抱怨道。[5] 可以预见，乡村的情况会更糟，以前曾是学校的地方现在已经有狼和熊出没了。乡村的孩子已经非常少，甚至不得不动用公共汽车远距离接送他们上学。[6] 由于历史上家庭规模较小，许多人没有孩子。据估计，多达3万日本老人孤死家中，至少有一段时间之内都不为人所知。（为了处理死后数周或者数月才发现的尸体必需用到搬运和烟熏方法，一整个相关行业都因此发展起来。[7]）

[1] UN Population Division, 2015 Revisions.
[2] MacKellar et al., p. 39.
[3] Ogawa et al., p. 136.
[4] UN Population Division, 2015 Revisions.
[5] *New York Times*, 23 August 2015, https://www.nytimes.com/2015/08/24/world/a-sprawl-of-abandoned-homes-in-tokyo-suburbs.html (impression: 26 July 2017).
[6] *LA Times*, 10 July 2016, http://www.latimes.com/world/asia/la-fg-japan-population-snap-story.html (impression: 26 July 2017).
[7] *Slate*, 26 June 2015, http://www.slate.com/articles/news_and_politics/roads/2015/06/kodokushi_in_aging_japan_thousands_die_alone_and_unnoticed_every_year_their.html (impression: 26 July 2017).

日本人口的戏剧性老龄化进程产生了重要的经济后果。正如我们在工业革命的背景下看到的那样，经济与人口之间的联系并不简单明了，并且往往在两个方向上起作用。人口变化影响经济发展，经济发展又对人口变化产生影响。就日本和西方的情况而言，它们的经济发展和人口膨胀大致同时起步。与西方国家的情况类似，日本 GDP（国内生产总值）的增长是人口扩张、生产力提升和人均收入增加的共同结果。日本于 1868 年向世界开放之后，以及自 1945 年以来享受了快速增长的人口和降低的生育率所带来的人口红利之后的情况均是如此，这让越来越多的人口能够参与到劳动力市场之中。引人注目的是，当适龄劳动人口的比例达到峰值时，日本的经济活力似乎正渐趋枯竭。[①]

日本如今在养老金制度上面临空前的压力，这个制度曾在 2004 年进行过重大改革。老年人口也会对老人护理（在缺乏移民护理工作者的情况下尤其如此）和医疗保障支出施加压力。很可能，在日本是世界上最悠久且人口老龄化最为迅速的国家之一的事实，与它在 2015 年便已成为经济合作与发展组织（OECD）成员国有史以来债务占国内生产总值比重最高的政府之间存在某种联系，其 248% 的比例甚至远超希腊和意大利同为 150% 的比例。[②]

与此同时，老龄化影响的不仅是经济，还包括政治。我们已经看到人口增长与导致日本参与"二战"的侵略性帝国主义之间的联系。1945 年战败之后，日本大致奉行和平主义政策，国防方面像德国一样受美国羽翼的庇护，从而避免了国防开支和海外干预。2005 年，日本的国防花费仅占其 GDP 的 1%，美国为 4%，英国和法

---

① Coulmas, p. 14.
② Trading Economics.

国则在 2.5% 左右。然而，至少在西方看来，日本的和平主义观念向来与经济而非军事行动相关，到 20 世纪 90 年代为止的大量文献表明，日本的经济和金融实力都是难以超越的。自那时以来，这一主题已经没什么人讨论了，因为日本经济已经从对西方经济的超越滑向了落后的境地。20 世纪 70—80 年代初期，世人对日本即将到来的全球经济领导权的恐惧达到顶峰，而日本此时的人口仅为美国的一半。到 2015 年，日本威胁论似乎已从主流话语中消失，其人口规模已降至美国的 40%，而且还在下降。[①] 尽管日本近期的军事政策发生了有限的变化，但它在国防上仍主要依赖美国，此番调整始于冷战时期，但现在主要针对其感受到的中国威胁。对于日本来说，人口和命运似乎存在无法解开之谜。随着扩张主义时代的远去，日本未来需要面临的问题是，如何处理不断老龄化以及从目前开始正不断萎缩的人口。作为这方面的先行者，日本可能为我们其他所有人提供教训。

## 中国：迈向并超越第一个10亿人口规模

中国的人口规模在很早以前就超过其他任何国家——尽管印度很快就会在这方面将其超越。以某些指标衡量，中国的经济规模已超越了美国——尽管显然不是按人均收入计。这个沉睡太久的全球人口大国在过去几十年中已完全醒来，其现代化进程的规模、范围和速度在世界上都是空前的。中国约 14 亿的巨量人口规模成就了它

---

① UN Population Division, 2015 Revisions.

的现在，并且在它一路走来的过程中扮演了核心作用。

古代中国是个文明延续的国家，人们因此将其区别于欧洲，后者的国家和民族出现的时间至少比中国历史上首个国家晚上千年。中国是首个人口超过 10 亿规模的国家，它在 20 世纪 80 年代初就已达到如此规模。凭借其人口规模，中国仅会在极端困厄的时期才无法成为全球政治和经济的主要力量。中国在 15 世纪之后便选择不向海外施加影响，但由于其规模和相对性技术进步，它也不会被其他任何强权支配。

然而，到 19 世纪时，尽管中国仍是一个人口大国，但它未能在人口或工业方面像欧洲这个充满活力的暴发户一样向前发展，并且还付出了两次鸦片战争（1840—1842 年以及 1856—1860 年）和义和团运动（1899—1900 年）在内的代价。为何会如此，这个吸引人的问题本身就能够支撑起一批独立的研究文献。即便领土面积相对较小的日本也能够打败清朝并占领朝鲜，以及自 1895 年以来占领台湾长达 50 年，而且还在 20 世纪 30 年代控制了中国的大部分地区，它靠的并非绝对的人口优势，而是人口和经济活力的综合优势。

然而，一旦中国能够将其人口规模和工业化相结合，它就会再次成为影响全球的大国，至少也能挑战人口规模较小的大国霸权。就中国而言，其人口的增长（直到 20 世纪 70 年代）先于其工业化进程（始于 20 世纪 80 年代）。总体来说，人口和工业发展惯性让它重新回到了国际舞台的中心。中国的历史地位和作用很大程度上归结于其非凡的人口之路。

对日本而言，将 1945 年作为"归零时刻"（zero hour）是有道理的。这一年，它在广岛和长崎受到核打击之后战败，自当年起，它和德国一样需要在美国霸权主导的全新国际框架下，从战后余烬中重新建设国家。而对中国而言，1949 年更有道理成为一个起点，这一年内战终结，中华人民共和国得以建立。（这也是人口数据多少变得可靠的时间点。）然而，如果不回顾更早的年代，我们便不能理解中国的人口及其在该国历史中的作用。

与其他地方一样，我们对中国更早时期的人口的理解会因为缺乏明确的数据而遇阻。作为一个文明从未中断的国家（尽管其王朝有更迭），中国官方的人口数据可以追溯至 18 世纪中期，而基于官方记录对人口规模的估计，至少可以追溯至 14 世纪下半叶明朝开端之时。[①] 然而，大部分此类数据的可靠性值得怀疑。与那些更为久远的估值相比，似乎中国人口从公元纪年开始到 17 世纪中期都并未增长，其人口规模在公元 2 年到 17 世纪中期时均在 6 000 万左右。[②] 马尔萨斯主义者已经确定了这段历史时期中的 5 次饥荒、流行病和战争的发生，人口随之减少，然后又重新增长至某个被视为自然界限的规模。

因此，中国与西欧截然不同，尽管从长期看也同样经历了兴衰起伏，但它在超过 1 500 年的时期内并未向前发展。然而，这种情况不应被视为"落后"的标志，因为中国的技术在此间多数时期都是世界最先进的，但也正是基于这个原因，其人口模式应该反过来看，因为掌握了灌溉和水稻栽培技艺的中国比西方早得多地抵达了自身的马尔萨斯边界，其人口规模也已经达到这种农业系统所能支持的密度。事实上，马尔萨斯曾将中国作为这样一类社会的典型，其人口不受约束，人口规模总是接近其所能承载的人口规模上限，因此人们也总处于苦难和饥饿的边缘。

① Ho, p. 4.
② Geping and Jinchang, p. 14.

　　中国人口增长的确切时间和原因尚不清楚，但它在 17 世纪中期到 19 世纪中期的确充满活力，而恰逢日本人口规模陷于停滞的 1850 年，中国的人口规模已接近 4.3 亿。[1] 这意味着两个多世纪超过 1% 的增长率。这似乎是通过农业集约化生产方式实现的，其中涉及资本的投入、灌溉和更多地使用化肥等手段，农业产量的不断提高会相应地增加供养的人口，尽管供养水平仍处于苦难的边缘。[2] 虽然存在一些记录，但中国在不同时期的人口估值仍不确定，对 1650—1929 年人口增长率的一些估计都未超过 0.5%。与英国 19 世纪的进程不同，中国是在没有大规模外迁移民的情况下达到这个增长率的。中国曾出现外迁移民，特别是外迁至亚洲其他国家，但在 1940 年，中国以外的华人总量大约也仅为 2 000 万。相对于有海外华人生活的地方，这个数据可能是个重要的存在，例如马来西亚，但却仅占当时中国总人口的 5%。[3] 似乎，中国的人口增长从 19 世纪中期开始减缓，在 1850—1947 年间可能在 0.25%，[4] 部分原因至少包括太平天国运动，这导致了 2 000 万人的死亡。

　　支撑此间 200 年人口扩张以及随后一个世纪下降的生育率和死亡率数据都不明确，但可以肯定的是，至少从现代标准看，整个这一时期的生育率和死亡率都很高。直到最近，人们才普遍认为中国比日本更接近马尔萨斯主义者和人口转型理论的支持者假定的前现代标准。[5]

　　1950 年，中国的人口增长率接近 3%，如此水平的年均增长率意

---

[1]　Ho, p. 282.

[2]　Fairbank and Goldman, p. 169.

[3]　Rheinhard, p. 553.

[4]　Ho, p. 282; Geping and Jinchang, p. 15.

[5]　Nakamura and Miyamoto.

味着某种巨变，同时它也是世界人口不断翻涌的浪头从欧洲和北美转移出去的明证。[①] 这引起了某些人士的警觉，尤其 1952 年的人口普查结果表明，当年的 6 亿人口与 1947 年的 4.7 亿人口形成了鲜明对照。[②] 这个数字几乎可以肯定是有误的，因为它意味着人口年均增长率达到了不可能实现的 5%，但这组数字仍旧引发了人口政策的激变。支持多生多育的声音逐渐减弱，避孕药具也更容易获取，更为"放任"的观点也为计划生育宣传腾出了空间。

1979—2015 年，一项明确的"独生子女政策"得以实施，其中涉及规劝、财政刺激和可能失去家庭和工作的惩罚等。这项政策于 1980 年编撰成法，1980—1984 年开始实施。[③] 在某些情况下还包括直接的强制措施。其中对少数民族规定了例外情况，也存在周期性的松绑，例如，近期的例外情况实施的对象则是父母双方均为独身子女的家庭。起初，这项政策受到农村地区的强烈抵制，在还地给农民之后，政策与人民的利益发生了冲突。如今，中国的生育率在 1.2 ~ 1.5，北京则仅为 0.75。[④]

然而，独生子女政策几乎是不必要的。我们可以从两方面证明这一点，一则参考中国的历史大势，二则与其他国家或地区对比。1981 年，随着独生子女政策的实施，中国的人口规模已经超过10 亿，这在外人看来着实是个惊人的数字，也明显让中国的领导层感到震惊。但值此之际，生育率已大幅下降——10 年间，从 6 降到了 3。这个趋势从 1970 年起变得清晰而明确，因此，独生子女政策的实施并不能对此负责。不出所料，中国的人口增速在放缓，

① Ibid., p. 16.
② Ho, p. 42.
③ Greenhalgh, p. 31
④ *The Economist*, 23 September 2017, p. 61.

其人口年增长率在 1.4% 时仍处于高位，但也仅为 10 年前近 3% 的一半。所以很明显，中国在没有施加强制干预的情况下也能应对这个问题。

　　第二个证明的方式则是独生子女政策在对比国际环境的情况下也并非必须。中国大陆生育率的实际轨迹与台湾地区乃至东亚和东南亚其他国家并无太大不同。以台湾地区为例，当地生育率在 20 世纪 70 年代中期便已降至 3 左右，这个水平略高于大陆（这并不令人惊讶，此时，台湾更快地推动了现代化进程）。到 20 世纪 90 年代末，台湾的生育率已经下降到 1.5 ~ 2，这与大陆的水平一致。而对比韩国，总和生育率到 20 世纪 70 年代便已达到 3 的水平，但到 90 年代末，其生育率已降为 1.5。[①] 因此，韩国和台湾地区——以及其他亚洲国家和地区——大致与实施独生子女政策的中国大陆处于同一起点——在并未求助于视为必要的强制政策的情况下，也实现了生育率类似或更明显的下降。（另外一个有效的比较对象是马来西亚的华裔人口，其生育率为与中国类似，接近 1.5，这也是在并未采取严厉措施的情况下达到的。[②]）

　　如果人口浪潮曾给人类带来经验，其最好的经验便是放手让普通人自我管理，而非由那些自封为工程师的人干预，大抵如此。考虑到教育、一定程度的机会和避孕药具的获得程度，多数男女，尤其是女性，都能够根据自身的利益做出符合社会要求的决定，至少在降低生育率方面如此。亚当·斯密所谓的"看不见的手"在人口学和经济学中都起作用；如果信息通畅，并且能够做出自己的决定，那么能够自己做主的个人往往会为了自身的利益做出符合社会利益

----

① 　UN Population Division, 2017 Revisions.
② 　Rashid, Ghani, Daud et al., p. 699

的决策，至少在生育率下降的需求方面如此。这项政策是早期农业和工业政策在人口学方面得出的推论。[1]

## 中国的人口过山车

规模庞大、生育率迅速增长接着骤然下跌的人口经历了一场奇特的旅程。中国渐次经历了死亡率下降、人口增加，接着生育率下降以及人口规模渐趋稳定的经典序列。自 1950 年以来，其人口预期寿命已从不足 45 岁增加到 75 岁以上，相当于每年近 6 个月都在增长，这一成就虽然无法完全与中国的经济增长和人民生活水平的提升相比，但同样令人印象深刻。在目前这个阶段，我们难以评估和理解这些变化对未来意味着什么，但仍能梳理出一些主线：一是老龄化对中国经济的影响，二是中国家庭的结构问题，三是中国人口达至"峰值"的时间点。然而，形势事先就很明朗，中国在世界事务中（包括经济方面）的突出地位受其庞大的人口规模的影响。其他国家的经济增长速度和中国一样快，或者几乎与其比肩，但无论在过去还是目前，仅当中国这个拥有 10 多亿人口的国家向前发展时，整个世界都为之瞩目。

中国正在迅速老龄化，就像我们从其下降的生育率和延长的预期寿命中所能预期的那样。中国人的年龄中位数在 20 世纪中期的 40 年中都保持在 20 多岁，但在 21 世纪的头 15 年中，其年龄中位数增加了 7 岁。[2] 这几乎是英国和美国老龄化速度的 3 倍，并且这种趋

---

① Greenhalgh.

② UN Population Division, 2017 Revisions.

势还将持续。人们预计，1975—2050 年，60 岁以上的中国人数量会增加 7 倍，而不满 14 岁的人口则会减少一半甚至更多。中国 60 岁以上人口占比会在 2030 年左右超过美国。[①]

中国劳动适龄人口不仅从百分比的角度看已开始下降，其绝对规模也开始下降。中国人口至少在 21 世纪剩余的时间里还会继续保持庞大的规模，但我们已经处于中国经济增长的发动机之一——人口增长持续满足增加的劳动力需求——即将失去动力的阶段。未来的经济增长需要更高的劳动生产率的支持，但值得怀疑的是，仅凭这一点能否实现世人对中国经济预期的那种增长率。目前尚不清楚中国会如何应对养老金问题的挑战。

中国的家庭不仅老龄化，城市化水平也提高了，男性数量日益增加。独生子女政策加上选择性堕胎导致出现男孩和女孩性别比为 120∶100 的失衡局面。[②] 选择性堕胎通常在重男轻女严重的家庭压力下发生，农村尤其如此。正如一位女士所言："我无法真正责怪（我的姻亲们），他们的观点十分常见。我们有一种说法：'多子多福。'因为男人力气更大，干的活也更多。"[③] 这种对男性的偏好会产生诸多影响。首先，它会在一段时期之后造成婚姻问题。考虑到中国人口的总体规模，这个问题除了大量输入新娘之外无法真正得到解决。其次，它提高了生育率的更替水平，如果女性的人口规模占比不足一半，那么平均每个女性必须生育更多数量的孩子，整个人口才能自我繁衍下去。因此，对于一个性别比失衡的国家而言，中国大约 1.5 的总和生育率（依据联合国的数据）比起人口更替水平而言又低

① Jackson et al., pp. 2, 10.
② Greenhalgh, p. 1.
③ *Guardian*, 2 November 2011, https://www.theguardian.com/world/2011/nov/02/chinas-great-gender-crisis (impression: 27 July 2010).

了一截。除了男女性别比问题，中国家庭中的兄弟姐妹也日趋减少，表亲也越来越少，独生子女常常受到父母的宠溺，双方的老人也对其宠爱有加。我们并不会在此处考虑这种现象造成的心理和社会影响，但中国在这方面并不是特例，东亚、南亚和东欧许多国家也都在经历类似水平的独子趋势，甚至程度更甚。也许是因为性别失衡这个额外的因素，或者是因为独特的历史原因，汉语中出现了"小皇帝"一词。

尽管老龄化不断加重以及可能出现的大量男性，中国人口仍在持续增长，但与 20 世纪大部分时期相比，其增速明显降低了很多。中国人口仍属世界之最，但此景不长。20 世纪 70 年代早期，中国人口规模几乎为印度的一半；2015 年，前者比后者多出了 7%。印度也受到上述严苛的人口政策的制约，但这些政策并未系统化地加以执行，持续时间也比中国短。此外，印度在工业化和城市化方面一直不如中国，如今大约 1/3 的印度人生活在城市，而中国的这一比例则为 1/2。近期中国独生子女政策的松绑几乎对生育率没什么影响。[1] 这并不奇怪，我们并无理由认为中国人的态度和行为应该明显不同于其他东亚国家，这些国家也都多少经历着低于更替水平的生育率。

结果是，尽管印度的生育率已然下降，但平均而言，普通印度女性仍比普通中国女性多生育一个孩子。[2] 根据联合国中等生育率水平预测，印度人口将在 21 世纪 20 年代超过中国。联合国预计，中国人口的生育率中值预计到 2030 年达到顶峰并开始下降，此时的人口规模会低于 15 亿大关。人口几乎不是一项国际竞争——虽然它可

---

[1]　*The Economist*, 10 February 2018, p. 55.

[2]　UN Population Division, 2017 Revisions.

以在民族冲突的情况下变得有竞争性[①]——然而，无论未来的中国会发生什么，它都很可能会受到其人口整体面貌、规模和独特性的强烈影响。中国将失去世界人口之最的地位，但它已然是个快速老龄化的国家，并且至多位于中等收入国家之列。

## 亚洲人口浪潮

虽然日本和中国分别在现代世界舞台上扮演过主角，而且都曾引领人口发展的潮流，但它们不断变化的人口发展已被证明是可以超越的。自 20 世纪 60 年代中期以来，印度尼西亚而非日本拥有东亚和东南亚第二大人口规模，其人口规模已超过 2.5 亿。东亚和东南亚其他 5 个国家（连同印度尼西亚一起被称为亚洲六国）的总人口约在 5 亿甚至更多。亚洲六国分别是韩国、越南、缅甸、菲律宾、泰国和印度尼西亚。这六国的总人口接近 8 亿，是美国人口的两倍都不止。

我们简单查看一下 20 世纪亚洲六国的人口规模，其中两件事情十分引人注目。其一是它们的人口规模自 20 世纪中期以来曾惊人地增长：1950 年，它们的总人口规模尚不足两亿，但到 2015 年，其总人口规模大致已增长了 4 倍，这相当于以整体 2% 以上的年增长率持续增长 65 年。接着，六国整体增长率在 20 世纪 60 年代达到近 3% 的顶峰，但现在却已降低到 1.5% 以下，并且还在继续下降。其二则是增速放缓的原因。首先，死亡率陡降，尤其是婴儿死亡率。例如，

---

[①] Morland, *Demographic Engineering*.

在朝鲜战争结束后的 30 年里，韩国人的预期寿命从不足 50 岁上升到了 70 岁左右。自 1950 年以来，无法活满 1 岁的韩国婴儿比例从 138‰降到 3‰。同一时期，普通韩国女性生育的孩子数量从 6 降低到了不足 1.25。[①] 这让韩国也产生了日本曾经历过的人口问题，自 1980 年以来，韩国学校里的儿童数量几乎减半。[②]

亚洲六国的其他国家尽管不如韩国繁荣，但也遵循了类似的人口模式。例如，泰国人的预期寿命仅比美国人少 4 岁，并且孩子数量更少。（在 20 世纪 50 年代，泰国人的预期寿命比美国人少了近 20 岁，生育孩子数量也几乎是后者的两倍。）泰国的少子化趋势越发普遍，城市地区尤其如此，而且似乎也受到亚洲其他地区的女性解放运动的驱动。《曼谷邮报》报道了 54 岁的瓦拉颇和她 29 岁的侄女梅在一间咖啡厅的对话。这位阿姨宣称："我有房有车，还有较高的学术地位。夫复何求？我的生活是完整的。"她的那位有伴侣但没有孩子的侄女以类似的口吻说道："养孩子太贵了……如果无法给予我的孩子最好的照料，我宁愿一个都不生。"[③]

自 1950 年以来，韩国人口的年龄中位数已经从 20 岁倍增到 40 岁，联合国预计到 2040 年这个数字会达到 50 岁。作为一个较为贫困的国家，泰国也不甘落后。尽管该国近年取得了一些经济进步，但其人口进步的进展更快，以致它可能成为诸多未富先老的国家之一。

20 世纪的大部分时间里，人口浪潮都在亚洲全速翻涌，近几十

---

[①]  UN Population Division, 2017 Revisions.
[②]  *Globe and Mail*, 22 October 2014, https://www.theglobeandmail.com/news/world/a-bleak-future-and-population-crisis-for-south-korea/article21249599/ (impression: 28 July 2017).
[③]  *Bangkok Post*, 23 May 2013, http://www.bangkokpost.com/learning/learning-news/372232/single-no-children-thailand-future (impression: 28 July 2013).

年里，它又在这个地区戏剧性地退潮了。就像盎格鲁－撒克逊民族和更广泛意义上的欧洲人未能在人口大规模转型的初期独享这一进程一样，它们在后续阶段中也同样如此，因为后来较小的家庭规模会造成更为老龄化以及最终不断萎缩的社会。

至少就目前而言，东亚还享受着和平的好处，并且其中多数国家高度和谐的社会状态与其渐趋减少的人口有关。就预期的稳定性而言，这是个可疑的权衡，而在人口浪潮过程中并不位于前列的国家（例如中东和北非的国家）则尚未体会到这一点。

第九章

# 中东和北非：政局不稳的人口学

2010 年 12 月 17 日，27 岁的水果摊贩穆罕默德·布瓦吉吉在突尼斯街头自焚，以抗议他在谋生时遭遇的腐败官僚行为。他的愤怒和沮丧在一个上百万人面临同样挫折的地区引起共鸣，从而引发了所谓的"阿拉伯之春"，这是一系列针对令人绝望的政权发动的满怀希望的反抗。尽管这一行动成功地推翻了突尼斯、利比亚、埃及和也门等国的政府，并严重挑战了叙利亚和巴林的政权，但随之而来的并非人们期待的民主化或自由化进程，而是混乱和内战等杂乱无章的秩序。

阿拉伯之春可能已经结束，但它产生的不稳定性仍在这一地区蔓延。然而，显而易见的是，布瓦吉吉的抗议引发的事态及其发展标志着一个严重的断裂，即中东和北非因老龄化和一直当权的统治者而瘫痪，包括利比亚的穆阿迈尔·卡扎菲和埃及的胡斯尼·穆巴拉克——不用说还有从摩洛哥到卡塔尔的王室——在内的统治者在缺乏民主问责的情况下，统治国家数十年。人口因素肯定在这些事件中发挥了重要作用。因为从大西洋沿岸到海湾地区的政权常常安稳地凌驾于其民众之上，同一批垂垂老矣的君主或总统长期统治着这些地区，底层社会正迅速老龄化，这种社会变革的一个关键特征来自人口方面。

在中东和北非地区，没有哪个国家比也门更生动地说明了这一点。当阿里·阿卜杜拉·萨利赫于 1978 年上台时，这个国家的总人口（包括南也门，当时他还没有统治此地）为 750 万。到 2012 年他被驱逐的时候，当地人口为 2 550 万。在 20 世纪 90 年代，也门人口不可思议地以 5% 的年增长率增加，以这个速度，某地人口可在一个世纪内增长 100 倍以上。（例如，如果德国人口以这个速度增长一个世纪，其人口规模将比如今世界总人口还多。）这纯粹是通过自然原因，即出生人数超出死亡人数而实现的。也门并未成为移民向往的目的地。（离这一目标还差得远。该国的经济和社会发展曾经落后，如今仍是如此，甚至到最近才出现成规模的外迁移民，因此，其国民一直"贫而不能移"。跨国移民，特别是跨洲际移民，仅在一定程度的繁荣和现代化开始实现后才能真正展开。西西里农民和俄国犹太人 19 世纪末涌入美国的情形就是如此。）也门的人口增长水平 19 世纪的英国人口规模也仅为其 4 倍。1990 年，也门人口的年龄中位数仅为 14 岁。

虽然也门向来是这种超负荷人口趋势的极端案例，但它仍体现了所在地区发生的变化。1950 年，埃及人口规模不及德国的 1/3，如今，埃及人口规模已超过德国。这个地区多数国家的人口年龄中位数不足 30 岁，而像苏丹和伊拉克等国则低于 20 岁，尽管在多数情况下，年龄中位数增长迅速。[①] 如此惊人的人口变化对当地政治局势

①　UN Population Division, 2017 Revisions.

的影响还很复杂；这似乎不言而喻，因为我们难以设想人口层面的年轻和活力未能以某种方式在各种事件中留下印记。一个国家无法在人口倍增的情况下保持一成不变，它的年轻人不可能不以某种方式影响事关正义的一切。至少在现代世界中，专制制度无法稳坐钓鱼台，也无法在年轻而充满活力的人口迅速增加的情况下一直凌驾于民众之上。

## 人口振动

就像其他地方一样，中东地区的战争和饥荒也会造成人口减少，而好的年景又会带来人口增长。然而，唯当现代化进程在此展开时，人口才能踏上一条可辨识的道路，而非某种随机发展。尽管中东许多地区到"一战"结束时结束了土耳其的统治，但欧洲各帝国也在不断扩张，英国、法国和意大利瓜分了埃及和北非，德国人则对奥斯曼帝国影响日深。欧洲人的占领和控制给这一地区带来了人口转型。

与其他地区一样，此地的数据可能并不完美，但值得注意的是，奥斯曼帝国的人口普查始于 1831 年，并不比英国和美国晚多少。奥斯曼帝国的很多记录都有局限性。这通常是由于收集数据的目的在于评估可为部队招募的兵力，所以专注于男性穆斯林，因为只有男性才会被招募。这些数据通常是在几乎没有政府明确指示的情况下编制的，从而产生了交叉性问题。尽管如此，早期奥斯曼帝国的人口普查确实至少提供了一个划定人口评估基准的有用基础。[1]

---

① Shaw, p. 325.

奥斯曼帝国的人口统计因其边界持续变动这一事实而变得更加困难，而且多数时候是在收缩的。土耳其人受到新兴的巴尔干基督教民族的攻击，例如塞尔维亚人和保加利亚人，他们希望从穆斯林的统治下解脱出来，也希望从俄国对高加索地区永无休止的压迫，从英国和法国扩张的帝国，以及从意大利人手中最终获得独立，他们渴望建立自己的国家。然而，基于 1884 年和 1906 年的人口普查数据（其间的领土范围大致相同），我们可以看出，奥斯曼帝国的总人口在这期间从 1 700 万增长到了 2 100 万，年均增长率仅为略低于 1% 的水平。[1]

相比之下，尽管英帝国的大量人口外迁到了北美和英属自治领，但英国在整个 19 世纪的年均增长率都保持在了 1% 的水平，而奥斯曼帝国似乎是在大规模移民的帮助下才达到这一增速的，特别是来自高加索和巴尔干地区的移民，多达 500 万穆斯林在 20 世纪早期逃离了这些地区。[2] 这些难民试图避开俄国和新兴的巴尔干国家等基督教势力的领土扩张，后者会采取如今所谓的清洗政策，难民们会跟随奥斯曼帝国军队撤回到帝国日益萎缩的领土范围内，这有助于奥斯曼帝国的人口增长。

另一方面，土耳其人对待境内的基督教徒通常要好一些，但在某些情况下会更糟。"一战"时期的亚美尼亚大屠杀就覆盖了安纳托利亚东部超过 100 万亚美尼亚基督徒。[3] 不久之后，新政权也对安纳托利亚西部的希腊人实施了类似的杀戮、驱逐和强制同化行为，这是对奥斯曼帝国崩溃后希腊人的野蛮入侵行径的某种回应。[4]

---

① Shaw., p. 334.
② Karpat, p. 55.
③ Kévorkian, p. 535.
④ Pelham, p. 37.

穆斯林从巴尔干和高加索地区涌入奥斯曼帝国时，北非发生了另外一种移民浪潮，即欧洲人的到来。他们先是到达了被法国征服（始于 1830 年）的阿尔及利亚，然后涌入突尼斯，接着法兰西帝国再次将其纳入版图。到 1900 年，阿尔及利亚的欧洲人已超过 50 万，其中 40% 并不是来自法国，而是来自南欧国家。到 1911 年，在突尼斯的欧洲人已超过 20 万，其中多数来自意大利。[①] 正如在美国内部和大英帝国的部分地区一样，当时不断膨胀的欧洲人口可能会对这个地区造成必然且不可逆转的民族与人口结构转变。然而，与南非类似，情况并非如此。从人口的角度讲，欧洲人来得太少也太迟，他们遭遇了当地人口旋风的初次萌发，后者的数量也在增长。1941 年，阿尔及利亚生活着 100 万欧洲人，这个数量与一个多世纪以前法国入侵时的原住民总数大致相当。然而，此时穆斯林数量已增长到 650 万。[②]

如今，帝国主义对这个地区的影响仍遭到广泛抵抗，并且理由正当，就像人们看待奥斯曼帝国之于巴尔干半岛更长时间的影响一样。但欧洲殖民主义对人口结构的影响在于刺激了当地的人口膨胀，这些人口最终被证明是殖民主义的掘墓人，其创造的人口环境让欧洲的统治无法继续。到 21 世纪，阿尔及利亚几乎没剩下欧洲人，而法国境内却生活着大量北非人口。这并非法国当时占领时所期望的结果，当时的欧洲人似乎所向披靡。当然，许多因素都曾促使阿尔及利亚摆脱法国的统治，但我们难以想象，阿尔及利亚境内的殖民人口在面对当地人口不断膨胀的情况下还能继续统治下去——这对阿尔及利亚、南非和津巴布韦来说都是如此。

---

① Reinhard, p. 449.
② Ibid., p. 461.

我们难以给出欧洲帝国意志的丧失、殖民地人口增长的信心与其人口转变之间的直接关联，但间接证据却有力。"一战"后，欧洲列强不仅掠夺了殖民地，国际联盟还授予它们中东和其他地区的"委任统治权"，这更可能与伍德罗·威尔逊的主张相关，而非仅仅事关人口因素。然而，对战后欧洲的仔细观察表明，帝国的情绪出现了变化。在这个阶段，中东和北非社会的人口转型才刚刚开始。这些地区的生育率和死亡率都很高，尽管随后死亡率的下降会推动人口增长，但人口增长仍然会受到传统上马尔萨斯陷阱的限制。北非 1866—1868 年发生的饥荒造成了 30 万人死亡，而两次世界大战之间定期暴发的疾病则让阿尔及利亚年均死亡率从低于 20‰上升到 35‰以上。[①] 阿尔贝·加缪的小说《鼠疫》设定的时期就是战争之后不久的阿尔及利亚，尽管它可能与很早之前的霍乱暴发有关。不过，瘟疫不应该完全被认为是过去的事，就在 2003 年，阿尔及利亚的奥兰就至少发现了 10 例黑死病病例，此地刚好是加缪的小说设定的小镇。[②]

埃及是奥斯曼帝国崩溃后这一地区人口最多的国家，它也很好地说明了此地这个时期的人口动力机制仍停留在前现代的水平。埃及 1800 年的人口规模很可能并不比该国 1300 年时更多，甚至也不比公元纪年开始之时（三四百万）更多。[③] 然而，其人口规模在 19 世纪增加了两倍多。人们在很早的年纪就结婚了，20 世纪 30 年代，16～19 岁结婚的姑娘占比接近 1/3（在这 10 年间，这一比例约为西

---

[①] Reinhard.

[②] BBC News, 10 July 2003, http://news.bbc.co.uk/1/hi/world/africa/3056921.stm (impression: 14 August 2017).

[③] Iliffe, p. 161.

欧的 5 倍），而出生率则持续保持在 40‰ 以上。[①] 死亡率会波动，而且仍然会定期受到霍乱暴发的影响，但这些事件的影响正在减弱。由于人口饮食、住房和卫生设施不良，当地健康水平仍然很低。然而，即便现代化带来的有限且基本的影响，也足以引发大规模的人口增长。并未经历实质性流入和流出移民潮的埃及人口在 20 世纪上半叶的时候翻了一番，这意味着年均人口增长率为 1%，这一速度与 19 世纪上半叶的英国类似。[②]

从 20 世纪中期起，此前零散的现代化进程开始变得更加一致、统一和强劲。人口浪潮正在蓄积力量。普通民众的物质条件充其量仍旧很薄弱，但此地交通、教育和医疗设施的逐步改善与别的地方并无二致。结果，一个多世纪以前在英国首次出现的模式又得以再现，随后在全球范围内不断重复，尽管后来的速度要快得多。

与以往一样，婴儿死亡率是当时情况的良好指标。就整个北非而言，这一指标在 1950—2017 年间已从 20% 下降到 3% 以下。同一时期，在也门这个中东和北非最贫穷的国家，这个指标从 1/4 下降到了 1/20 以下。预期寿命也显著增加（例如，自 20 世纪中期以来，利比亚人的预期寿命从 35 岁左右增加到了 70 岁出头）。在发生人口转型的典型国家中，生育率首先得以提升。通常，伊拉克和沙特女性一直到 20 世纪 80 年代后期一直都保持在平均生育 6 个孩子。

其结果与其他地方观察到的模式一致，即人口规模的膨胀和社会的极端年轻化。同一时期（即上文提到的 1950—2017 年），尽管大批人口移居法国，但 1950 年时埃及的 2 000 万人口正快速接近 1 亿大关，而同期阿尔及利亚的 900 万人口则已增加到 4 000 万以上。

---

① Baer, p. 14.
② Ibid., p. 25.

简而言之，人口规模在半个多世纪的时间里增加 4～5 倍已成常态。<sup>①</sup>正是这种现象成为人口旋风的核心，即后来的人口转型往往更加激烈，并且会导致更快的人口增长，在包括中东和北非在内的战后发展中国家，其人口增加至此前 4 倍的时间仅为英国的一半。在一定程度上，这是"最后发优势"（last mover advantage），它意味着率先完成人口转型的欧洲民族会在数量上被后来者超越。

然而，与其他地方一样，此处人口浪潮的威力也开始消退了。随着中东社会的城市化和受教育水平越来越高，其生育率也急剧下降。如今的埃及女性平均生育 3 个孩子，而非 20 世纪 70 年代的 6 个。利比亚女性在 20 世纪 70 年代时会生育 7.5 个孩子，如今则不到 2.5 个。自 20 世纪 80 年代末以来，甚至也门女性的生育率也已经降低了一半。然而，生育率下降的奖章属于伊朗，伊朗的生育率从伊斯兰革命初期的 6 以上降低到了 20 年后的 2 以下。这些成就——持续走高但接着骤降的生育率、延长的预期寿命和随之而来的人口规模暴涨，以及对所有这一切意义的理解——不仅呼应了更大范围内撼动着中东和北非的发展势头，而且也受到这些发展的影响。

## 伊斯兰教、石油和政策：中东和北非人口的生成

生活质量的初步改善会对婴儿死亡率和预期寿命产生重大影响。根据最初生育率居高不下，但是最终随人口的城市化和女性受教育程度提升而出现下降的趋势，人们可能会期待中东的人口转型与西

---

① UN Population Division, 2017 Revisions.

方和亚洲类似。然而，一些基本的差异和特性让中东的故事与众不同。

人们一定会认为伊斯兰教起了关键作用。很多时候，在穆斯林人口与非穆斯林比邻而居的地区，或者在非穆斯林占主导而穆斯林占少数的国家，穆斯林的生育率会相对较高。[①] 晚期的苏联，以及个别时期的巴尔干半岛、以色列和东南亚都是如此。在一定程度上，印度也是如此，当地穆斯林的出生率向来比印度教徒高，而就整个南亚而言，巴基斯坦的出生率已经超过印度，这一点显而易见。西欧那些接收了众多穆斯林人口的国家也是如此。因此，伊斯兰社会以及伊斯兰教给人的印象经常是，其内在地具备支持多生多育的因素。这很容易让人想起法国人在 20 世纪头 10 年就曾担心德国人天生生育力强，并且很可能产生无休止膨胀的人口规模。同样，这也让人想起德国人对同一时期的俄国人，特别是一般意义上的斯拉夫民族的类似看法。如今，德国人和俄罗斯人已位于所有大国中生育率最低之列：事实证明，两国都不会永久性地多生多育。因此，尽管世人明显倾向于认为，一个国家或民族目前的生育率和人口增长特点会永久持续下去，但人口统计常常带来意外——某个民族既不会一直多生多育，也不会一直不生不育。文化也是如此，至少不会一成不变。当环境改变后，人口结构也会产生变化。

因此，伊斯兰教和其他宗教文化一样，其内部并不存在支持高生育率的因素。

有时候，伊斯兰当局会反对生育控制，例如 20 世纪 60 年代巴基斯坦的德奥班迪强硬派就是如此，但这只是例外情况，而非普遍

---

① Jones and Karim, p. 3.

性规则。[①] 伊斯兰世界并没有哪个重要宗教权力机构像罗马天主教会那般对生育控制进行过全面禁止（尽管天主教徒实际上会在很大程度上忽略这些禁令）。事实上，早在 1937 年，埃及的大穆夫提（Grand Mufti）通过的一项允许使用避孕药具的裁决，就反映了人们对人口增长的早期忧虑。[②]

然而，伊斯兰社会的某些特征有助于提高生育率。伊斯兰世界部分地区不愿让女性受教育，以及女性识字水平相应较低的情况都与高生育率相关。在非婚生育非常罕见的社会中，未进入婚姻的女性意味着一定比例的无子化情况。在施行一夫多妻制的社会中，女性不婚以及因此无子的概率也会相应降低。就像在伊斯兰世界多数（绝非全部）国家中一样，女性早婚往往会导致高生育率；而在整个阿拉伯世界，女性初婚的平均年龄仍旧较低。与此同时，摩洛哥和突尼斯等地的女性进入职场的比例仍不及世界平均水平的一半，甚至不及埃及的 1/3。这是高生育率的另一个相关因素。[③]

因此，与伊斯兰教本身比起来，鼓励多生多育的因素更可能与伊斯兰文化相关，这可能解释了很多地方的政府在宣传计划生育方面缓慢而迟钝的努力。以埃及为例，20 世纪 70 年代早期的一项研究发现，仅有 1/10 的已婚女性曾参与过计划生育临床实践课。在这一时期，这仍是获取避孕药具最为常见的方式。[④] 然而，一旦政策被采纳，就会非常有效。伊朗生育率下降的速度已为世人所注意，尽管这种情况可能已经发生，但一定受到了国家层面的推动。

事实上，伊朗是个有趣的研究案例。1979 年掌权的霍梅尼起初

---

① Riddell, p. 82.

② Fargues, 'Demography, Migration', p. 19.

③ Ibid., p. 23.

④ Cairo Demographic Centre, p. 7.

支持多生多育，而且也基于自身意识形态坚持这个立场。伊朗国王的计划生育方案部分被终止，随着 1980 年两伊战争的爆发，政府允许的结婚年龄降低了。原本就很高的生育率也略有上升，到 80 年代结束时，毛拉<sup>①</sup>们已经开始对不断膨胀的人口增速有所警觉。教令也确认了生育控制的可接受性，同时还重新引入了计划生育方案并将其加以扩展。国家支持的首个避孕套制造工厂也在中东建立起来。结果是戏剧性的，当地生育率到 21 世纪初的时候已降至 2 甚至更低。现在，伊朗政府开始改变主意了，其最高领导人阿里·哈梅内伊宣称，他对人口老龄化和低生育率"充满恐惧"。他正在推动一项提高出生率的 14 点计划，其中包括免费的产房、更长的产假，以及终止自由切除输精管的手术并将其列为非法。

然而，随着女性识字程度的提升，以及更高的教育和城市化水平，政府彻底扭转政策是否会对伊朗女性的抉择产生实质性影响仍有待争论。最新的联合国数据显示，伊朗人的生育率并不比俄罗斯高多少，位于更替水平以下，并且在不断下降。伊朗的城市青年避免成为父母的故事体现了经济和政治上的双重压力。一位德黑兰的中产阶级女性抱怨道："如果我放弃自己的工作并生儿育女，我们如何才能租得起一间房子？"一位临近毕业、对政权不满的大学生控诉道："我不想让孩子来到这个'地狱'。"另外一位承认自己曾两次非法堕胎的女性说："我们在不要孩子这件事上是认真的。"<sup>②</sup> 然而，除了经济和政治上的担心，似乎还有来自文化方面的担忧。在将早婚和生儿育女与保守主义、宗教和生活方式的限制联系在一起之后，

---

① 毛拉（Mullahs）是伊斯兰教国家对老师、先生、学者的敬称。——译者注

② *New York Times*, 7 June 2014, https://www.nytimes.com/2014/06/08/world/middleeast/iran-tehran-offers-incentives-to-middle-class-families-to-have-more-children-as-population-declines.html (impression: 14 August 2017).

年轻的伊朗人就与日本的同龄人很像了。似乎伊斯兰社会也难免经历第二次人口转型，众人的生育选择更多反映了个人的价值观和偏好，而非纯粹的物质条件，很多人完全避开了父母的身份来优先考虑其他项目。

虽然近年来北非地区的生育率一直保持在 2 以上，甚至还有所上升（例如在埃及和阿尔及利亚等地），但是，不仅伊朗的生育率下滑惊人，黎巴嫩也是如此，此地的生育率在 1.75 以下，甚至低于伊朗。整体而言，宗教因素在这里可能也起了一定作用。在整个中东地区，基督徒的生育率往往低于穆斯林，而黎巴嫩仍然是该地区基督徒占总人口比例最大的国家。近年来，此地生育率的急剧下降在一定程度上与结婚年龄的上升和使用避孕药具的增加有关；[1]女性受教育水平的增加也与此相关，尽管这里的女性受教育程度相对其他地区而言依旧很低。城市化也起到一定作用。该地区的生育率下降并无特别之处，需要解释的是它的延迟。

除了宗教和政府政策，海湾地区储量丰富的石油资源也起了一定的作用。尽管石油矿藏带来的好处在这一地区分布并不均匀，但它甚至也为石油大国以外的人口带来了就业机会和经济利益，而这可能支持了该地区 20 世纪七八十年代的高生育率。[2]石油大国的人口模式不同寻常。它们的生育率往往很高，但会不断下降（以沙特阿拉伯为例，该国 20 世纪 80 年代以来的生育率从 7 以上降到了 3 以下），而质量相对较高的医疗保障则维持了较长的预期寿命（以阿联酋为例，当地预期寿命自 1950 年以来从低于 45 岁上升到了 75 岁以上）。人口方面最令人惊讶的则是移民的涌入，他们多数提供了低技能

---

[1] UN Economic and Social Commission for Western Asia, pp. 59–60.

[2] Fargues, 'Demography, Migration', p. 22.

的廉价劳动力。例如，卡塔尔的人口规模从战后的 2.5 万增长到 250 万，这一数字并非由不可能的高自然增长率实现，而是靠劳动力的迁移而实现的——卡塔尔原住民不足 20%。[①]

虽然导致人口增长的基本力量——死亡率下降，尤其是婴儿死亡率的下降和持续走高的生育率——随处可见，但它们在这里的实现方式与其他地方有所不同。人们可能会说，这一地区的上述因素比其他社会具备更多的"外因"，并且经常通过西方的援助计划或者最终经由石油繁荣援助而实现区域内人口迁移。如今，由于美国和沙特阿拉伯的援助，埃及在一定程度上能养活自己的人口了。如果没有这些资金和外部提供的医疗保障以及其他福利计划，我们很难看出埃及人如何能将人口预期寿命延长到 70 多岁。这造成了一种不同于英国的人口脆弱性，它有效提升了自身人口的数量，而在其他方面也有其独特性。这意味着，如果油价暴跌到沙特阿拉伯削减其资助的程度，或者埃及与美国关系恶化，埃及的人口就会面临危机。而到目前为止，发生在地中海区域的移民潮则可能最终被视为即将发生之事的预兆。地中海沿岸的上亿饥饿而绝望的埃及人会为欧洲带去前所未见的移民危机。

## 人口压力与内部崩溃

历史学和社会科学都注重因果决定论。无论要达成何种国家政策，人口都不是一个外在因素，即从外部对社会施加单向影响。相

---

[①]  Winckler; UN Population Division, 2017 Revisions.

反，人口发生于社会本身，在很大程度上受环境影响，也反过来塑造环境。然而，从人口模式到世界的运作，以及所有事件以何种方式展开的这一进程中，都可以找到因果决定的痕迹。尽管人口浪潮并不决定历史的进程，但会塑造它，而且在大多数情况下，不同的人口规模会造成不同的历史结局。人口并没有在中东和北非的社会、经济败局中"独善其身"，相反它成了许多地方政治溃败的诱因。政权的溃败和内战更可能发生在人口年轻且增长迅速的地方，尤其是人口变化未能成功地赶上经济变化，以及缺乏能带来社会富饶的机会的地方。

中东和北非存在诸多问题，尤其表现在政局不稳、缺乏民主和人权、社会经济发展失败等方面。石油大国能为其人口提供高标准的生活和公共健康服务，但即便在这些地方，教育程度和人口生产力也很低下。这个地区的缺点和失败需要加以正视，但在这样做并引发敏感态度之前，需要做出三点说明。首先，该地区的缺点在某种程度上可归因于人口，尽管这并不是说存在某种简单的解决方案——尝试植入西方的政治和经济制度的做法显然都已失败。其次，尽管我们很容易就对当地盛行的阴谋论置之不理，但不能否认，外部干涉（无论是否出于善意）很频繁，而且常常无益。最后，将这个地区的失败完全归咎于宗教文化也是错误的。在历史上的一些时期，伊斯兰教曾支撑起最具创新力和繁荣的社会。

该地区收入水平存在巨大差异。按人均计，一些我们讨论过的国家位居世界最富之列，这完全得益于石油等资源的出口。多亏了天然气出口规模和相对较少的人口，卡塔尔的人均收入才能位居世界最高之列。然而，这片地区的成败不能简单地根据国民收入来评估。而且，即便单从经济学角度看，阿拉伯世界也没什么可夸耀的。

在石油价格飙升之前的 1999 年，阿拉伯国家的经济总量还不及西班牙一国。[①] 土耳其近年来取得了更多的经济成就，但依然是中等收入国家。因为与国际社会对抗以及由此产生的制裁，伊朗的经济发展受阻，直到最近才稍微缓和。

将大规模石油和天然气出口得来的收入的偶然性纳入考虑的一种经济分析法，是将一国人类发展状况与其他收入类似的国家进行比较。2002 年的一项研究表明，大多数阿拉伯国家（无论贫穷还是超级富裕）在与收入水平类似的其他国家进行比较时，其人类发展水平都表现不佳。[②] 用于此类比较的人类发展指数会强调教育、健康和收入，它可能存在不完善之处，但从个体指标看，也会得出同样的图景。首先，无论是因为普遍失业还是仅仅由于女性就业率低，当地职场参与度很低。该地人口就业率为 46%，这让阿拉伯国家在这个指标上世界垫底。[③] 本地人均用水量是世界平均水平的 20%，也门则仅为 2%，这是生活水平低下的标志。[④] 可能有人会反对说，这是一个干旱的地区，因此，可预期的用水量本就很低，但干旱气候下的水资源短缺问题已成功解决，例如美国西南部（即便不是很持续）和以色列（可持续程度更高），它们的办法是保存、循环利用和脱盐等。如果用水不安全是个问题，那么粮食不安全同样如此。这个地区整体的谷物进口占比超过其供应量的一半，而世界整体水平为 15%。[⑤] 这让中东和北非成了世界上最难供给自足的地区之一。正如人们经常指出的，埃及曾是罗马帝国的粮仓，但现在却严重依赖

---

[①] UN Development Programme 2002, p. 85.
[②] Riddell, p. 18.
[③] UN Development Programme 2002, p. 40.
[④] Ibid., p. 53.
[⑤] Ibid., p. 56.

粮食进口来养活其庞大且不断增长的人口。埃及无法自给自足不仅在于仍在不断增长的庞大人口，还在于低下的农业生产力。

在教育方面，阿拉伯世界也仅取得了些许进步，女性教育方面尤其如此。尽管在扫盲方面取得了很大进展，但 21 世纪初阿拉伯国家女性的识字率仍远低于东亚和拉丁美洲等地。[①] 这反映在女性和男性的职场活动比例上，中东地区的这一比例世界最低。[②] 而在高等教育方面，少有阿拉伯机构取得学术成就。根据世界大学学术排名榜，4 所以色列机构进入世界前 200 名，而阿拉伯仅有一所机构达到这一水平。[③] 1987 年的数据显示，埃及"常被引用"的学术论文数量是以色列的 2‰，即便在石油财富支撑的科威特，常被引用的论文数也不及以色列的 1/7。[④]

与以往一样，本地区积弊的根源不仅仅在于人口。在民主制度尚未完全建立的许多地方，石油已成为一种"诅咒"，它培养了一种寻租文化而非企业家文化。国家掌控相对简单就能获取财富的重要来源（比如石油），那么最有利可图的致富方式便是尽可能在靠近海湾的地方谋个职位，而非干一番事业或者提供具备实际价值的服务。接着，腐败文化往往会渗透到社会内部。中东和北非经常会陷入大国竞争的交锋之中，冷战期间尤甚，支持专制政权的外部力量早就准备好押下自己的筹码。从其内部寻找解释的时候，不可否认，中东许多文化中对待女性的态度已经阻碍了它们的发展。在不允许女性实现自身价值的地方，社会也鲜能繁荣发展。而在没有男性的批准女性就不能离开家门或独自驾车的地方（沙特阿拉伯直到最近仍

---

① UN Development Programme 2006, p. 74.
② Ibid., p. 85.
③ Academic Ranking of World Universities, 2017.
④ UN Development Programme 2002, p. 67.

是如此），世人难以想象女性如何实现自我发展。然而，这种情况也和人口相关。人口和人类进步的表现向来是女性对自己的身体和生育做主。逆势的文化潮流很可能会陷入困境。

虽然这个地区的人口特别年轻，而且人口增长异常迅速，但其他具有相似人口统计特征的国家也经历了迅速的经济增长和社会进步，例如中国的人口在其经济起飞阶段仍在迅速增长。的确，在适当的环境中，膨胀的人口可能成为经济优势。尽管如此，上文提到的一些困境至少部分可以明显归因于人口压力。其他国家已经解决了自身的用水问题，但由于人口较少，中东地区现有的水源压力将不那么严重。同样，毫无疑问，农业生产力本可高出许多，但就其目前相对于可用空间的水平而言，如果人口少一些，每个人获得的食物就多些。教育失败有很多根源，但难以满足快速增长的人口对学校和大学的需求也位列其中。

同样，尽管人口增长能创造自身的需求，但在市场、贸易和教育等其他系统失效的地方，人们更是难以在劳动力增长如此迅速的情况下解决就业问题。而在教育程度低且缺乏资本投入的情况下，将持续增长的人口有效纳入劳动力市场也同样困难。2002 年的联合国报告估计，1 000 万 6 ~ 15 岁的阿拉伯儿童无学可上。目前看，当这些受到影响的儿童都长大成人后，我们难以看到他们如何能够融入日益全球化的经济之中。[①] 鉴于阿拉伯世界许多地方自混乱以来遭受的破坏——尤其是叙利亚，当地上百万儿童无法上学——如今的情况可能更糟。我们目前讨论的国家有着极高的抚养比，即劳动年龄以外的人口与适龄劳动力人口的比例，这一事实也不会对其经济

---

① UN Development Programme 2002, p. 3.

表现有何助益。而由于老年人数量的增加，发达国家已经习惯了高抚养比，这些国家的情况往往是数量庞大的年轻人需要照料和教育投资。

原则上，中东地区急剧下降的生育率应为其人口提供创造经济进步的机会，因为当地抚养比会从 1980 年的 90 以上降低到 2020 年的 60（估值）以下。[①] 这种所谓的"人口红利"常常被认为出现在儿童数量相对于劳动力人数不断下降的地方。这可能是土耳其经济崛起的部分原因，也被视为日本和印度尼西亚等国家经济发展的因素之一。再次强调，我们难以分辨其中的因果关系，因为通常正是那些经济和社会得到发展的国家经历了生育率的下降，而原因总是无法与结果割裂开来。然而，随着生育率的下降，女性劳动力得到释放，用于资本投入的资金也更多了。不过，这些因素仅在经济体能够吸纳女性劳动力、社会能够接受她们参加工作，以及法律公正、治理结构和政治秩序稳定，从而能够吸纳资本注入经济体的情况下才起作用。

而就阿拉伯世界而言，情况并非如此。"年轻人口的膨胀"向来与高失业率相伴，这是社会混乱和暴力事件频发的隐秘原因。就中东来说，[②] 在某种程度上，该地区的人口问题本身是由计划生育政策失败引发的。尽管生育率已有所降低，但中东和北非大部分地区的生育率仍居高不下，而且一些地区还出现了小幅反弹，在过去 10 年左右有所上升。避孕药具还远未普及。摩洛哥 2/3 的已婚育龄女性会采用避孕措施，伊拉克的比例仅为 1/2，苏丹则不到 1/10。[③]

如果说中东的阿拉伯世界遭遇了经济发展方面的失败，其政治

---

[①]　UN Economic and Social Commission for Western Asia, p. 66.

[②]　Urdal.

[③]　UN Development Programme 2016.

发展也是如此。我们不仅能从统治该地区、剥夺其民众大部分民主权利和人权的专制政府上看到这一点，而且还能从更近一些时期当地部分政权的崩溃，社会陷入混乱和内战的状态看出来。该地区的人口占世界人口的 6%，但甚至在目前这一波不稳定浪潮完全形成气候之前，该地爆发的武装冲突就占据了世界的 1/5。[①] 这个描述并非在推脱责任，其中已有大量通行的解释，也不是在提供一个全面的解释，而是旨在说明人类冲突起源于人口因素的程度究竟几何。

与世界上其他大部分地区相比，本地的政治失败可以说相当明显了。根据自由之家（Freedom House）2014 年的指数，这个地区，除以色列之外的各个国家，不是被归于"不自由"一类，就是被划入"部分自由"之列。[②] 此地多数国家徘徊在专制政权的压榨、混乱以及内战边缘。在我写作本书之际，也门、利比亚、黎巴嫩、叙利亚和伊拉克中没有任何一个政府的权威能覆盖其全境，而近期高度不稳定的局势也对埃及和巴林造成了影响。

这片地区几乎完全缺乏民主，尽管土耳其可被看作部分民主（或者直到最近仍是如此）。专横的统治和无政府的崩溃状态似乎是这个光谱的两极，但前者可看作后者的前奏，朝向稳定和民主的进程则为第三阶段。[③] 根据这个模式，长期处于独裁或专制统治下的国家不太可能或难以直接走向稳定和民主。要实现这个目标，一段时期的国内冲突和暴力阶段似乎难以避免，但这可被看作向理想终点的过渡，而非单纯地陷入混乱。这是对阿拉伯之春的乐观解释。然而，

---

①   Bishara, p. 225.

②   Freedom House.

③   Bremmer.

在这一点上，鲜有阿拉伯国家可被视为真正进入了第三阶段，即摆脱混乱，进而走向自由、民主秩序的阶段。事实上，该地区人口最多的国家埃及似乎已经凝视过深渊，并且退回到了原来的状况。（突尼斯可能也是如此，尽管说它是个例外还为时尚早，如果它的确属于例外，则纯属罕见。）

人口因素可能会无可避免地促成这种散乱的政治图景，就像它对当地经济和社会发展失败所起的作用一样。大量证据表明，不稳定、冲突和人口趋势之间存在关联，普遍的共识是"年轻人口的膨胀"与政治暴力风险的增加相关。[①] 在 10～20 岁青年占人口比例较大的地方，发生内乱的可能性更高，而世界上老龄化最严重的一些地方（比如日本和德国）也最有秩序。这并非巧合，一些人口年龄最年轻的国家（比如也门和刚果民主共和国），则属于冲突分裂最严重的国家之列。在此基础上，近年来阿拉伯中东地区一直处于如此多的暴力和冲突的中心也不足为奇了。在此之前，此类冲突的爆发似乎只能通过极端严酷的政权的压制才能避免。移民在一定程度上减轻了这一地区的内部压力，但也常常会导致问题向外转移。

因此，尽管人口数量并不能充分解释混乱状况，但它却无可避免地与之相关。如果没有年轻人，并且其人数并未扩张，那么中东和北非如今的暴力景象几乎不可想象。正如"一战"的爆发——一场工业规模的屠杀——在欧洲此前半个世纪没有经历大规模人口膨胀的情况下不可想象一样，纽约的"9·11"事件、马德里和伦敦的爆炸事件，以及从也门到叙利亚的暴力事件，至少一定程度上都可以被视为中东地区此前几十年人口爆炸的产物。1980—2010 年间，

---

① Urdal, p. 9.

这个最不稳定的地区的年人口增长率几乎比世界整体水平高出一倍。1980 年，阿拉伯中东地区 15～24 岁的人口比重与世界整体水平一致；30 年后，前者比后者高出了 1/5。[①]

尤其特别的是叙利亚内战，除了可被看作政治或宗教冲突以外，它也可以说是一场人口冲突。在 1947 年从法国治下独立出来时，叙利亚仅有 300 万人口。60 年后的内战前夕，其人口规模已超过 2 000 万。这种人口爆炸的原因已为人熟知——死亡率的下降以及畸高的生育率。人口增长的影响不那么容易追究。然而，当叙利亚在 21 世纪初遭遇干旱时，曾有数十万人离开乡村前往城镇，特别是去往大马士革，人们在这里的郊区能找到条件尚可的住处。怀有疑虑的政府从中阻挠，在考虑到多数移民都来自逊尼派为主的地区以后，政府的行为就越发可疑了，这逐渐改变了大马士革等城市的人口结构，因为这些城市的人口结构主要以少数派（比如基督徒、阿拉维派、德鲁兹派等）为主，他们倾向于支持复兴党政权。因此，在首都被贫穷且受到忽视的多数逊尼派占领的郊区包围后，最强烈的反叛条件成熟了。尽管很多人试图将随后的冲突归因于全球变暖（气候条件的确占据一席之地），[②]但如果叙利亚人口规模在此前几十年中并未迅速增加，这一切都不可能发生。

与前文所描述的一样，因果关系在两个方向上发挥作用。人口在一定程度上塑造了叙利亚内战，反过来内战也影响了人口发展。粗略地看，叙利亚 1/4 的人口都外逃了，另有 1/4 的人口流离失所。

---

① Mirkin, pp. 12, 14, https://www.yumpu.com/en/document/view/48347156/arab-spring-demographics-in-a-region-in-transition-arab-human- (impression: 26 June 2017).

② *New York Times*, 2 March 2015, https://www.nytimes.com/2015/03/03/science/earth/study-links-syria-conflict-to-drought-caused-by-climate-change.html (impression: 15 August 2017).

有人控诉政府试图改变某些地区的民族与人口结构的均衡局面，从而减少逊尼派的影响。与此同时，尽管生命的逝去令人震惊，但这些生命（不同于移民）并未在统计意义上对叙利亚人口结构造成重要影响。估计在本书行将付梓之际，叙利亚死亡人数会达 50 万，但这仍意味着叙利亚人口近期以来头一次经历人口增长。这些无一解除了个人的痛苦，但它的确展示了解除之道，正如"一战"时期的欧洲或者斯大林统治时期的苏联一样，当时的人口浪潮火力全开，哪怕最恐怖的屠杀行为也只能延迟而无法阻止它。

快速增长的青年人口往往受教育程度较低，政治上比较边缘化，无法参与全球经济之中，因而是不稳定的根源。正如一位致力于约旦青年项目的女性所言："年轻人面临越来越难以获取教育和经济的机会，参与到社会和公民生活中的机会也很小。他们被进一步推向阴暗之所，体会着无权和挫败之感。"[1]在经济未得到发展的地方，大学生毕业找工作极其困难。2014 年，34% 的毕业生失业，相比之下，小学教育程度的人口的失业比例仅为 2%。[2]失业的毕业生通常住在城市，而且有可能成为活动家，他们更可能造成政治破坏，而不是成为未能充分就业的农场工人。虽然年轻人在一定程度上持有社会保守主义观点，但很多人正在发起反抗，尤以女性为甚，她们的挫败感会因为享受了受教育的机会，但后来却在社会和职场中饱受歧视而加深。沙特阿拉伯最近放开了一些就业机会。但受过教育的女性仍为需要寻求父亲或丈夫的许可而备感受限："即便我需要用钱，他也不会允许我工作……他不允许我和我的母亲一起旅

---

[1]  Al Fanar Media, 25 April 2016, https://www.al-fanarmedia.org/2016/04/study-explores-the-deep-frustrations-of-arab-youth/ (impression: 15 August 2017).

[2]  *The Economist*, 16 August 2016, https://www.al-fanarmedia.org/2016/04/study-explores-the-deep-frustrations-of-arab-youth/ (impression: 15 August 2017).

行。"<sup>①</sup>虽然中年人和老年人可能已经适应了这种情况，但年轻人更有可能表示反对，当年轻人口大量存在的时候，这种态度就变得重要了。

不断增加的年轻人已经将他们的挫败感转向内部——正如2010年以来政局不稳所证明的那样，这种情绪也在向外释放，随之产生了向欧洲移民的巨大浪潮。这些人不仅来自阿拉伯世界，也来自阿富汗这样的国家，后者同样面临类似的政局不稳问题：当地快速增长的潜在新成员涌入就业市场，但机会却有限。2015年，超过35万寻求庇护的叙利亚人进入欧盟，来自阿富汗的则超过15万。而在这一年的最后3个月里，就有近50万人寻求德国的庇护。<sup>②</sup>这种具有深刻人口根源的趋势会对欧洲的人口结构产生深远影响。近几年来，我们的电视屏幕上满是想要经由巴尔干半岛去往德国，或者渡过地中海进入意大利的人群。这些移民几乎总是来自人口年轻、生育率高的国家，而且总是前往老龄化、生育率低的国家。移民的原因有很多，而且他们在过去的几个世纪中要去往的地方也不同。但不变的是，多数移民都很年轻，他们总是离开机会并未开放的年轻社会，或者那些同辈人口规模太大而导致过度竞争的地方。

中东地区发生的事情对整个世界都变得越发重要。1970年，穆斯林占世界人口的15%；到2010年，这一比例上升到了23%左右；而到21世纪中期，这个数字预计会增长到接近30%的水平。<sup>③</sup>如果

① *New York Times*, 28 October 2016, https://www.al-fanarmedia.org/2016/04/study-explores-the-deep-frustrations-of-arab-youth/ (impression: 15 August 2017).
② BBC, 4 March 2016, https://www.bbc.co.uk/news/world-europe-35999015 (impression: 15 August 2017).
③ *Kaufman, Shall the Religious Inherit the Earth?*, p. 120; Pew Research Center 2015.

成真，这将使信仰伊斯兰教的人口规模接近信仰世界最大的宗教基督教的人口规模。

## 阿拉伯人和以色列人：冲突的人口学

从 2010 年底遍布中东北非地区的反抗活动爆发以来，世人往往从以色列及其阿拉伯邻居（尤其是巴勒斯坦人）的角度看待中东范围内的冲突。例如，南非主教戴斯蒙·图图就于 2009 年主张，除非巴以冲突得以解决，

> 否则，你可以放弃其他所有问题。你可以放弃核裁军，可以放弃赢得反恐战争，你可以放弃这一切。你可以以某种友好的方式彻底放弃关于我们的信仰的一切希望。这，这，这就是问题所在，而且它掌握在我们手中。

这一建议在当时受到高度质疑。在接下来的一年中，当冲突席卷更大范围的中东地区时，这一建议看起来更难得到辩护了。[1]

至少，这场冲突在西方得到大量关注还是有些原因的。第一，犹太复国主义运动与欧洲历史密切相关，因为犹太复国主义运动起初是欧洲犹太人对欧洲反犹主义的回应。第二，长期以来，这个地区的政权似乎都牢牢掌控着自己的社会，很多国家政治上几乎没发生什么大事件，于是，众人就把关注的焦点放在巴以问题上了。第

---

[1] Guardian, 28 May 2009, https://www.theguardian.com/books/2009/may/28/hay-festival-tutu-israel-palestine-solution (impression: 4 May 2018).

三，这个冲突通常被视为发生在文化和源头存在深刻差异的民族之间，而这对于西方新闻媒体的观众而言更易理解——或者认为他们会理解。相比之下，逊尼派与什叶派或德鲁兹派与马龙派的冲突对他们而言则更难理解。第四，外加一个不那么严谨但可能比较现实的说明，在耶路撒冷的美洲侨民宾馆中舒服地报道西岸的冲突，或者从这里短途到达加沙边境都是令人愉快的。相比之下，20世纪60年代早期报道也门的内战，或者80年代从伊朗和伊拉克充满血腥和危险的前线发回新闻报道就不那么令人愉快了。曾几何时，媒体在这里比在该地区其余地方拥有更大的自由空间。

这场冲突先是在以色列及其邻国之间爆发，后来逐渐演变成巴以冲突，但其伤亡程度与其他冲突相比还算比较小的。尽管如此，它往往还是会以本地血腥得多的冲突未曾有过的方式占据西方媒体的头版。最可能的估计是，自1950年以来，约有5万与以色列有关的人在冲突中丧生，其中阿拉伯人与以色列人的伤亡比例大约为2∶1。巴以冲突中丧生的穆斯林数量仅占20世纪中期以来各种冲突中死难人数的1%，甚至在叙利亚、利比亚和也门等国如今爆发的杀戮事件以前都是如此。[①] 然而，对很多人而言，巴以冲突就等同于中东冲突。

随着埃及革命和冲突、利比亚内乱的爆发，以及叙利亚和伊拉克的内战、极端组织"伊斯兰国"的出现，巴以冲突在一定程度上也被纳入这个背景中考察。尽管如此，理解阿以冲突对我们的目的而言是值得的，原因正如我们在其他地方详细讨论过的，

---

① Daniel Pipes Middle East Forum, http://www.danielpipes.org/4990/arab–israeli–fatalities–rank–49th (impression: 16 August 2017).

这场冲突有其人口学根源。[1] 我们可从三个角度加以分析：大量以色列人进入英属巴勒斯坦托管地（后来的以色列），犹太人和巴勒斯坦人的出生率，以色列 1967 年通过第三次中东战争占领的领土的命运。

如果没有犹太人的移民运动，就没有以色列国。空前规模的犹太人先是被吸引到土耳其治下的巴勒斯坦，接着此地又被英国托管，最后到 1948 年才成立以色列国。此番人口运动既有"推力"也有"拉力"，既存在犹太复国主义和把以色列作为家乡的召唤，也有各地犹太人的反犹主义和反压迫的推动。"一战"以前，居住在巴勒斯坦的犹太人约有 6 万，一些是当时的犹太复国主义移民，一些则是此前数个世纪中小规模犹太移民的后代。其中许多人因为战争而流离失所，在《贝尔福宣言》《洛桑条约》和英国委任统治权的庇护下，巴勒斯坦的伊休夫或犹太人社区得以重新组建。两次世界大战期间，这一地区曾迎来几波移民潮。最初几批移民来自东欧，1933 年以后则是为了摆脱纳粹德国的迫害而来的。1925 年涌入的犹太移民超过 3 万人，1935 年则超过 6 万人，这两年分别是战争期间的移民高峰年。[2]

在此，我们必须谈一谈犹太人大屠杀事件。从人口学的角度看，这是犹太人的悲剧，它是现代战争和灾难都不能从根本上扭转人口浪潮这个规律的例外。我们已经看到欧洲人口如何在"一战"期间持续增长的例子，尽管在速度上慢很多。我们也看到，尽管存在人为迫害，但苏联的人口仍在持续增长。相比之下，人口较少的群体被无情屠杀，所受到的影响可能更是灾难性的。1939 年，生活在欧

---

[1] Morland, *Demographic Engineering*, pp. 113 – 40.
[2] Tessler, p. 170.

洲的犹太人数量为 950 万；到 1945 年，仅剩 380 万。[①] 而全球的犹太人数量至今也仍然不及大屠杀之前的规模，犹太人占世界人口的比重也从 1∶150 下降到了 1∶750。

尽管英国政策有变，他们在犹太人逐渐加深的绝望和阿拉伯人日益增长的反对之声面前限制犹太移民，但英国托管的巴勒斯坦境内的犹太人口从"一战"后到 1948 年间仍增长了 10 倍。即便面临存亡之战，刚刚建立的以色列国也把移民问题放在首位。而且在刚刚成立的 5 年时间里，犹太人的数量就增加了一倍多。[②] 旋即移民而来的是欧洲难民营中流离失所的人群，接着就是那些在阿拉伯世界中遭受歧视、压迫和驱逐的犹太人。在今天的摩洛哥，剩余的犹太人数量可能仅为 20 世纪 40 年代峰值时期的 1%。在许多曾经拥有数十万乃至上百万犹太人的阿拉伯国家，当地的犹太社区甚至可以追溯至伊斯兰教出现以前很长时间，但后来也没有任何犹太人留下。比较近一些时期，前往以色列的犹太移民来自俄国。1990 年，来自俄国的犹太人接近 20 万人，而在 1968—1992 年间，来自苏联的犹太移民总数超过 66.6 万。[③] 在"一战"结束到 1948 年独立期间，以色列的犹太人数量从 6 万增长到了 60 万；而自 1948 年独立以来，当地犹太人数量又增长到了 10 倍于前的 600 万。因此，尽管全球犹太人的数量无论从绝对还是相对的角度看都已降低，但在以色列却呈指数级增长。

单单这些数据就表明，移民向来是以色列的生命线，如果没有移民，这个国家就不可能继续存在并实现繁荣。出于这个原因，阿利亚（Aliyah，或称犹太人向以色列的移民运动）一直是犹太复国主义的驱

---

① Pew Research, http://www.pewresearch.org/fact-tank/2015/02/09/europes-jewish-population/ (impression: 16 December 2017).

② Hacohen, p. 267.

③ Jones, p. 221.

动力。以色列需要坚实的人口基础，在巴勒斯坦人畸高的出生率面前尤其如此。犹太人想要在数量上占优的必要性始终很明确。正如以色列前总理列维·艾希科尔所言："我们在别的地方和这里，都必须摆脱自己的少数民族身份。"[1]以色列建国后的第一任总理戴维·本－古里安对人数十分痴迷："国家的基础不牢，就无法实现其使命，若无移民，救赎的愿景就无法实现。"[2]

围绕犹太复国主义者是否提前策划了1948—1949年以色列独立战争期间大批巴勒斯坦人的出走事件，曾发生过激烈的史学争论。但无论这个备受争议的问题的实际情况如何，事实依旧是，如果阿拉伯人口并未大规模迁移——或被迫迁移——到临近国家，或者迁往最初未被以色列控制的巴勒斯坦其他地区，那么以色列就难以建立。同样，如果没有来自伊拉克、摩洛哥、也门和其他阿拉伯国家成千上万的犹太移民浪潮，以色列国的存续也会变得困难，在欧洲犹太人聚居区遭到破坏后尤其如此，因为它们最初创立的目的就在于拯救这些犹太人。据估计，《贝尔福宣言》之后如果没有移民涌入，以色列的犹太人数量到如今也至多达到25万的规模，而非600万以上。[3]在如此情况下，以色列是否存在都变得难以想象——或者如果它能够存在，那它的存续也是不可想象的。

从人口角度看，阿以冲突另一个突出特点则在其生育率方面。要证明一个群体的生育率为何处于某个特定水平绝非易事。通常，最好的办法是将其生育率与其他类似群体进行比较，关注其领导人的陈述，以及理解该群体生育选择背后的推理过程的所有人口学研

[1]　Eshkol cited in Bird, p. 219.
[2]　Ben Gurion cited in Pearlman, p. 240.
[3]　Fargues, 'Protracted National Conflict', p. 452.

究等。巴勒斯坦和以色列是个十分典型的例子，它们的生育率都非常高，它们的冲突起了很大的推动作用，而所谓的"竞争性繁衍"（competitive breeding）也起了很大作用。以色列、西岸地区和加沙地带的巴勒斯坦人口增长都很快。20世纪60年代初，以色列境内的阿拉伯女性平均每人生育不少于9个孩子。[①]1948—1949年战争结束之后的40年里，以色列的阿拉伯人口数量从不足15万增长到了80万以上，其年均复合增长率超过4%。[②]21世纪初，加沙地带和西岸地区的生育率仍维持在5左右，几乎是摩洛哥的两倍，尽管事实上前者的女性几乎普遍识字，而后者的相应比例可能不到50%。[③]这种畸高的生育率至少部分可归结为当地与以色列的冲突，以及与快速增长的犹太人口一争高下的企图：亚西尔·阿拉法特本想鞭策巴勒斯坦人加入与以色列的人口竞赛中去，但哈马斯却说巴勒斯坦人加入了"一场不知怜悯的人口战争之中"。[④]一位以色列人口学家谈起过一位到访的阿拉伯学校校长，后者比出中指评论道："这是我们唯一的武器。"[⑤]

前述支撑巴勒斯坦人口增长的另一个因素则是预期寿命的急剧增长和婴儿死亡率的下降。在被占领土上，第三次中东战争期间的婴儿死亡率约为100‰。自那以后，其他任何因素都能归结为以色列的占领，婴儿死亡率已降至低于整个地区20‰的水平。同期，当地预期寿命也从25岁左右增长到了75岁左右[⑥]，这个数字可与英国一些较为贫困的地区（比如格拉斯哥）或美国一些更贫困的州相匹敌，

① Peritz and Baras, pp. 113 – 14.
② Goldschneider, pp. 113 – 14.
③ UN Population Division, 2017 Revisions; UN Social Indicators: Literacy.
④ Pedersen et al., p. 16.
⑤ Morland, *Demographic Engineering*, p. 129.
⑥ UN Population Division, 2017 Revisions.

并且与其他地方可见的现代化趋势一致。例如，1967 年以前，加沙和西岸地区从未有过任何大学，但如今都已建立了一半这样的机构。

巴勒斯坦的生育率近年来已急剧下降：如今，以色列和西岸地区的阿拉伯女性平均每人生育 3 个孩子，稍高于加沙地带。这些地区的人口模式大致位于正常范围，尽管其中一方的降幅因冲突而延缓，因为冲突会催生大家庭。以色列境内犹太人的生育率则显得比较特别。早期前往巴勒斯坦的犹太复国主义移民主要以东欧犹太人为主，他们已经经历了人口转型。1948 年以后，中东的犹太人也加入了他们的行列，这些人的生育率迅速下降到了在现代社会被视为"正常"的水平。到 20 世纪 90 年代中期，以色列境内的犹太人生育率约为 2.5，随后又发生了逆转。今天，当地每名女性平均生育 3 个孩子，而以色列出生的女性则平均生育 3.5 个。[1] 与其他任何发达国家相比，这一水平至少高出 1 或 0.5。

虽然这在某种程度上是以色列极端正统教派极高生育率的产物，但它也是一种世俗现象。同样，这种现象无法明确证明它自身就是对巴以冲突的回应，但值得注意的是，美国（这也是唯一的另外一处生活着数百万犹太人的地方）犹太人的出生率在该国位居末次。很可能，以色列犹太人的高生育率更多与他们发现自身所处的境地相关，而与犹太教或犹太特性本身无甚关系。与多数现代化程度类似的国家相比，以色列社会中社群主义多些，个人主义少些，同时，这可能也是人们害怕在冲突中失去孩子的反映。的确，极端正统教派或者哈勒丁派犹

---

[1] Morland, 'Defusing the Demographic Scare, https://www.haaretz.com/1.5049876 (impression 26 June 2018); Morland, 'Israel's Fast Evolving Demography', https://www.jpost.com/Opinion/Op-Ed-Contributors/Israels-fast-evolving-demography-320574 (impression 26 June 2018); Morland, 'Israeli Women Do It By Numbers', https://www.thejc.com/israeli-women-do-it-by-the-numbers-1.53785 (impression: 26 June 2018) ; Morland, *Demographic Engineering*.

太人无论在哪里生活，都表现出极高的生育率，他们为以色列犹太人不断上升的生育率做出了有意义的贡献。对于哈勒丁派而言，大家庭关乎声望。然而，以色列的极端正统派和世俗派的生育率都高于其他地方有类似信仰（或者不信教）的犹太人。从人口的角度讲，可能以色列今天面临的最大挑战并不在于（至少）保持其犹太人的多数地位，而是在哈勒丁派人数上升的同时保持经济繁荣，因为他们对现代教育持抵制态度，而且许多人更愿意一辈子学习也不就业。

以色列那些并不特别想要大家庭甚至不想成家的女权主义者和女性肯定会指出，鼓励多生多育的文化从根本上远远超出了政府的政策范围，比如慷慨的儿童福利以及帮助夫妻开展生育治疗的世界人均最高投入。正如社会学家拉里莎·雷门尼克评论的："生育和抚养孩子是以色列的一项全国性运动……成为母亲被默认为所有女性的愿望，无论其教育、职业以及其他成就如何。"一个为那些不愿生孩子的女性运营脸书账号的女性抱怨说："在一个依循从幼儿园、高中、入伍，再到结婚、生子的人生轨迹的国家中，不生孩子实在很难。"①

如果没有犹太人的大规模移民及其生育率的提升，以色列国也会面临巨大的困难。饶是如此，巴勒斯坦人针锋相对的高生育率即便不如此前明显，也令以色列在"第三次中东战争"后占领的加沙地带和西岸地区之命运变得扑朔迷离。出于意识形态或安全等方面的原因，许多以色列人都想吞并这两个地方，但到目前为止，除了耶路撒冷（此地具有极高的宗教地位）和戈兰高地（此地仅有少量叙利亚德鲁兹派人口），上述侵吞行为尚未发生。将领土及其居住的

---

① *Tablet*, 11 July 2017, http://www.tabletmag.com/jewish-life-and-religion/239961/saying-no-to-kids (impression: 16 August 2017).

人口一并纳入以色列范围会大致实现阿拉伯人和犹太人在人口上的均衡状态，但是被看重的犹太人多数地位也会逐渐减弱或消失，而这一直是犹太复国主义愿望的核心。以其民主制度为傲的以色列并不打算在没准备好授予这些地区的居民以公民权的情况下吞并它，因此，尽管以色列已完全撤出加沙地区，但西岸地区仍"被占领"，哪怕以色列仍控制着空白地带和大部分边界。

人口因素仅对加沙地带和西岸地区的命运起了部分作用——意识形态、经济和安全方面的关切也很突出——但它的这部分作用却很重要，只是人们常常未能认识到这一点。1967年的战争胜利以后，以色列代总理伊加尔·阿隆提议吞并人烟稀少的约旦河谷，并将人口较多的约旦河西岸让给约旦，从而确保大片新增土地上仅有少量阿拉伯人。尽管这从未被采纳为以色列的官方政策，但它的确为早期犹太人定居的位置指明了方向，这些定居点通常位于约旦河谷地区。以色列和巴勒斯坦达成《奥斯陆协议》以后，巴方即将接手的地区和以方继续控制的区域边界大致与阿隆的计划一致，并且协议还允许在阿拉伯人更多的地区建立以色列定居点，这些区域自阿隆时期就已存在。阿里埃勒·沙龙建立的隔离墙从未被正式提议作为边界，但是据称沙龙对这个设施的人口学意义抱有的期待与国家安全方面等同。[①]

就加沙地带而言，其人口规模也塑造了其命运。最初，沙龙是犹太人定居点的支持者，但有人向他指出，巴勒斯坦数月的人口增长就相当于全部犹太人口的数量。从人口角度看，以色列无法容纳如此规模的人口。通过撤离加沙地带，沙龙可以交出以色列控制地

---

① Morland, *Demographic Engineering*, p. 122.

区 1% 的土地，而且还可以将自己从直接占领地区上百万巴勒斯坦人所面临的困难中解放出来。这可能是他 2005 年撤退时的主要考虑。在以色列继续控制的地区，即 1967 年以前的以色列，外加西岸和戈兰高地，不太可能形成巴勒斯坦人占多数的局面，特别是西岸地区的生育率本就较低且还在继续下降。尽管如此，具体的数字和百分比以及人口前景都引起了诸多争论，这似乎是这场归结为人口问题的冲突的核心。[①] 无论如何，不管是否有可能成为多数族群，大批巴勒斯坦阿拉伯人显然都会继续生活在以色列目前控制的区域。

再次强调，尽管人口因素并非全部命运之所系，但它却像一只看不见的手那样发挥着作用。在 1987 年巴勒斯坦人暴动时，加沙地带和西岸地区的巴勒斯坦人的年龄中位数仅为 15 岁。而 21 世纪初第二次暴动发生时的年龄中位数并未高出多少。如今，巴勒斯坦境内的年龄中位数已超过 20 岁，到 21 世纪中期将达到 30 岁。这并不意味着下一次暴动不再可能发生，但值得注意的是，以往每一次暴动都会在其即将发动之时结束。20 岁仍是一个年轻的年龄中位数，大量因权利受限而愤怒的巴勒斯坦年轻人不知哪一天就会发生暴动，但这种可能性随着社会的老龄化而逐渐降低。无论巴勒斯坦人会依仗其他哪种条件推进自己的目标，似乎他们也不大能够依靠与了无牵挂且一无所有的年轻人相关的粗暴的街头愤怒和暴力。接下来的 25 年里，不出任何意外，这个地区人口会不断流入、流出，竞争双方的人口规模可能会大致达到均衡，从而陷入持续的僵局。

从人口角度看，这片地区整体都不容乐观，随着年轻人口的大规模出现，未来可能会出现许多不稳定的状况。然而，如果如此大

---

① Lustick.

规模的人口浪潮能得到有效引导，那就不一定会带来破坏性后果。从摩洛哥到伊朗等地出现的生育率骤降现象，意味着社会习俗和预期的改变。在欧洲的人口年龄与今天的中东地区类似的时候，它正遭受着暴力和战争的蹂躏。我们有理由相信，当中东的人口状况与欧洲类似时——与几十年前相比，这个前景已近了很多——它可能也会像如今的欧洲一样和平。

第十章

# 太阳底下无新鲜事？
# 最后的潮头和未来的前景

　　人口浪潮真正的非凡之处在于它的全球性。起初，它看上去可能只是与不列颠群岛各民族及其北美和澳大利亚后裔有关的现象；后来，它看上去像是个单纯意义上的欧洲现象；但 20 世纪下半叶发生的事情证明了它关乎全世界所有人，几乎与人们的种族、民族、宗教或大陆等背景无关，尽管局部的时机差异会造成巨大的不同。当我们注意到两个广阔、复杂且完全不同的地区——拉丁美洲和南亚后，这一点尤其明显。它们都有独特的历史，但都在近期经历了一种我们目前看来十分熟悉的人口模式。然而，在人口因素推动更大范围发展的地方，其发展方式也各有不同。

　　与此同时，在撒哈拉以南的非洲地区，映入我们眼帘的则是人口浪潮最后的潮头：世界上最后一片正在经历人口转型过程的广大地区。非洲完成这个转型过程的速度会对整个地球的未来产生重大影响。当我们要对其近期的未来做出预测时，非洲会经历人口转型的确定性与其他任何可能发生之事一样，除非出现一些非常意外之事，否则我们就能十分自信地预测一些事情，哪怕任何人都能猜到会发生些什么。

## 太阳底下无新鲜事：拉丁美洲

拉丁美洲可分为 3 个不平等的子区域（至少在人口规模方面不平等），即南美洲、中美洲和加勒比海地区。因为每个地区的文化和人口概况都不相同，所以值得区别对待，当然我们也不能无视它们的相对权重：2015 年，生活在南美洲的人口规模达 4 亿以上，中美洲为 1.7 亿出头，加勒比海地区则仅为 4 000 万。

人口浪潮无可逆转地一浪盖过一浪，拉丁美洲的生育率模式也很惊人。战后一段时期内，所有 3 个子区域的生育率都符合世人的预期，即在 5 ~ 7 之间。到 2017 年，全部三个地区的生育率都在 2 ~ 2.5 之间。当音乐剧《西区故事》（*West Side Story*）于 1957 年首映时，其标志性的台词是"波多黎各 / 你的可爱岛屿……总是飓风来袭 / 总是人口增长"，这个加勒比海地区的美国属地上的女性平均生育近 5 个孩子，如今，她们平均仅生育 1.5 个孩子。（事实上，即便当地在 20 世纪 50 年代时的生育率很高，但由于其人口大规模移居美国大陆，所以当地人口并未出现增长。）

预期寿命的增加和婴儿死亡率的下降，是所有社会只要愿意就能实现的目标。想要保存自己的生命、推迟死亡的来临，并尽一切可能保护最亲最近之人（尤其是自己的孩子）的生命，这是生理上的必然和人类的本能。人类在这方面十分一致，如果不是遥遥领先的话。只有生就了这些繁衍的物种才能生存并发展壮大。然而，大自然调节了物种生子的急迫愿望。人类并不一定想生孩子（尽管很多人都想），但他们大多想要性生活。一旦人类学会将性与生育分开，从而享受前者而不必然导致后者，生育就成了一个选择题。然而，尽管生育可能并非生理驱动，但在大多数社会中，一旦人们有能力限制自己的孩子数量，他们通常会这样做，而当他们确信自己的孩子的存活率会很高时尤其如此。拉丁美洲和加勒比海地区在这方面也不例外。就整个这片地区而言，1950 年出生的 1 000 个孩子中就有 128 个无法存活到一周岁。最近的数据显示，相应的比例已稳步下降到了 20‰，尽管这个数字仍旧很高——它是多数发达国家所能达到的最好水平的 5 ~ 6 倍——但明显已是相当非凡的转变，我们应该庆祝而非将其视为理所当然，在考虑到这种现象达到的普遍程度后更是如此。整个地区的预期寿命从 20 世纪中期的 50 岁增长到了如今的 75 岁左右。[①]

　　自然，将这里单纯地视为自"二战"以来 60 年间由"落后"转向"现代"的地区是一种严重的简化，尽管考虑到识字率或人均收入水平后，许多国家的情况也的确如此。20 世纪中期的阿根廷从许多方面看都是先进而现代的国家，在很大程度上，它是此前 60 年间欧洲大规模移民和投资的产物。许多 1950 年时最先进的国家发展程度最小，而当时最不发达的国家却取得了最快的发展。阿根廷的预期寿命自 1950 年以来仅增长了 10 岁左右，这证明了该国当时发展程度之高，以及它自那时以来面临的政治和经济挑战。（尽管如此，其预期寿命仍为过得去的 75 岁，仅比美国短了 4 年。）相比之下，起点较低的洪都拉斯和危地马拉则取得了更大的进步，它们的预期

---

① UN Population Division, 2017 Revisions.

寿命同期增长了约30岁。[1]

　　国家层面的数据比局部地区的数据更容易获取，并且更为一致，如果无法挖掘前者背后的东西，则意味着会失去一些有用的洞察。巴西是个值得注意的例子，值得专门讨论一番，因为它拥有拉丁美洲最大的面积和人口规模，其人口规模占拉丁美洲总人口的1/3和南美洲的1/2。它还因为囊括了主要是欧洲人居住的经济发达地区而值得详加考察，而其他地方（尤其是东北部）居住的人口主要以非裔人口为主，其发展水平也低得多——但整个国家的生育率普遍都在下降。相比之下，东北部的女性在20世纪60年代初的生育率高出全国平均水平1.5左右（大致接近7.5∶6的水平），而到90年代时，这个地区的生育率则仅高出1（3.5∶2.5）。[2] 因此，国家内部和国家之间的生育率差距都已缩小。

　　与该区域其余部分类似，巴西稳定的城市化进程也和生育率下降密切相关。早在1950年，人们就注意到里约等城市的生育率比全国平均水平低了1/4。[3] 随着国家城市化水平的提升，城市的生育率变得更加普遍（也更低），就像世界其他地区一样。这一趋势对于德意志帝国时期和20世纪70年代以后的中国同样适用。到21世纪初，巴西3/4的地方都已实现城市化，[4] 这种城市化模式不仅在该区域很典型（当然，鉴于其地区优势，这几乎无可避免），而且在世界其他国家也很常见。其人口转型与经济发展同步发生，虽然生育率急剧下降，但预期寿命也在社会高度繁荣许久之前就已大幅延长。

---

[1]　UN Population Division, 2017 Revisions.
[2]　Martin, p. 169.
[3]　Committee on Population and Development, p. 101.
[4]　Martin, p. 196.

巴西生育率下降的直接原因似乎是避孕药具用量和堕胎频次增加（以及越来越多的婚姻破裂）相互作用的结果。尽管一个备受争议的社会因素是众人接触大众媒体的机会增加了，尤其是肥皂剧，它呈现并普及了一种以小家庭为特征的现代愿景。[①] 电视剧降低生育率的原因并不是"人们在晚上有别的事情可做"——性生活因此减少。即便事实如此，也不会真正降低生育率；如果时机掌控得当，一个一生怀孕六七次的女性是不怎么需要性生活的。但因为电视剧在适当的情况下可提供对不同生活方式的憧憬，而这方面的作用与教育一样有效。电视剧对生育率的影响与性生活没什么关系，而与愿景的塑造关系更大，而且这种联系也不仅仅是逸事般的结论。来自巴西的研究表明，接触肥皂剧会对生育率造成极大影响，对社会经济地位较低的群体尤其如此。[②] 在过去，降低生育率是关系到取得重要物质和教育进步的问题。如今，实现这个目标的困难程度和成本都更低了。当然，为女孩提供教育机会，并为女性提供良好的工作机会是非常好的事情，但这无可避免会降低她们的生育率，至少在整体层面如此（我们允许总会有例外出现这一事实）。然而，如果目标只是降低生育率，似乎为人们提供避孕药具、让他们更多接触从正面描绘小家庭的电视剧在成本上要低得多。受过教育的女性不太可能想要 6 个或更多孩子，但即便对那些没受过教育但想要购买汽车、冰箱的女性而言也一样。因此，泰国、巴西等很多国家尽管仍相对贫困，但它们的生育率却低于更替水平。人口旋风一直在加速，并且逐渐超越了经济发展的浪潮，这意味着相对贫穷或中等收入国家的生育率再次接近富裕的发达国家的水平了。

① Martin, p. 195.
② La Ferrara et al.

　　进出人口旋风速度更快的国家是古巴。由于早期对生育率的压制，古巴女性在革命之前平均生育的孩子数量不到 4 个，尽管随着 1959 年卡斯特罗政府的建立，生育率出现了激增，但后来又出现了下滑。到 20 世纪 70 年代后期，古巴的生育率降至更替水平。如今，该国生育率略高于 1.5，这几乎与欧洲和东亚一些生育水平最低的国家一样。较低的起点可归因于这个岛国相对落后于许多邻国更高的经济发展程度，以及该国相对于本地区其他很多国家而言更多来自欧洲的人口。（在这些国家中，阿根廷和乌拉圭人口中的欧洲民族成分也是重要的考虑因素，因为它们在 20 世纪中期时的生育率也相对较低。）卡斯特罗政权不仅扭转了古巴关于堕胎的政策，而且还从 20 世纪 70 年代开始让避孕药具变得越来越容易获取。[①] 这可能是由于人们越发相信女性的选择权，或者出于对不断增加的人口的关切而偏好廉价避孕方式。令人惊讶的是，古巴和德国的女性目前的生育率几乎一致，这种情况强调了贫穷国家中的人们不再必然建立大家庭这个事实。

　　考虑到预期寿命的延长、生育率由高到低下降的一般情况，我们可以预计这个地区也曾经历过人口爆炸但现在正逐渐减缓的过程，事实也的确如此。总体而言，自 1950 年以来，拉丁美洲和加勒比海地区的人口规模几乎翻了两番，从 1.5 亿增加到 6 亿左右。其人口年增长率也从 20 世纪 60 年代接近 3% 的水平下降到如今的 1%。这大约相当于每 25 年翻一番和每 70 年翻一番的差异。一些拉丁美洲国家的人口增长率比其他国家快，可以预见的是，它们就是生育率下降更慢但预期寿命增长更快的国家。危地马拉就是一个很好的例子，

---

① Hollerbach and Diaz-Briquets, pp. 4, 6, 9.

自 1950 年以来，其人口规模增长了 5 倍多。但其人口增速放缓的趋势也很明显；该国的生育率从 7 下降到了 3（以该地区的标准看，仍旧很高），其过去 50 年的人口年增长率也从 3% 下降到了 2%。[1] 而这个地区人口的年龄中位数则从 10 多岁增加到了近 30 岁。

墨西哥在很多方面都是本地区的典型，但它与美国的近邻关系也意味着其人口影响比其他多数国家更受关注，相关讨论也更多，一如我们在前面第六章看到的那样。墨西哥女性在 20 世纪 70 年代初平均生育近 7 个孩子，此时也正是拉丁裔"永远都在生"的印象四处传播的时候。（此时距离 120 年前美国吞并墨西哥半数领土已经很遥远了，这些被吞并的领土上几乎空无一人，而此前一些人曾以为墨西哥人会在美国佬大批涌入之前人间蒸发，就像美洲原住民一样。[2]）与那些大手一挥就能抹去的民族不同，墨西哥人发展为令人害怕的民族，最重要的原因就是他们不断激增的人数。当然，情况并非墨西哥女性比以前生得更多，而是存活下来的女性数量增加了，其预期寿命也在增长，人口数量因此激增，正如曾经的美国人一样。

墨西哥人大量涌入美国的例子对于互为邻国的两国中一国贫穷且人口年轻、一国富裕且人口相对较老的情况而言比较常见。年轻人前去寻找经济机会，而且在一定程度上，他们也受到工厂、农场、花园以及养老院中需要额外帮手等需求的吸引。然而，墨西哥人移民美国的伟大时代可能也行将结束。自 2012 年以来，离开美国的墨

---

[1]　UN Population Division, 2017 Revisions.
[2]　Morland, *Demographic Engineering*, pp. 143‑9.

西哥人数量已超过迁入其中的人数，[①]这与墨西哥越发美好的未来前景息息相关。正如一位回到本国的墨西哥人所说：

> 墨西哥越来越繁荣，我女儿在墨西哥会有更好的未来。她想学习医学，而在墨西哥上学可能在成本上是更明智的选择。如果……她决心要留在墨西哥生活，那也是她自己说了算。[②]

墨西哥生活水平的提高与人口结构的改变有关。该国享受着通常在生育率下降时才出现的人口红利。无论当地经济状况如何，年轻的墨西哥人口都已停止增长，就此来看唐纳德·特朗普对美墨边境墙的需求，至少其阻止墨西哥人来到美国的设计目的是非常值得怀疑的。

## 南亚的人口

南亚－印度次大陆（为了论述需要，我所指的这片地区除了印度、巴基斯坦和孟加拉国，还包括阿富汗）拥有 17.5 亿人口，接近全世界人口的 1/4，同时也是南美洲、中美洲和加勒比海地区人口总和的近 3 倍。该地区的人口和面积都以印度一国独大，其程度远胜

① *Washington Post*, 27 January 2017, https://www.washingtonpost.com/news/worldviews/wp/2017/01/27/even-before-trump-more-mexicans-were-leaving-the-us-than-arriving/?utm_term=.70340b7aed5e (impression: 17 August 2017).
② *Texas Standard*, 28 February 2017, http://www.texasstandard.org/stories/why-are-mexicans-leaving-the-us-in-droves/ (impression: 17 August 2017).

主导拉丁美洲的巴西。印度人口约为 13.3 亿，预计会在 21 世纪
20 年代超过中国，从而成为世界人口最多的国家，也有人说它已经
做到了。①（在直到最近仍较为贫穷的国家里计算如此大规模的人口
数量存在一定的不确定性，这不应让人感到意外。然而，各方一致
的看法是，印度直到 2027 年以前都不会超过中国成为世界人口最多
的国家。②）

自独立以来，南亚国家人口的增长比世界其他地方来得更晚些，
而如今当地海量人口的增速也开始降低。1891—1921 年，英属印度
的人口年增长率仅为 0.2%。③ 而在 20 世纪的第二个 10 年中，英属
印度的人口甚至减少了。④ 直到英国统治结束，饥荒仍对当地人口规
模起着重要影响。这个时期行将结束之际，当地人口增长趋势才真
正确立下来，此时其人口已增长了近两倍。

南亚地区和拉丁美洲的显著区别在于其宗教多样性，而这个因
素对人口而言还是很重要的。相比之下，拉丁美洲整个以罗马天主
教为主——或者至少有着强烈的罗马天主教传统，即便福音派新教
徒如今已在巴西和危地马拉等国取得重大进展——南亚则有着更显
著的宗教多样性。印度人口中约 80% 为印度教徒，其穆斯林人口和
锡克教徒等少数群体规模也很大，并且还在不断增长之中。阿富汗、
巴基斯坦和孟加拉国以伊斯兰教为主导，斯里兰卡则以佛教为主导。
在宗教和生育率相互关联的地区，这些因素就很重要。⑤

宗教差异解释了本地区大部分的人口变化趋势。1947 年印度独

① *Guardian*, 24 May 2017, https://www.theguardian.com/world/2017/may/24/india-is-worlds-most-populous-nation-with-132bn-people-academic-claims (impression: 18 August 2017).
② UN Population Division, 2017 Revisions.
③ Morland, *Demographic Engineering*, p. 59.
④ Desai, p. 3.
⑤ Morland, *Demographic Engineering*, pp. 17–21.

立以后（斯里兰卡独立于 1948 年），阿富汗穆斯林的生育率比印度高 1.5，巴基斯坦则比印度高出 0.5。从那时起，印度的生育率稳步下降，从每个女性平均生育近 6 个孩子下降到 2.5 个。而被认作帝国晚期"模范殖民地"，并且经济发展水平高于次大陆其他地区的斯里兰卡，较早便经历了生育率的下降趋势，并且在过去 25 年的大部分时间里都位于 2.5 以下。（值得注意的是，尽管斯里兰卡是最早经历人口转变的发展中国家之一，但其生育率已稳定在更替水平附近。发达国家则不然，其生育率会朝更替水平下降，此后仍会继续下降。）斯里兰卡这样的国家证明了，一旦生育率降至更替水平，也不一定就会继续下降，尽管通常如此。这可能成为一个重要的先例，因为如果世界最终不至于陷入大规模的人口锐减，其他国家也需要跟随这个榜样，将生育率恢复并保持在更替水平，而不是降到更替水平之下。尽管还有其他的问题，但如果这个理想是个稳定状态，则斯里兰卡已经成了人口学的典范。其生育率在过去 30 年的大部分时间里都维持在稍高于 2 的水平，这让该国从人口学的角度看就像经济学家们的"金发女孩"情结[①]：不温不火、不徐不疾。

　　南亚三个穆斯林国家的命运各有不同。自 20 世纪 70 年代初从巴基斯坦独立以后，孟加拉国以女性为核心的政策让该国的生育率从接近 7 的水平降到了 2.5 以下。因此，它可以作为穆斯林国家成功降低生育率的代表。这并非出于偶然，而是计划生育诊所的建立，以及计划生育顾问——通常为女性——经常沿村寨挨个造访的结果。随着生育率的下降，孟加拉国已成功摆脱了最极端的贫困状态，并在短短 30 年内将婴儿死亡率从 10% 以上降低到了 3% 左右。长远看，

---

① 语出童话故事《三只小熊》，意指某种刚刚好的状态。——译者注

其人口规模会渐趋稳定，但这个时间点不会早于本世纪中期人口规模达到两亿之前。

脱离巴基斯坦而独立的孟加拉国在降低生育率方面就不那么成功，而且速度较慢，但自 20 世纪 70 年代中期以来，该国生育率已从 6 又 2/3 大幅下降到了 3 又 2/3。这是一个明显的下降，尽管从非洲以外发展中国家的标准看仍旧很高。大部分原因在于很多巴基斯坦宗教领袖对生育控制的抵抗，这种现象在整个伊斯兰世界中并不常见。

阿富汗是战后中东地区生育率最高的国家，并一直保持到了世纪之交，其间经历了苏联的入侵与撤军，以及阿富汗圣战者和塔利班的到来。仅从 21 世纪初开始，该国生育率才开始下降，这可能与北约的占领和自那时以来启动的社会改革方案有关。但其降速很快，到目前为止只用了很短的时间。阿富汗有着非洲以外国家（除了弹丸之地东帝汶）最高的生育率，平均每名女性生育 5 个孩子，比也门这个中东地区生育率最高的国家还要多 1 个。无论如何，这已是联合国的最新数据。最近获取的信息表明，阿富汗的生育率现在下降很快，甚至可能已低于 5。正如我们所见，伊斯兰教本身并不必然就是鼓励生育的宗教，但传统的伊斯兰社会似乎在很晚的时候才经历生育率的下降，尽管他们也终将变得与其他群体一样。

印度的生育率具有显著的地域差异。北方印度语带较贫困的邦最高，南方各邦最低，如喀拉拉邦，这里一直比较重视女性教育问题。喀拉拉邦和泰米尔纳德邦的出生率已低于更替水平，但也存在宗教差异。正如巴基斯坦和阿富汗的生育率高于印度一样，印度的穆斯林也会比作为多数群体的印度教徒生育更多孩子。1999 年的数据表明，印度穆斯林的生育率比印度教徒高出 2.5，尽管这似乎不太可能。[1] 二者现在的差距似乎要小得多，但依然不容忽视。尽管印度的穆斯林人口增速在放缓，但仍比印度总和生育率高 0.5，因此该国的穆斯林人口比重仍在上升，从 2001 年的 13.4% 上升到了 2011 年的 14.2%。[2] 紧随独立而来的是印巴之间庞大、混乱而充满暴力的人口交换过程，交换比例不到 10%。印度境内的穆斯林更高的生育率及其持续增长的人口比重是个充满争议的话题，它有时候还被用来激化社群间的紧张关系。2015 年，总理莫迪领导的政府向公众发起了一项有争议的宗教普查，结果显示，2001 年以来穆斯林人口的增速超过了全国水平。莫迪的政敌指责他激起了印度教多数群体的人口忧虑，目的在于巩固其政治地位。

尽管印度生育率的普遍下降可归结为一些常见的原因——经济发展、女性识字率的提升和城市化等——但政府（印度以及美国政府都发挥了重要作用）也在推进强硬的人口控制路线方面发挥了重要作用。[3] 印度是最早将计划生育作为公共政策组成部分的国家之一。这些政策包括提高法定结婚年龄以及确定与人口增加无关的选区代表席位，从而防止地方政客鼓励增加民众人数以增强其在国家层面的影响力。[4]20 世纪 70 年代，在总理英迪拉·甘地及其儿子桑贾伊的带领下，一场鼓励自愿绝育的运动逐渐失控，并最终成为一场过激行为。仅一年之内，就有 600 万以上的男性绝育，另有 2 000 人死于拙劣的手术。[5] 从 1975 年中到 1977 年中，总共有 1 100 万男性和

---

[1]　Iyer, pp. 3, 10.

[2]　*Times of India*, 22 January 2015, https://timesofindia.indiatimes.com/india/Muslim-population-grows-24-slower-than-previous-decade/articleshow/45972687.cms (impression: 20 November 2017).

[3]　Zubrin, pp. 172–3.

[4]　Sen, pp. 42, 77–9.

[5]　BBC News, 14 November 2014, http://www.bbc.com/news/world-asia-india-30040790 (impression: 18 August 2017).

女性被绝育。在有些地区，拒绝绝育的农民就喝不上水，而另外一些地方的老师如果拒绝绝育，他们的工资就会被扣押。一位记者回顾了印度北部哈里亚纳邦一个村庄发生的事情：

> 乌塔沃村（Uttawar）的村民在睡梦中被高音喇叭惊醒。喇叭那头命令男人们——15岁以上者——到努赫-霍多主干道上的公交车站集合。当他们按要求前往时，发现整个村子都已被警察包围。除了聚集在道路上的男人，警察还跑进村子查看是否有人藏了起来……正如村民们所说，路上的人已分出符合标准者……他们被带到诊所进行绝育手术。[①]

这场充满置疑的运动使计划生育政策严重受挫。

这些过激行为影响十分广泛，但并不持久。1977年，紧急情况终于得以解决，英迪拉·甘地的国大党也因为强制绝育丑闻而被淘汰出局。然而，印度的生育率在这些过激政策实施之前、期间和之后一直在下降。从中国到印度再到孟加拉国，同样的结论是：即便没有女性教育和经济发展的理想成果，人们通常也会在有机会自己做出选择的时候决定少生孩子。强制不仅残酷甚至致命，而且毫无必要。

南亚的预期寿命也遵循了我们熟悉的变化模式。自独立以来，印度人的预期寿命已从30多岁增长到了近70岁。印度的预期寿命尽管仍低于全球平均水平，但却取得了巨大进步，这反映出当地仍旧比较基本的公共和个人医疗保健得到了改善，饮食也得到了改善。巴基斯坦人的预期寿命在其独立之时尚且略高于印度人，如今已略

---

① Population Research Institute, 24 June 2014, https://www.pop.org/a-once-and-future-tragedy-indias-sterilization-campaign-39-years-later/ (impression: 18 August 2017).

微落后了，但也取得了巨大的实质性进步。哪怕在 20 世纪 50 年代初期都没指望活到 30 岁的阿富汗人，现在也能预期活到 60 岁以上。这再次证明了人口浪潮的伟力，即便在阿富汗这个过去 40 年里充斥着暴力和流血事件的国度，物质条件的适度改善仍能带来预期寿命的变革性提升。

这些势不可当的数据正推动世界历史和其中的大国滚滚向前，就像它们当初推动英国摆脱马尔萨斯陷阱一样。人口规模如印度、中国这样的国家，在遭遇贫困和不可转移的困难时几乎丧失了国际话语权。随着经济可持续发展，印度大步迈向了超级经济大国之路。印度依旧贫困但迅速增长的人口让世界越发依赖其对全球经济做出的贡献。随着生育率的下降，印度必将迎来自己的人口红利。印度一方面采取了不必要的强制措施来遏制人口规模，另一方面也实施了让女性自己做选择的合理政策。部分在于其更慢的经济发展速度，部分在于其文化特质，印度未来可能会长期享受人口红利，而中国则面临劳动力人口减少和人口老龄化等迫在眉睫的挑战。

## 撒哈拉以南非洲：人口浪潮最后的潮头

人口浪潮会有一些令人意外的波折。然而，这个过程在某些方面仍有相当程度的可预测性。从历史长时段来看，最大的意外是对马尔萨斯陷阱的突破，现在看来似乎所有民族都能做到这一点，而且富裕国家还承担了帮助哪怕最穷的国家实现这个目标的国际责任。一旦走出陷阱——快速下降的死亡率以及迅速增长的人口规模——接下来就是一个相当程式化的过程了，经由它，生育率会朝向更替水平不断下降。在这之后，意外不复存在；但我们还压根不明白，与第二次人口转型相关的个人选择、个人主义和更替水平以下的生育率是否会真正变得普遍。也许，我们只是身在其中而无法看清正在涌现的新模式，就像 19 世纪初的马尔萨斯或者"一战"前夕的英国人一样，他们会哀叹国家生育率的下降，但并未意识到这是个普遍现象。任何时候，历史发展中最重要的因素之一就是不同的社会和文化在这场转变中所处的位置。

换言之，人口发展就像是在不同电影院的不同时段上映的同一部电影；尽管很多地方都没播完，但我们却知道结局如何。至少，这是在世界多数地方都能成立的结论。19 世纪 70 年代到"一战"之前，英国的生育率从 6 左右下降到了 3 左右。而在 20 世纪中期到 20 世纪末这段差不多同样长的时段里，印度女性的生育率也经历了类似的变化，这样的转变速度与很多在 20 世纪末才经历这一过程的国家相比仍然较慢。总体上，后来者的生育率下降速度会更快，但也不总是如此，就像印度一样。同时，预期寿命的增加在那些能够迅速且成本相对较低地采用降低死亡率的方法、技术和政策的国家则快得多。

撒哈拉以南非洲是人口转型最后的潮头。这可以直接从联合国 2017 年发布的数据中看出。在 48 个生育率为 4 及以上的国家和地区中，除了其中的 7 个以外，其余全部都位于撒哈拉以南非洲。而 10 个生育率最高的国家中有 9 个位于非洲。30 个预期寿命最低的国家均位于撒哈拉以南非洲；而 30 个婴儿死亡率最高且年龄中位数最低的国家也有 28 个位于这个地区。撒哈拉以南非洲的人口增长速度比世界总体水平高出两倍不止。[1] 这些并非随机的数据，但正如到目前

---

[1] UN Population Division, 2017 Revisions.

为止一直紧跟本书论证思路的读者所意识到的，它们是十分明确的人口模式的一部分。整个撒哈拉以南非洲都处于人口转型的早期阶段，其生育率居高不下，预期寿命仍旧很低但增速很快，这意味着更多的出生人数、更少的死亡率和不断膨胀的人口。因此这里是人口旋风势头最猛的地方。

到目前为止，我们一直都在小心地谈论"撒哈拉以南非洲"，因为正如我们已经看到的，地中海沿岸地区和北非国家有着全然不同的人口图景。饶是如此，撒哈拉以南非洲本身也远非铁板一块。从一开始，南非就独树一帜。对于遇到的所有问题而言，南非用以应对的实际基础设施和政治制度都足以让整个大陆钦羡。无论是原因还是结果，其人口规模都与其整体发展状况相协调。南非的生育率约为 2.5，仅为整个大陆总体水平的一半；其稍低于 40‰ 的婴儿死亡率仍属较高水平，但也比接近 60‰ 的大陆标准低很多；其年龄中位数约为 26 岁，比整个地区的平均值高出 5 岁。非洲南部其他国家也并未落后多少，博茨瓦纳的生育率低于 3，莱索托和斯威士兰也未高出多少。南非政府会加强免费供应和选择，从而继续将生育控制放在首位。这是非洲大陆的典范，并且意味着在自己的所有问题面前，南非无须应付不受控激增的年轻人口对经济资源造成的压力。

但在某种意义上，南非一直都备受打击。该国预期寿命还不到 60 岁，并不比撒哈拉以南非洲的其他国家更好。考虑到它在降低婴儿死亡率方面的卓越成就，这个数字是令人惊讶的；然而，究其原因竟是艾滋病。尽管艾滋病在非洲大部分地区肆虐，但南非的情况尤其严重。南非 20 世纪 80 年代的预期寿命甚至比今天还高（尽管自那以来一直较低，目前正在回升）。一项报告显示，2013 年，近 30% 的南非女性学生感染了艾滋病毒。用于治疗和预防完全型艾滋病的药物在不久之前还贵得多，但直到最近，阻碍其应用的也不只是成本因素。南非前总统塔博·姆贝基对艾滋病采取了非主流处置方式，并质疑它与艾滋病病毒的联系。姆贝基卸任后，使用抗病毒药物的艾滋病感染人群增加了一倍以上，其效果可从缓慢增长的预期寿命中看到。① 这是南非前总统雅各布·祖马令人欣慰的政治遗产之一，尽管起了作用，但效果有限。据估计，南非 5 500 万人口中有 700 万人感染了艾滋病，② 每周都有上千人被感染。

艾滋病对邻国博茨瓦纳的影响因其规模较小而更具破坏性。从 20 世纪 80 年代末到 21 世纪初，当地的预期寿命从 60 岁以上降到了 50 岁以下，如今，该国成年人中被感染的比例已达 1/4。在全球援助的支持下，这个问题得到解决。在一个每周都举行葬礼的小村庄里，一位村民报告说："过去，大多数人都非常沮丧；现在，他们开始振作起来展开自救。以前一些人都没法走路，现在他们可以满村子转悠。"③ 过去，人口浪潮常常以其自身的劲头与施行种族屠杀的独裁势力抗衡；如今，它得到了国际社会的支持。

非洲其他地区的生育率变化并不那么令人鼓舞。总体而言，避孕药具的使用虽然远高于 40 年前，但仍属世界最低之列。④ 然而，一些国家在降低生育率方面仍旧取得了重大进展。与 20 世纪 80 年代相比，每位埃塞俄比亚女性如今生育的孩子少了近 3 个，但仍在 4 个以上。而从 20 世纪 60 年代以来，肯尼亚的生育率降了近一半，

---

① BBC News, 14 March 2013, http://www.bbc.com/news/world-africa-21783076; UN Population Division, 2017 Revisions.

② Stats SA, 25 August 2016, http://www.statssa.gov.za/?p=8176 (impression: 18 August 2017).

③ NPR, 9 July 2012, http://www.npr.org/2012/07/09/156375781/botswanas-stunning-achievement-against-aids (impression: 18 August 2017).

④ *Guardian*, 8 March 2016, https://www.theguardian.com/global-development/datablog/2016/mar/08/contraception-and-family-planning-around-the-world-interactive (impression: 14 August 2017).

令人震惊的是，此前该国的生育率甚至高于8，如今当地的生育率仅在4以上。与以往一样，城市化和个人抱负促进了有条件的地方使用避孕药具。正如肯尼亚郊区的一位居民所言：

> 我感觉生活成本上升了，我的孩子数量在我能照顾过来的范围内。如果我生了更多的孩子，以我目前的工作，我不能保证自己能够养活更多孩子，这就是我决定计划生育的原因，这样我才能照顾好我的孩子。[1]

正是这种情绪推动着百年前的英国和50年之前的波多黎各生育率不断下降。

肯尼亚正在迅速证明非洲女性和其他族群的女性一样，都不会选择一直生下去，哪怕只是取得了小规模现代化益处的地方。如果女性有条件控制生育，那么，家庭规模的大小也会发生改变。联合国儿童基金会报告说，80%以上18~24岁的肯尼亚女性都可归入受过教育之列。受过教育的女性不仅可能不想要超大的家庭规模，而且有能力防止它的出现。

相比之下，非洲其他地区在降低生育率方面进展缓慢。尼日利亚很重要，因为它到目前为止都是该地区人口最多的国家。它的生育率虽然下降缓慢，但仍然不比6低多少。乌干达也是如此。与此同时，刚果民主共和国——得自这个庞大且无序的国家的任何数据都还是可信的——生育率仍高于6。[2]

[1] VOA, 30 December 2014, https://www.voanews.com/a/in–kenya–family–planning–is–an–economic–safeguard/2579394.html (impression:: 15 September 2014).
[2] UN Population Division, 2017 Revisions.

更好的消息，通常也是生育率进一步下降的前兆，即几乎所有地方的婴儿死亡率和预期寿命都在改善之中。在 21 世纪 20 年代，60‰ 的婴儿死亡率会让人感觉耻辱，但这却是 1950 年时的 1/3，而且还在继续下降。塞拉利昂和中非共和国的情况最为糟糕，1 000 名婴儿中有 94 个无法存活到 1 周岁。我们不应为此感到自满，并且应该全力挽救生命，但值得注意的是，即便婴儿死亡率表现最差劲的地方也要好过 1950 年的苏联。尽管预期寿命仍不满 60 岁，但也再次接近苏联 20 世纪中期的水平，而且比当时撒哈拉以南非洲的平均值多出 20 年。[①]

不出所料，鉴于生育率居高不下以及婴儿死亡率的下降，非洲大陆依旧年轻。撒哈拉以南非洲地区的年龄中位数约为 18 岁，而且 60 年来几乎无变化。考虑到人口预期寿命在不断延长，如此局面可能让人意外，但近期的人口增长意味着年轻人口因为存活下来的婴儿增加而变得更多，而老年人口相比之下则变少了。非洲人口的年龄中位数还不及欧洲的一半。这可能是福，也可能是祸。大量年轻人可能造成政治不稳和暴力事件，就像中东的情况一样，但它也是一股活力，而且能推动经济增长，就像从英国、德国到俄罗斯再到中国的情况一样。由于国家众多且文化多样性丰富，非洲可能会经历好的坏的以及其他各种影响。这个大陆的年轻人口正推动一些发展最快的经济体不断向前，从卢旺达到科特迪瓦不一而足。与此同时，非洲正在经历世界上最具破坏性（并未被充分报道）的战争。其死伤人数未知，但近期刚果民主共和国内战中死亡的人数可能在五六百万，尽管这场冲突似乎已经结束，但在本书付梓之际，局势还远未确定。

---

① Ibid.

无论如何，非洲的人口暴涨在人口浪潮的故事中也是非常引人瞩目的。如果说过去 40 年来全球最大的新闻故事是中国的经济发展，下个 40 年最大的新闻就会是非洲的人口增长。这个新闻与其他地方的情况都因为同样的因素而发生，而且自 1800 年以来，人口史上最大的变量就是非洲生育率的下降速度。对地球上大部分地区而言，几乎不存在任何真正意外的情况，我们可以非常肯定它们自此以后的变化趋势：寿命逐渐延长，特别是在那些寿命本就很短的地方（事实上，除了撒哈拉以南非洲，几乎没有人口寿命低于 60 岁的地方）；而生育率要么会低于更替水平，要么向这个水平靠近。具体情况也很重要，尤其在局部地区：以色列人和巴勒斯坦人的生育率可能会在很大程度上决定他们斗争的结果；拉丁裔与美国多数族群在生育率上的趋同将有助于确定拉丁裔少数民族可能达到的规模。从全球角度看，未来的变数已定。但非洲却并非如此，这里巨大且无可阻挡（无灾难影响）的人口惯性意味着，即便生育率下降很快，仍有很多年轻女性可生育孩子，而且自然死亡的老年人口也相对较少，所有这些无疑都意味着巨大的人口增长。此外，非洲生育率下降的速度也会对地球人口峰值产生巨大影响。

自 20 世纪 50 年代以来，撒哈拉以南非洲地区的人口增加了 5 倍以上，从大约 1.8 亿增加到近 10 亿。强有力的证据表明，早年的非洲曾人口不足，这不仅因为严酷的地理条件，还因为阿拉伯数个世纪的奴隶贸易，以及时间更短但强度更大的欧洲和美洲蓄奴制度所致，这让非洲成了被剥夺之地。据估计，大西洋奴隶贸易带走的人口规模达 1 200 万。[①] 阿拉伯奴隶贸易带走的人口则多达

---

[①] Iliffe, p. 131.

1 400 万，尽管一些估计要低得多。[①] 人们会惊讶于 1950 年非洲大陆的人口规模还远不及当时欧洲人口的一半，而当众人意识到非洲面积是欧洲的 3 倍这个事实后则会更加震惊。到如今，非洲的人口规模已经多出欧洲约 1/3，而到 2100 年，非洲人口可能已翻了两番，而到时候欧洲的人口则已锐减。至少，这是联合国的主流预测，它在很大程度上取决于非洲生育率下降的速度和迁入欧洲的移民规模。

这种惊人增长的一个特殊源头是尼日利亚。如今，尼日利亚约有 1.8 亿人口——这是撒哈拉以南非洲在 20 世纪中期时的人口规模之和。当其 1960 年从英国独立时，尼日利亚的人口规模约为 4 500 万，这个数字低于其宗主国的人口规模；现在，它的人口规模已接近英国的 3 倍。联合国根据中等生育率水平做出的预测表明，尼日利亚到 21 世纪末的人口规模约达 8 亿。如果事实果真如此，尼日利亚的人口规模就会在一个世纪的时间里从占世界人口比重的 0.75% 上升到 7%。

同时，尼日利亚也在快速推进城市化。拉各斯 1970 年的人口为 150 万，35 年间，其人口规模已增长到 2 000 万。但与非洲其他超大城市一样，这个超大城市的生活在一些发达国家眼中并无吸引力可言。正如一位记者所言：

> 浓烈、刺鼻的蓝色烟雾笼罩在拉各斯潟湖边贫民区的上空，日出日落隐约可见。紧贴锈迹斑斑的棚屋屋顶的这种人造薄雾，来自无数烟熏鱼干的手工作坊，它们推动着贫民窟

---

① Segal, pp. 56 - 7.

的经济发展。从连接岛屿和陆地日常往返的通勤者的路桥上
可以看到，这座城市引人注目的贫困在不断蔓延。[1]

然而，农村的贫困人口仍争相到来，他们的目的是摆脱日益拥
挤的农村越发惨淡而贫困的未来。很少会有人想到，曾几何时殖民
地前哨在 21 世纪初的时候会让帝国首都等大都市相形见绌。拉各斯
不仅是散落在非洲大陆上的超大城市的领先者，而且放在整个发展
中世界也是如此；但它也只是在近期庞大的人口增长支撑下才达到
这个水平的，而农村显然无法容纳如此规模的人口。

人口规模如此增长的国家如果在经济地位上不值一提，它在世
界舞台上也会无足轻重。尼日利亚面临诸多挑战，但其经济肯定已
经开始发展了。它是个石油大国，而这有助于其经济最初的发展，
尽管从某些方面看，石油就是个诅咒，它会从社会和经济的各方面
培养食利者心态并滋生腐败。在南非和尼日利亚哪个才是非洲最大
经济体这个问题上还存在一些混乱之处——这取决于评估的方法、
现行的汇率以及计算的具体时间。然而，尼日利亚显然至少有可能
成为一个地区性大国。如前所述，人口并不是命运的全部，一切在
很大程度上还取决于尼日利亚的能源和创造力是否能用于经济发展，
或者其国内的腐败是否会妨碍经济发展。尼日利亚的军事预算已经
很庞大，目前大部分都要用于对抗国内的伊斯兰激进分子的威胁，
该国同时也是联合国维和任务的主要承担者。它还面临来自内部的
安全挑战和一直存在的分裂可能，就像 20 世纪 60 年代的比夫拉战
争差点造成的结局一样。几乎可以肯定的是，尼日利亚的人口会大

---

[1]　BBC News, 21 August 2017, http://www.bbc.co.uk/news/resources/idt-sh/lagos (impression: 21 August 2017).

幅增长，这肯定为它提供了扮演地区乃至全球重要角色的可能。它能否实现这一潜力将对该地区产生重大影响。

事后看来，人口变化就像旋风一样接连席卷各地，它一开始与一般的社会、经济发展程度相协调，后来则偶尔显得有些超前。以此观之，很多人都相信非洲的命运会与其他所有地方类似，而且这正好就是非洲大陆北部和南部正在发生的事情。然而，历史永远不可靠。尽管如此，就人口模式而言，其第一阶段和第二阶段明显已在非洲大陆上演，多数地区的第三阶段才刚刚开始。非洲的父母和任何其他地方的父母一样都会热切地想要确保自己的孩子能存活下来，也会热衷于尽可能延长他们的生命，同时，如果有合适的物质资源，他们也会像此前其他民族的父母一样将其用于实现这些目标。随着城市化水平、受教育程度以及计划生育可能性的提升，似乎非洲女性愿意停止生养六七个孩子的大家庭，就像从智利到中国，再到越南和委内瑞拉的女性一样。但即便这一过程提速，非洲的人口增长惯性仍旧很大，这意味着人口增长和生育率的下降会维持数十年。作为此前高生育率的产物，大量同年龄组的年轻女性会同时生下大量婴儿，哪怕每个人都比自己的母亲一代生得少。而死亡人数会相对较少，因为老年群体相对整个人口而言还是少数，寿命更长的人则越来越多。结果，在出生人数远超死亡人数的情况下，人口规模仍会持续增长，哪怕生育率会下跌。

## 下一步去往何方？ 人口未来的颜色

人口的大部分故事都会"塑造未来"，定是如此。而人口的未来可归纳为三种颜色：更多的灰色、更多的绿色和更少的白色。

我们从"更多的灰色"谈起，在出生人数更少和预期寿命更长的共同作用下，越来越多的社会老龄化趋势加重了。在越来越多生育率已经下跌、预期寿命已经增加的地方，我们观察到了人口老龄化现象。自 1960 年以来，世界人口的年龄中位数已经增加了 7 岁。同一时期，发达国家的年龄中位数增加了 10 岁以上，整个东亚增加了 16 岁，韩国更是令人震惊地增加了 22 岁。与此同时，除了撒哈拉以南非洲，几乎找不到哪个国家的年龄中位数在过去 60 年中没有增加的。然而，这个过程才刚刚开始。根据联合国年龄中位数的预测，到 21 世纪末，世界人口年龄居中的那个人（无论男女）会超过 40 岁，将比今天增长 12 岁。这意味着，1960—2100 年，处于中位的这个人的年龄会从仅仅 20 岁增至 40 岁以上。而年龄较大的破纪录者则包括埃塞俄比亚人（当地人口如今的年龄中位数为 18 岁，到 2100 年时为 43 岁）和叙利亚人（如今的年龄中位数仅为 20 岁，2100 年可能会接近 47 岁）。而同一时期，从波兰到斯里兰卡以及日本的众多国家的年龄中位数将超过 50 岁。到本世纪末，利比亚的年龄中位数预计大致与如今的日本相当。历史上从未见过如此老龄化的社会。回到伦纳德·伯恩斯坦作曲的《西区故事》，波多黎各人（是波多黎各人而不是纽约人，的确如此）的年龄中位数在它于 1957 年首秀时约为 18 岁；到 2100 年，这个数字会逼近 55 岁。① 可以毫不夸张地说，为更具年龄代表性，如今的伯恩斯坦派们需要在音乐剧中为老人设置一个家，而非让他们混迹街头帮派

---

① BBC News, 21 August 2017, http://www.bbc.co.uk/news/resources/idt-sh/lagos (impression: 21 August 2017)..

之中。

这种明显的老龄化趋势会如何影响世界，我们还无法以任何确定的方式加以预测，但可以肯定的是，人口年龄中位数约为 20 岁（1960 年）的世界，完全不同于年龄中位数超过 40 岁（2100 年）的世界，不仅因为所有可能发生的政治、经济和技术变革，而且还因为单纯的老龄化带来的结果。老龄化带来的结果可能是积极的，也可能是消极的。乐观地看，世界可能成为一个更加和平与遵纪守法的所在。正如我们所见，社会中的年轻人口与发生暴力和犯罪行为之间存在密切关联。并非所有的年轻社会都会卷入犯罪和战争，但几乎所有老龄化社会都很平和。老年人不仅不太可能抄起武器成为罪犯；而且越是年轻人稀少的地方，他们受到的重视和社会对他们的投入也越多。与那些生了多个儿子的母亲相比，只有一个儿子的母亲不太可能鼓励自己的孩子拿起武器抵抗无论实际中还是臆想中的敌人。老龄化更严重的社会也更可能缺乏活力、创新和冒险精神。老年人口更可能保有最安全的投资、优质债券而非股票，这会影响市场，进而影响实体经济。随着老年单身人群需要的住处越来越多，而不断增长的家庭的这种需求却越来越少，人们的房地产需求也会改变。这些影响已经在多数发达国家中得到应验，并将在全球范围产生影响。

虽然年龄中位数可以反映整个社会的年龄状况，但老年人数量的增加往往受到最多的关注，尤其因为这种情况很可能会给发达国家的福利体系造成压力，这些国家为老年人提供了丰厚的养老金。这又通常表达为"抚养比"：适龄劳动力人口（无论怎样定义）数量与老年人口的比例。早至 2050 年，日本的这一数据就会接近 1 : 1。而西欧的这个数据尽管低于日本，但它到 2050 年的比值也将达到 2005 年的两倍。[①] 若无重大改革，到 2050 年发达国家的整体养老金占 GDP 的比重会翻一番，而老年人在健康服务方面的更大需求对发达国家也会是种财政挑战，这些国家的财政预算已然吃紧，其负债占 GDP 的比重之高在很多人看来已预示着危机四伏。[②]

"年纪更大的老年人"的数量也会急剧上升。目前，英国年龄超过 85 岁的人数有 140 万，而随着婴儿潮一代人逐渐远离老龄化前沿并进入更高级的阶段，这个数字在 20 年里会翻一番，30 年内会增长到目前的 3 倍。[③] 一些人会认为，"二战"以来我们所知的福利国家都带有庞氏骗局的特征；仅当每一代新生人数超过上一代时，这个机制才有效。在养老金依赖现行税收的地方，肯定多少带有这种特征，并且福利国家也不太可能在社会继续老龄化的情况下维持其现行的福利制度。然而，与此同时，随着缺乏后代养老的人越来越多，他们对国家的依赖也会加重。英国 2017 年的大选在很大程度上是围绕"社会照料"问题展开的，即究竟谁来为老年人所需的日常照料买单——这个问题在老年人口仅占总人口很小比例的时候不会如此突出。然而，它只是对未来情况的预示。

在提供国家福利的发达国家里，这可能仍然是个问题，但在发展中国家则更为急迫。这些国家在未实现富裕之前不得不应对不断增长的老龄人口。发达国家无论怎样筹措资金，来自泰国和菲律宾等国家的年轻工人都会被吸引过来，参与护理老人的工作之中，至少这在当地移民法规允许的情况下是可行的。但对于人口不断老龄

---

① Jackson and Howe, p. 54.
② Ibid., p. 65.
③ FCA, *Consumer Vulnerability: Occasional Paper 8*, London, 2015, p. 9.

化的发展中国家而言，这是它们不能承受的奢侈支出。到 21 世纪中期，泰国的年龄中位数会达到 50 岁，而泰国尚且需要几十年的时间才能达到提供全面的老年人护理服务的发展水平。过去，少数能够幸运活到高龄的老人通常由多个后代子女照料。当人们不再生育后代，而国家又无法弥补这种亏空时，我们就会面临一种全球性的流行病，即老年人在无人照料或被忽视的情况下死去。在这方面唯一的希望是技术进步，而不出所料，该领域的领先者是日本（当今世界上老龄化最严重的社会），它一直在研发可提供基本老年护理的机器人，它们可提供陪伴甚至充当宠物。①

接受即将到来的东西，世界将变得更加灰暗，也很可能变得更加绿意盎然。这在一定程度上与传统认知背道而驰，后者表明，人类仍处于对地球造成毁灭性影响的人口爆炸的过程之中。毫无疑问，人口的大量增加和生活水平的大幅提高会对环境造成很大的破坏。一方面，人类已经占据地球上越来越多的空间用于生存和耕作，现代生活方式肯定会产生大量对环境有害的物质。碳排放不仅与全球人口生活水平之间呈函数关系，而且与人口绝对规模也呈函数关系，这会促使一些环保人士提议人们组建规模更小的家庭，发达国家尤其如此。②另一方面，在限制乃至扭转这些影响方面，人类的聪明才智和技术也起了一定的作用，而且还可以发挥更大的作用。世界人口增长的减缓——从全球的角度看，这一增速在过去 40 年中已从年均 2% 下降到了年均 1%——为我们创造一个更加绿色的地球提供了极佳的机会。尽管世界人口还会继续增长，但到 21 世纪末的时候可

① *Business Insider*, 20 November 2015, http://www.businessinsider.fr/us/japan-developing-carebots-for-elderly-care-2015-11/ (impression: 20 August 2017).
② *Guardian*, 13 February 2010, https://www.theguardian.com/environment/2010/feb/13/climate-change-family-size-babies (impression: 21 August 2017).

能会放缓甚至接近零增长，但人类创新的速度却并非如此。尽管人类整体而言会变得更为年老，但人口总数会变多，而且他们很可能会得到更好的教育、彼此更好的关联和更多的获取信息的途径。这意味着，通过适当的资源分配和投入，每公顷作物的产量很容易就会超过世界人口的增速。这可能意味着，即使人类吃得比今天好，我们也有能力将土地还给自然，从而有可能生活在一个更加绿色的星球上。

其他资源同样如此。如果对它们的利用效率超过了人口增长速度，则其可持续性就能得到加强，比如能源效率更高的汽车，或者更好地储存和运输食物的方式等。在日本和保加利亚等人口开始减少的地方，自然界很快就会空无一人。由于非洲生育率的降速低于预期，联合国预计世界人口规模会在 21 世纪末超过 110 亿，之后就会停止增长。然而，到那时，世界人口规模应该已经稳定下来了，其增速可能只是如今的 1/10，或者是 20 世纪 60 年代末、70 年代初的 1/20。[①] 用本书前文的类比来说，人口就是一辆最初行驶缓慢的汽车，后来达到极快的速度，最近又骤然降速，乃至它很可能会在 21 世纪内就停下来。

我们可以比较肯定地预测出第三种颜色是"更少的白色"。人口大爆发始于盎格鲁－撒克逊民族，然后又蔓延至欧洲其他民族。在 19 世纪初到 20 世纪中期，无论从绝对还是相对的角度看，世界白人人口都经历了极大增长。这产生了深刻的政治后果。若非如此，我们难以想象欧洲帝国主义所能扩张的规模，以及它对世界产生的重大影响。然而，盎格鲁－撒克逊人并未在死亡率下降和持续的高

---

① UN Population Division, 2017 Revisions.

生育率（以及随之而来的高速人口增长）方面享有垄断地位，而走出欧洲的人也未做到这一点。直到最近，世界上生育率最低、年龄最老和增长最缓慢的人口都在欧洲，而且最近人口减少的趋势也始于此。然而，东北亚民族迎头赶上，并且在某些情况下，以及在某些方面已超过欧洲。毫无疑问，其他民族也会及时跟上。如前所述，泰国女性生育的子女数量已经少于英国女性，尽管泰国仍在某种程度上存在"人口惯性"。

虽然有些人可能会接纳欧洲的小家庭，但人口惯性在未来一段时间内仍将保持强大的势头。正如我们所见，许多经历过人口转型的文明后来又更为激烈地再次经历这一过程，而其人口增长率也较之前更高。例如，英国在 20 世纪某些时期的人口增速是它在 19 世纪从未达到过的。这意味着全球人口颜色中的白色越来越少，而且这种趋势仍在继续。这相当于"先发劣势"，那些最先经历人口转型的民族现在已成为人口增长最慢者，其占世界人口的比重也开始下降。

欧洲人口的下降表现在两个层面：全球背景下的大陆层面和国际层面。我们从前者开始，到 1950 年，欧洲帝国主义时代已行将终结，欧洲大陆的人口规模约占世界的 22%。再加上人口多数为白人的加拿大、澳大利亚、新西兰和美国，这个数据接近 29%。65 年后，欧洲人口占世界的比重开始从 10% 往下降，而"更大范围的白人世界"占世界人口的比重也降到了 15%。按照联合国中等生育率水平的预测，这两个数据到 21 世纪末分别会降至 6% 和 11%。①欧洲很多国家的人口已经开始减少，或者在缺乏移民流入的情况下人口就

_____

① Ibid.

会减少。如果联合国的预测是正确的，那么保加利亚和摩尔多瓦将在本世纪末失去半数人口，拉脱维亚也不会相差太远。德国会损失10%的人口，意大利则会损失20%。

而且，这些国家本身的白色人口也在减少。到21世纪中期，"白种英国人"可能仅占其人口的60%，尽管许多移民和带有移民血统的人都会是欧洲人。[①]而1965年和2005年的美国白人人口比例分别为85%和67%，预计到本世纪中期会下降到50%以下。[②]在这两个国家，"混血"因素可能都会变得比较重要，并且增长迅速。

就像盎格鲁－撒克逊民族和当时更广泛的欧洲世界自19世纪以来便是迅速而持久的人口扩张的实验室一样，这些国家也可能在种族、民族和国家身份的层面，成为流动性大得多的世界的试验田。对于一个生活在美国的意大利裔而言，我们并无绝对的理由将其唤作"白人"。同样，对于西班牙裔应该被称为"非白人－拉丁裔"也是如此。的确，美国的很多拉丁裔都是西班牙人和原住民的混血，但当时的西西里人本身也在一定程度上带有非欧洲人的血统。向来如此，区别不是绝对的。

白人相对数量下降的另一面一直都是非洲的崛起，未来仍将如此。在20世纪中期，经过几个世纪的边缘化、殖民化和奴隶制度的剥削以后，撒哈拉以南非洲的人口仅占全世界人口的1/10。到21世纪末，他们的占比可能会达到1/4。由于非洲依旧贫穷和年轻，当地人移民到欧洲会面临很大的压力。到目前为止，非洲大部分人口增长可以从涌入城镇和城市的人口中看出。然而，一旦达到一定

---

① Coleman.
② Passell and Cohn.

的繁荣程度，向往更远的地方比从最近的超大型城市寻找经济机遇更加现实。

## 超乎想象

在过去的几个世纪里，世界以疯狂的速度发生变化，这种趋势似乎也只是有增无减。这在很大程度上与技术相关，但也与人口有关，因为二者相互依存。正如欧洲统治的世界在欧洲人口并未扩张的情况下是不可想象的一样，欧洲人口的缩减也不可避免会产生全球影响。目前，大部分影响都发生在曾经是"白色"但如今多人种程度不断上升的国家。在某种程度上，无论是由于数量的重要性还是由于关涉到经济权力的问题，这种趋势都必将对国际环境产生影响。

然而，历史会让预测落空。百年前的伦敦人不仅会对一度几乎为英国所独享的全球面貌感到震惊，而且还会对大英帝国早已不同于以往感到惊讶。巴黎人同样惊讶地发现，阿尔及利亚的实验已经终结，压根没留下任何人口踪迹，而它自己的城市已满是北非人口。未来的人口趋势在某种程度上已经展开。如果没有全球流行病或大规模迁徙，我们就会知道尼日利亚或挪威到 2050 年时会有多少 50 岁的人口。然而，未来仍充满意外，背后的推手可能是科学和技术。正是技术曾两次打破旧的马尔萨斯等式：事实证明，以新的方式迁移人和物，并采用新的种植方式开辟广阔的新领土后，地球为人类提供的东西呈指数级增长；相比之下，人口增长可以通过人们的选择而成本低廉且便利地加以驯服，不必限制他们的本能。

未来的科学和技术也可能以我们目前难以想象的方式重塑人口。

如果老龄化是可逆的并且人们能够生活几个世纪，全球人口会是什么样子？这又会对生育率产生何种影响？如果生育和性行为彻底分离，如果克隆人或基因编辑婴儿可以通过订购的方式"直接交易"又当如何？除了技术，还有一些更单纯的人口发展因素，如果它们继续下去，前景可能会无法预测。一方面，我们已描绘了南非朝低生育率大踏步前进的情形，这一状况可能会比预期更快蔓延至撒哈拉以南非洲的其他地区，从而刺破非洲的人口泡沫。在欧洲一些国家，生育率一直都在适度提升，而这可能超出了"进度效应"的终点，人们从未设想过这一情形。如果以色列女性生育 3 个孩子，那么英国或美国女性没理由不这么做。这会对英国和美国造成深远影响。另一方面，我们已在美国和英国发现了预期寿命可能会艰难增长的早期迹象，似乎我们应将这归咎于痴呆和丰富生活方式引起的疾病（比如糖尿病）。[1] 自 2011 年以来，英国男性的预期寿命已经下降了 1 岁，而女性则下降了 1.5 岁。[2] 这可能是个小的波折，也可能是盎格鲁 - 撒克逊人（再次）引导的新趋势的开端。

　　社会趋势可能会让我们感到惊讶。假设运气很好且时机得当，组建大家庭几乎不需要多少性行为的参与，因此，世人对性行为普遍丧失兴趣并不必然会降低生育率。但最近，在日本出现的"素食动物"——即似乎没兴趣与他人发生一段浪漫关系或性关系的年轻人——可能就是普遍的低生育率文化的组成部分。有证据表明，西

[1] *Daily Telegraph*, 18 July 2917, http://www.telegraph.co.uk/science/2017/07/17/life-expectancy-stalls-britain-first-time-100-years-dementia/ (impression: 20 August 2017); Atlantic, 13 December 2016, https://www.theatlantic.com/health/archive/2016/12/why-are-so-many-americans-dying-young/510455/ (impression: 20 August 2017).

[2] *Professional Pensions*, 1 March 2018, https://www.professionalpensions.com/professional-pensions/news-analysis/3027631/latest-cmi-model-reveals-clear-trend-in-life-expectancy (impression: 1 May 2018).

方社会中的年轻人对性行为和情侣关系兴趣降低这一趋势正变得普遍。[1] 数据仍然报道的是"男人"和"女人"，但"LGBTQ"群体[2]的崛起可能会对人口学产生重要影响，其计量方式也会受到同样的影响。

无论未来如何，我们都可以确定一件事：就像过去一样，人口和我们的命运会继续相互交织。只要出生和死亡、婚姻和移民仍是我们生命中至关重要的事情，人口就仍会塑造历史的进程。

---

[1]  *Politicos*, 8 February 2018, https://www.politico.com/magazine/story/2018/02/08/why-young-americans-having-less-sex-216953 (impression: 16 February 2018).
[2]  即女同性恋者（Lesbians）、男同性恋者（Gays）、双性恋者（Bisexuals）、跨性别者（Transgender）和酷儿（Queer）的英文首字母缩写。——译注

# 附录1　如何计算预期寿命

　　预期寿命是人们在某个社会中存活多长时间的最佳指标，因为它说明了某些社群比其他社群活得更长，以及在所有条件等同的情况下，哪些社群的死亡率（死亡人口占总人口之比）会更高的事实。计算一年中出生之人的预期寿命——这是17世纪英格兰人寿保险业首次使用的计算方法——是取当年0~1岁夭折的婴儿数占0~1岁婴儿人口总数的比重，再加上当年1~2岁夭折的婴儿占该年龄段婴儿人口总数之比，以此类推，直到累积的比例达到50%，此时累积的年数就是当年出生之人的预期寿命。在一个婴儿和儿童死亡率较高的国家，这一比重很快会达到50%，这就是婴儿死亡率高意味着预期寿命低，而婴儿死亡率降低会显著延长预期寿命的原因。在年轻人乃至中年人的死亡并不常见的地方，50%的指标要很晚才能达到。

　　这意味着人们出生时的预期寿命并不真的就和个人的期望相关，而是他或她可以预期的死亡发生的概率，以及同年龄组的群体在某个特定年份死亡的可能性。

　　通常，男性和女性的数据会分别得以呈现，尽管常常也会针对整个人群进行汇总。按性别分类的办法能让人口学家突出性别间的差异。例如，俄罗斯的这种差异就尤其大——通常是男性的预期寿命短于女性，但俄罗斯向来如此，而且未来的情况还会更加突出。通过分别考察男性和女性的预期寿命，我们学到了一些对社会有用的东西。以俄罗斯为例，知道男性会过早地死在女性之前会让人们检查两性在生活方式、饮酒量和自杀率等方面的差异，从而更深地理解导致预期寿命较低的社会原因。

表 2 是寿命表（life table）的一个示例。这个表代表了 2015 年新加坡的情况，A 栏是该年年初的年龄，B 栏显示该年份特定年龄组死亡人数的百分比。到 2015 年 1 月 1 日年龄在 0～1 岁的新加坡婴儿于 2015 年 12 月 31 日以前夭折的比例不到 0.25%（实际为 0.214%），而那些到是年年初年龄为 90 岁的人于年底之前过世的比例为 12% 出头。C 栏为所有这些概率的加总；如果 0～1 岁夭折的概率为 0.214%，1～2 岁夭折的概率为 0.012%，则 0～2 岁夭折的概率为 0.226%。C 栏的概率会随着我们添加每一栏同年龄组的死亡率而增大。将所有同年龄组添加到 81 岁时，我们所得还不到 50%。再添加另外一组后，我们得出的值刚刚超过 50%。因此，我们可以说，新加坡人在出生时可以"预期"活到 81 岁。事实上，新加坡的新生儿在其一生之中很可能见证并延长预期寿命，因此可能活得比这久。重申一下，"预期寿命"仅仅意味着我们的预期，条件是未来的经验与我们当时的预期一致。

我们也会考虑人到晚年的预期寿命。如果到 2015 年年龄已达 70 岁的新加坡人，也就是从一两岁一直活到 70 岁的人，对他 / 她而言，我们需要重新计算概率。我们可以加总 B 栏的概率，但起点是 70 岁。这个数值显示在 D 栏。正如我们所见，对于一个 2016 年年龄已达 70 岁的新加坡人而言，其预期寿命为 83 岁，或者说他 / 她会再活 13 年。

表2　新加坡的预期寿命：2015年时的两性数据[1]

| A | B | C | D |
|---|---|---|---|
| 年龄 | % 死亡数 | 从0岁开始的累积 | 从 70 岁开始的累积 |
| 0 | 0.214 | 0.214 | |
| 1 | 0.012 | 0.226 | |
| 2 | 0.012 | 0.238 | |
| 3 | 0.011 | 0.249 | |
| 4 | 0.009 | 0.258 | |
| 5 | 0.007 | 0.265 | |
| 6 | 0.005 | 0.27 | |
| 7 | 0.005 | 0.275 | |
| 8 | 0.005 | 0.28 | |
| 9 | 0.006 | 0.286 | |
| 10 | 0.007 | 0.293 | |
| 11 | 0.008 | 0.301 | |
| 12 | 0.009 | 0.31 | |
| 13 | 0.011 | 0.321 | |
| 14 | 0.013 | 0.334 | |
| 15 | 0.016 | 0.35 | |
| 16 | 0.018 | 0.368 | |
| 17 | 0.02 | 0.388 | |
| 18 | 0.021 | 0.409 | |
| 19 | 0.022 | 0.431 | |
| 20 | 0.023 | 0.454 | |
| 21 | 0.024 | 0.478 | |
| 22 | 0.024 | 0.502 | |
| 23 | 0.025 | 0.527 | |
| 24 | 0.025 | 0.552 | |

[1] http://www.singstat.gov.sg/docs/default-source/default-document-library/publications/publications_and_papers/births_and_deaths/lifetable15-16.pdf (impression: 15 November 2017).

续表

| A | B | C | D |
|---|---|---|---|
| 年龄 | % 死亡数 | 从0岁开始的累积 | 从 70 开始的累积 |
| 25 | 0.026 | 0.578 | |
| 26 | 0.026 | 0.604 | |
| 27 | 0.027 | 0.631 | |
| 28 | 0.029 | 0.66 | |
| 29 | 0.03 | 0.69 | |
| 30 | 0.032 | 0.722 | |
| 31 | 0.034 | 0.756 | |
| 32 | 0.036 | 0.792 | |
| 33 | 0.039 | 0.831 | |
| 34 | 0.041 | 0.872 | |
| 35 | 0.043 | 0.915 | |
| 36 | 0.046 | 0.961 | |
| 37 | 0.051 | 1.012 | |
| 38 | 0.057 | 1.069 | |
| 39 | 0.065 | 1.134 | |
| 40 | 0.073 | 1.207 | |
| 41 | 0.082 | 1.289 | |
| 42 | 0.091 | 1.38 | |
| 43 | 0.101 | 1.481 | |
| 44 | 0.112 | 1.593 | |
| 45 | 0.122 | 1.715 | |
| 46 | 0.134 | 1.849 | |
| 47 | 0.148 | 1.997 | |
| 48 | 0.165 | 2.162 | |
| 49 | 0.184 | 2.346 | |
| 50 | 0.204 | 2.55 | |
| 51 | 0.25 | 2.8 | |
| 52 | 0.249 | 3.049 | |

续表

| A | B | C | D |
|---|---|---|---|
| 年龄 | % 死亡数 | 从0岁开始的累积 | 从 70 开始的累积 |
| 53 | 0.281 | 3.33 | |
| 54 | 0.316 | 3.646 | |
| 55 | 0.353 | 3.999 | |
| 56 | 0.39 | 4.389 | |
| 57 | 0.428 | 4.817 | |
| 58 | 0.468 | 5.285 | |
| 59 | 0.508 | 5.793 | |
| 60 | 0.549 | 6.342 | |
| 61 | 0.593 | 6.935 | |
| 62 | 0.646 | 7.581 | |
| 63 | 0.711 | 8.292 | |
| 64 | 0.783 | 9.075 | |
| 65 | 0.857 | 9.932 | |
| 66 | 0.937 | 10.869 | |
| 67 | 1.037 | 11.906 | |
| 68 | 1.169 | 13.075 | |
| 69 | 1.319 | 14.394 | |
| 70 | 1.474 | 15.868 | 1.474 |
| 71 | 1.636 | 17.504 | 3.11 |
| 72 | 1.826 | 19.33 | 4.936 |
| 73 | 2.057 | 21.387 | 6.993 |
| 74 | 2.313 | 23.7 | 9.306 |
| 75 | 2.575 | 26.275 | 11.881 |
| 76 | 2.847 | 29.122 | 14.728 |
| 77 | 3.158 | 32.28 | 17.886 |
| 78 | 3.526 | 35.806 | 21.412 |
| 79 | 3.926 | 39.732 | 25.338 |
| 80 | 4.33 | 44.062 | 29.668 |

续表

| A | B | C | D |
|---|---|---|---|
| 年龄 | % 死亡数 | 从0岁开始的累积 | 从 70 开始的累积 |
| 81 | 4.746 | 48.808 | 34.414 |
| 82 | 5.222 | 54.03 | 39.636 |
| 83 | 5.809 | | 45.445 |
| 84 | 6.504 | | 51.949 |
| 85 | 7.233 | | |
| 86 | 8.032 | | |
| 87 | 8.907 | | |
| 88 | 9.863 | | |
| 89 | 10.905 | | |
| 90 | 12.039 | | |
| 91 | 13.271 | | |
| 92 | 14.606 | | |
| 93 | 16.048 | | |
| 94 | 17.604 | | |
| 95 | 19.278 | | |
| 96 | 21.073 | | |
| 97 | 22.994 | | |
| 98 | 25.044 | | |
| 99 | 2.7226 | | |
| 100+ | 100 | | |

# 附录2　如何计算总和生育率

出生率表明了出生人数占总人口的比重，但并未解释一些群体比其他群体拥有更多生育力强的女性，从而他们可以期待相对于自身人口规模更大的小孩。历史上同年龄组的完全生育数——即特定年份或者特定 10 年中的一般女性生育的小孩数量——十分有趣和明确，但数据却总是告诉我们一定时期之前发生的情况，而非为我们呈现十分晚近发生的情况。对当代各社会群体或者它们十分晚近的过去做出对比的最佳指标就是总和生育率（有时候简称 TFR）。

总和生育率的计算方法是，检查某个特定年份或某个特定时期的女性生育的小孩数量，然后计算具备当年或这个时期典型生育经验的某个女性生育的小孩数量。通常，女性生育年龄被认为介于 15 岁到 45 岁之间（虽然也有在这个年龄范围之外生育的女性，但这部分群体在大多数社会中都不具备统计上的重要性）。仅在最不发达的国家中，才会有很多低于 15 岁的女孩生育很多小孩的情况。而对年龄较大的女性来说，生育技术正在发生变化，但到目前为止，晚于上述年龄的生育行为并未多到引起人口学家重视的程度。

通常，我们会考察特定年龄段女性的经历，因为这提供了有用的日期。表 3 显示了埃及从 1997—2000 年间平均年份的情况。在这样的一年中，一名 15 ~ 19 岁的女性生育一个小孩的概率为 0.051，或者 5.1%。整体上，100 名这样的女性平均每年生育的小孩数量仅稍高于 5 个。因此，对于任何 15 ~ 19 岁且具备这个时期典型经历的女性而言，她在这段时期生育一个孩子的概率略高于 1/4（即 0.051×5，也就是 0.255 或者 25.5%）。右侧栏是中间栏乘以 5 所得，因为我们看的是 5 年间的年度概率。

一名女性在自己 20 岁出头的几年中生育小孩的概率为 0.196。这意味着，每 100 名女性在自己 20 岁出头的每一年中会生育 20 个小孩（准确地说是 19.6 个）。在这种情况下，一名在自己 20 岁出头的 5 年中比较具有代表性经历的女性，在这期间生育一个孩子的概率为 0.196×5，或者 0.98。而在 25 岁以后生育一个孩子的概率则是稍高的 0.208 或者 20.8%，这意味着通常女性在 25 岁以后会再生一个孩子。

在右侧栏中加总生育率，我们得到 3.505 或（为了简化而舍去尾数）3.5 个孩子。这意味着，在一定时期内，不同年龄阶段的具有代表性经历的女性会生育 3.5 个孩子。10 个这样的女性生育的孩子数为 35 个。

表3　埃及女性在1997—2000年间的年均生育率[①]

| 年龄区间 | 每个女性每年生育的孩子数量 | 给定年龄区间内可能出生的孩子数量 |
|---|---|---|
| 15 ~ 19 | 0.051 | 0.255 |
| 20 ~ 24 | 0.196 | 0.98 |

---

① https://www.measureevaluation.org/prh/rh_indicators/family-planning/fertility/total-fertility-rate (impression: 20 November 2017).

续表

| 年龄区间 | 每个女性每年生育的<br>孩子数量 | 给定年龄区间内可能出生的<br>孩子数量 |
| --- | --- | --- |
| 25 ~ 29 | 0.208 | 1.04 |
| 30 ~ 34 | 0.147 | 0.735 |
| 35 ~ 39 | 0.075 | 0.375 |
| 40 ~ 45 | 0.024 | 0.12 |
| 45 ~ 49 | 0.004 | 0.02 |
| 总和生育率 | | 3.505 |

# 致　谢

尼克·洛科克（Nick Lowcock）在我写作《人口浪潮：人口变迁如何塑造现代世界》的过程中为我提供了鼓励和深入细致的洞见。埃里克·考夫曼（Eric Kaufmann）向来是智慧和支持的来源。我非常感谢托比·芒迪（Toby Mundy），他的好奇心驱动着我的写作，而他的专业精神则有助于本书论证的展开。30多年前，当我在牛津大学基督圣体学院学习时，我那杰出的导师布莱恩·哈里森爵士（Sir Brian Harrison）非凡而独特地对本书进行了彻底、及时的审阅和评论。很多人都热心地看过了本书的章节草稿，也对我的想法有所了解，我要感谢他们为此耗费的时间及给出的意见。这些人包括丹尼尔·本尼迪克（Daniel Benedyk）、大卫·古德哈特（David Goodhart）、迈克尔·利德（Michael Lind）、克莱尔·莫兰（Claire Morland）、索尼娅·莫兰（Sonia Morland）、伊恩·普赖斯（Ian Price）、乔纳森·莱恩霍德（Jonathan Rynhold）和迈克尔·维吉尔（Michael Wegier）。我曾有幸与我已故（令人遗憾）的好友安东尼·D. 史密斯（Anthony D. Smith）教授在本书写作的较早阶段对其进行过讨论，他一如既往地为我提供了灵感。麦克·卡兰（Mike Callan）十分热心地为预期寿命的附录提供了精算式查验。但自不必说，书中任何错讹责任在我。

最后，我要感谢母亲英格丽德·莫兰（Ingrid Morland）、妻子克莱尔·莫兰以及我们家的小型人口浪潮——索尼娅·莫兰、朱丽叶·莫兰和亚当·莫兰，本书献给他们。

# 延伸阅读

注：作者在 2012—2018 年访问过本章节所列网站。

Academic Ranking of World Universities, 2013, http://www.shanghairanking.com/ARWU2013.html

Anderson, Barbara A., and Silver, Brian D., 'Growth and Diversity of the Population of the Soviet Union', *Annals of the American Academy of Political and Social Sciences*, 510, 1990, pp. 155‑7

Anderson, Charles H., *White Protestant Americans: From National Origins to Religious Group*, Englewood Cliffs, NJ, Prentice–Hall, 1970

Anderson, Michael, 'Population Change in North Western Europe 1750‑1850', in Anderson, (ed.), *British Population History*, pp. 191‑280

Anderson, Michael (ed.), *British Population History: From the Black Death to the Present Day*, Cambridge University Press, 1996

Andrillon, Henri, *L'Expansion de L'Allemagne: ses causes, ses formes et ses conséquences*, Paris, Libraire Marcel Rivière, 1914

Armstrong, Alan, *Farmworkers in England and Wales: A Social and Economic History 1770–1980*, Ames, Iowa State University Press, 1988

Australian Bureau of Statistics, *Cultural Diversity in Australia – Reflecting A Nation: Stories from the 2011 Census*, 2012‑13, http://www.abs.gov.au/ausstats/abs@.nsf/Lookup/2071.0main+features902012–2013

Baer, Gabriel (trans. Szőke, Lianna), *Population and Society in the Arab East*, London, Routledge, Kegan & Paul, 1964

Baines, Dudley, and Woods, Robert, *Population and Regional Development*, Cambridge University Press, 2004

Bashford, Alison, and Chaplin, Joyce E., *The New Worlds of Thomas Malthus: Rereading the Principle of Population*, Princeton University Press, 2016

Beinart, William, *Twentieth-Century South Africa*, Oxford University Press, 2001

Berghahn, V. R., *Imperial Germany 1871–1914: Economy, Society, Culture and Politics*, New York, Berghahn, 1994

Bertillon, Jacques, *La Dépopulation de la France: ses conséquences, ses causes et mesures à prendre pour le combattre*, Paris, Libraire F é lix Alcan, 1911

Besmeres, John F., *Socialist Population Politics: The Political Implications of Demographic Trends in the USSR and Eastern Europe*, White Plains, NY, M. E. Sharpe, 1980

Bhrolgh á in, Marie N í , and Dyson, Tim, 'On Causation in Demography: Issues and Illustrations' , *Population and Development Review*, 33 (1), 2007, pp. 1 – 36

Bird, Kai, *Crossing Mandelbaum Gate: Coming of Age Between the Arabs and Israelis*, New York, Simon & Schuster, 2010

Bishara, Marwan, *The Invisible Arab*, New York, Nation Books, 2012

Bookman, Milica Zarkovic, *The Demographic Struggle for Power*, London, Frank Cass, 1997

Borrie, W. D., *Population Trends and Policies: A Study in Australian and World Demography*, Sydney, Wellington and London, Australian Publishing Company, 1948

Botev, Nikolai, "The Ethnic Composition of Families in Russia in 1989: Insights into Soviet 'Nationalities Policy'" , *Population and Development Review*, 28 (4), 2002, pp. 681 – 706

Boverat, Fernand, *Patriotisme et paternité*, Paris, Bernard Grosset, 1913

Braudel, Fernand (trans. Richard Mayne), *A History of Civilizations*, New York and London, Penguin, 1993

Bremmer, Ian, *The J Curve: A New Way to Understand Why Nations Rise and Fall*, New York, Simon & Schuster, 2006

Brett, C. E. B., 'The Georgian Town: Belfast Around 1800' , in Beckett, J. C., and Glassock, R. E. (eds), *Belfast: The Origin and Growth of an Industrial City*, London, BBC Books, 1967, pp. 67 – 77

Brezhnev, Leonid, and Tikhonov, Nikolai, 'On Pronatalist Policies in the Soviet Union' , *Population and Development Review*, 7 (2), 1981, pp. 372 – 4

Brimelow, Peter, 'Time to Rethink Immigration?' , in Capaldi (ed.), *Immigration*, pp. 33 – 61

Brouard, Sylvain, and Tiberj, Vincent (trans. Fredette, Jennifer), *As French as Everyone Else? A Survey of French Citizens of Maghrebin, African and Turkish Origin*, Philadelphia, Temple University Press, 2011

Buckley, Mary, 'Glasnost and the Women Question' , in Edmonson, Linda (ed.), *Women and Society in Russia and the Soviet Union*, Cambridge University Press, 1992, pp. 202 – 26

Byron, Margaret, *Post-War Caribbean Migration to Britain: The Unfinished Cycle*, Aldershot, Avebury, 1994

Cairo Demographic Centre, *Fertility Trends and Differentials in Arab Countries*, Cairo, 1971

Caldwell, Christopher, *Reflections on the Revolution in Europe: Immigration, Islam and the West*, London, Allen Lane, 2009

Camisciole, Elisa, *Reproducing the French Race: Integration, Intimacy, and Embodiment in the Early Twentieth Century*, Durham, NC, Duke University Press, 2009

Canadian Encyclopaedia, Edmonton, Hurtig, 1985

Capaldi, Nicholas, *Immigration: Debating the Issues*, Amherst, NY, Prometheus Books, 1997

Carey, John, *The Intellectuals and the Masses: Price and Prejudice among the Literary Intelligentsia, 1880–1939*, London, Faber & Faber, 1991

Ceterchi, Ioan, Zlatescu, Victor, Copil, Dan, and Anca, Peter, *Law and Population Growth in Romania, Bucharest*, Legislative Council of the Socialist Republic of Romania, 1974

Chamberlain, B. H., *Things Japanese*, London, Trench, Trübner, 1890

Charlwood, Don, *The Long Farewell*, Ringwood, Australia, Allen Lane, 1981

Cho, Lee-Jay, 'Population Dynamics and Policy in China', in Poston, Dudley L., and Yauckey, David (eds), *The Population of Modern China*, New York and London, Plenum Press, 1992, pp. 59‑82

Clements, Barbara Evans, *A History of Women in Russia from the Earliest Times to the Present*, Bloomington, Indiana University Press, 2012

Coale, Ansley J., Anderson, Barbara A., and Härm, Erna, *Human Fertility in Russia since the Nineteenth Century*, Princeton University Press, 2015

Cole, Allan B., 'Japan's Population Problems in War and Peace', *Pacific Affairs*, 16 (4), 1943, pp. 397‑417

Coleman, David, 'Projections of the Ethnic Minority Populations in the United Kingdom 2006‑2056', *Population and Development Review*, 36 (3), 2010, pp. 441‑86

Committee on Population and Demography, *Levels and Recent Trends in Fertility and Mortality in Brazil*, Washington DC, National Academy Press, 1983

Connell, K. H., *The Population of Ireland 1750–1845*, Cambridge University Press, 1950

Cornell, Laurel L., 'Infanticide in Early Modern Japan? Demography, Culture and Population Growth', in Smitka, Michael (ed.), *Japanese Economic History 1600–1960: Historical Demography and Labor Markets in Prewar Japan*, New York and

London, Garland, 1998

Corsini, Carlo A., and Viazzo, Pierre Paolo (eds), *The Decline of Infant Mortality in Europe 1800–1950: Four National Case Studies*, Florence, UNICEF, 1993

Cossart P., 'Public Gatherings in France During the French Revolution: The Club as a Legitimate Venue for Popular Collective Participation in Public Debate 1791 – 1794', *Annales Historiques de la Révolution Française*, 331, 2003, pp. 57 – 77

Coulmas, Florian, *Population Decline and Ageing in Japan: The Social Consequences*, Abingdon, Routledge, 2007

Cox, Harold, *The Problem of Population*, London, Jonathan Cape, 1922

Croker, Richard, *The Boomer Century 1946–2046: How America's Most Influential Generation Changed Everything*, New York and Boston, Springboard Press, 2007

Cyrus, Norbert, and Vogel, Dita, 'Germany', in Triandafillydou, Anna, and Gropas, Ruby (eds), *European Immigration: A Sourcebook*, Aldershot, Ashgate, 2007, pp. 127 – 40

Davies, Pete, *Catching Cold: 1918's Forgotten Tragedy and the Scientific Hunt for the Virus that Caused It*, London, Michael Joseph, 1999

Dennery, Etienne (trans. Peile, John), *Asia's Teaming Millions and its Problems for the West*, London, Jonathan Cape, 1931

Desai, P. B., *Size and Sex Composition of Population in India 1901–1961*, London, Asia Publishing House, 1969

De Tocqueville, Alexis, *Democracy in America*, New York, George Adlard, 1839

Diamond, Jared, *Guns, Germs and Steel: The Fates of Human Societies*, New York, W. W. Norton, 2005

Diamond, Michael, *Lesser Breeds: Racial Attitudes in Popular British Culture 1890–1940*, London and New York, Anthem Press, 2006

Dikötter, Frank, *Mao's Great Famine: A History of China's Most Devastating Catastrophe 1958–1962*, London, Bloomsbury 2010

Djerassi, Karl, *This Man's Pill: Reflections on the 50th Birthday of the Pill*, Oxford University Press, 2001

Drixler, Fabian, *Makibi: Infanticide and Population Growth in Eastern Japan 1660–1950*, Berkeley, University of California Press, 2013

Düvell, Frank, 'U.K.', in Triandafyllidou, Anna, and Gropas, Ruby (eds), *European Immigration: A Sourcebook*, Aldershot, Ashgate, 2007

De Tocqueville, Alexis, *Democracy in America*, New York, George Adlard, 1839

East, Edward M., *Mankind at the Crossroad*, New York and London, Charles

Scribner's Sons, 1924

Easterlin, Richard E., *The American Baby Boom in Historical Perspective*, New York, National Bureau of Economic Research, 1962

Eberstadt, Nicholas, *Russia's Demographic Disaster*, Washington DC, American Enterprise Institute, 2009, http://www.aei.org/article/society-and-culture/citizenship/russias-demographic-disaster/

——, 'The Dying Bear: Russia's Demographic Disaster', *Foreign Affairs* November/December 2011, http://www.foreignaffairs.com/articles/136511/nicholas-eberstadt/the-dying-bear

Edmondson, Linda (ed.), *Women and Society in Russia and the Soviet Union*, Cambridge University Press, 1992

Ehrlich, Paul, *The Population Bomb*, New York, Ballantyne Books, 1968

Ehrman, Richard, *Why Europe Needs to Get Younger*, London, Policy Exchange, 2009

Elliott, Marianne, *The Catholics of Ulster*, London, Allen Lane and Penguin, 2000

Embassy of the Russian Federation to the United Kingdom, 'Population Data', http://www.rusemb.org.uk/russianpopulation/

English, Stephen, *The Field Campaigns of Alexander the Great*, Barnsley, Pen & Sword Military, 2011

Fairbank, John King, and Goldman, Merce, *China: A New History*, Cambridge, MA, Belknap Press, 2006

Fargues, Philippe, 'Protracted National Conflict and Fertility Change: Palestinians and Israelis in the Twentieth Century', *Population and Development Review*, 26 (3), 2000, pp. 441–82

——, 'Demography, Migration and Revolt: The West's Mediterranean Challenge', in Merlini, Cesare, and Roy, Olivier (eds), *Arab Society in Revolt: The West's Mediterranean Challenge*, Washington DC, Brookings Institution Press, 2012, pp. 17–46

Fearon, James D., and Laitin, David D., 'Sons of the Soil, Migrants and Civil War', *World Development*, 39 (2), 2010, pp. 199–211

Ferro, Marc (trans. Stone, Nicole), *The Great War 1914–1918*, London, Routledge and Kegan Paul, 1973

Figes, Orlando, *A People's Tragedy: The Russian Revolution 1891–1924*, London, Pimlico, 1997

*Financial Times*, 'Putin's Hopes for a Rising Birth Rate are Not Shared by Experts', 1 March 2013, https://www.ft.com/content/1dcce460-4ab6-11e2-9650-00144feab49a?mhq5j=e2

Floud, Roderick, and Johnson, Paul (eds), *The Cambridge Economic History of Modern Britain*, vol. 1, *Industrialisation 1700–1860*, Cambridge University Press, 1997

Foner, Nancy, *From Ellis Island to JFK: New York's Two Great Waves of Immigration*, New Haven, CT, Yale University Press, 2000

Freedom House, 'Map of Freedom', 1997, http://www.freedomhouse.org/sites/default/files/MapofFreedom2014.pdf

French, Marilyn, *The Women's Room*, London, André Deutsch, 1978

Gaidar, Yegor (trans. Bouis, Antonia W.), *Russia: A Long View*, Cambridge, MA, MIT Press, 2012

Gaquin, Deidre A., and Dunn, Gwenavere W. (eds), *The Who, What and Where of America: Understanding the American Community Survey*, Lanham, MD, Bernan Press, 2012

Garrett, Edith, Reid, Alice, Schürer, Kevin, and Szreter, Simon, *Changing Family Size in England and Wales: Place, Class and Demography 1891–1911*, Cambridge University Press, 2001

Gatrell, Peter, *Government, Industry and Rearmament in Russia 1900–1914: The Last Arguments of Tsarism*, Cambridge University Press, 1994

——, *Russia's First World War: A Social and Economic History*, Harlow, Pearson Longman, 2005

Geping, Qu and Jinchang, Li, *Population and the Environment in China*, Boulder, CA, Lynne Rienner, 1994

Gerstle, Gary, *American Crucible: Race and Nation in the Twentieth Century*, Princeton University Press, 2001

Gevonese, Eugene D., *The Political Economy of Slavery: Studies in the Political Economy of Slavery*, Middletown, CT, Wesleyan University Press, 1989

Goldberg, P. J. P., *Medieval England: A Social History 1250–1550*, London, Hodder Arnold, 2004

Goldman, Wendy Z., *Women, the State and Revolution: Soviet Family Policy and Social Life 1917–1935*, Cambridge, Cambridge University Press, 1993

Goldschneider, Calvin, 'The Embeddedness of the Arab–Jewish Conflict in the State of Israel: Demographic and Sociological Implications', in Reich, Bernard, and Kieval, Gershon R. *Israeli Politics in the 1990s: Key Domestic and Foreign Policy Factors*, New York, Westport and London, Greenwood Press, 1991, pp. 111–32

Goodhart, David, *The British Dream Successes and Failures of Post-War Immigration*, London, Atlantic Books, 2013

Gorbachev, Mikhail, *Memoirs*, London and New York, Doubleday, 1996

Grant, Madison, *The Passing of the Great Race or the Racial Basis of Modern*

*European History*, New York, Charles Scribner's Sons, 1919

Gray, Francis Du Plessix, *Soviet Women: Walking the Tightrope*, New York and London, Doubleday, 1990

Greenhalgh, Susan, *Just One Child: Science and Policy in Deng's China*, Berkeley and London, University of California Press, 2008

Gratton, Brian, 'Demography and Immigration Restriction in American History', in Goldstone, Jack A., Kaufmann, Eric P., and Toft, Monica Duffy (eds), *Political Demography: How Population Changes are Reshaping International Security and National Politics*, Boulder, CO, Paradigm Publishers, 2012, pp. 159–79

Haas, Mark L., 'America's Golden Years? U.S. Security in an Aging World', in Goldstone, Jack A., Kaufmann, Eric P. and Duffy Toft, Monica (eds), *Political Demography: How Population Changes are Reshaping International Security and National Politics*, Boulder, CO, Paradigm Publishers, 2012, pp. 49–62

Hacohen, Dvora (trans. Brand, Gila), *Immigrants in Turmoil: Mass Immigration to Israel and it Repercussions in the 1950s and After*, New York, Syracuse University Press, 2003

Haggard, Ryder, 'Imperial and Racial Aspects' in Marchant, James (ed.), *The Control of Parenthood*, London and New York, G.P. Putnam's & Sons, 1920

Harvey, Robert, *The War of Wars: The Epic Struggle between Britain and France 1789–1815*, London, Constable & Robinson, 2006

Haynes, Michael, and Husan, Rumy, *A Century of State Murder: Death and Policy in Twentieth-Century Russia*, London, Pluto Press, 2003

Hirschman, Charles, 'Population and Society: Historical Trends and Future Prospects', in Calhoun, Craig, Rojek, Chris, and Turner, Bryan (eds), *The Sage Handbook of Sociology*, London, Sage, 2005, pp. 381–402

Hitchcock, Tim, '"Unlawfully Begotten on her Body": Illegitimacy and the Parish Poor in St Luke's Chelsea', in Hitchcock, Tim, King, Peter, and Sharpe, Pamela (eds, *Chronicling Poverty: The Voices and Strategies of the English Poor, 1640–1840*, Basingstoke, Macmillan, 1997, pp. 70–86

Hitler, Adolf (trans. Norman Cameron and W. H. Stevens), *Table Talk*, London, Weidenfeld & Nicolson, 1953

Ho, Ping-Ti, *Studies in the Population of China 1368–1953*, Cambridge, MA, Harvard University Press, 1959

Hollerbach, Paula E., and Diaz-Briquets, Sergio, *Fertility Determinants in Cuba*, Washington DC, National Academy Press, 1983

Horowitz, Donald, *Ethnic Groups in Conflict*, Berkeley, University of California Press, 1985

Horsman, Reginald, *Race and Manifest Destiny: The Origins of American Racial Anglo-Saxonism*, Cambridge, MA, Harvard University Press, 1981

Hufton, Olwen H., *The Poor of Eighteenth-Century France 1750–1789*, Oxford, Clarendon Press, 1974

Huntington, Samuel P., *The Third Wave: Democratisation in the Late Twentieth Century*, Norman, University of Oklahoma Press, 1992

——, *The Clash of Civilizations and the Remaking of the World Order*, London, Free Press and Simon & Schuster, 1996, 2002

Iliffe, John, *Africans: The History of a Continent*, Cambridge University Press, 1995

Ishii, Ryoichi, *Population Pressure and Economic Life in Japan*, London, P. S. King & Son, 1937

Iyer, Sriya, 'Religion and the Decision to Use Contraception in India', *Journal for the Scientific Study of Religion*, December 2002, pp. 711 – 22

Jackson, Richard, and Howe, Neil, *The Graying of the Great Powers*, Washington DC, Center for Strategic and International Studies, 2008

Jackson, Richard, Nakashima, Keisuke, and Howe, Neil, *China's Long March to Retirement Reform: The Graying of the Middle Kingdom Revisited*, Prudential, NJ, Center for Strategic and International Studies, 2009

Jacques, Martin, *When China Rules the World*, London, Allen Lane, 2009

*Japan Times*, 'Japan's Fertility Rate Logs 16-Year High, Hitting 1.41', 6 June 2013, http://www.japantimes.co.jp/news/2013/06/06/national/japans-fertility-rate-logs-16-year-high-hitting-1-41/#.U6qo4LFnBso

Johnson, Niall, *Britain and the 1918–19 Influenza Pandemic: A Dark Epilogue*, London and New York, Routledge, 2006

Jones, Clive, *Soviet–Jewish Aliyah 1989–1993: Impact and Implications*, London, Frank Cass, 1996

Jones, Ellen, and Grupp, Fred W., *Modernization, Value Change and Fertility in the Soviet Union*, Cambridge University Press, 1987

Jones, Gavin W., and Mehtab, Karim S., *Islam, the State and Population*, London, Hurst, 2005

Judah, Tim, *The Serbs: History, Myth and the Destruction of Yugoslavia*, New Haven, CT, Yale University Press, 1997

Kaa, D. J. van de, *Europe's Second Demographic Transition*, Washington DC, Population Reference Bureau, 1987

Kalbach, Warren E., and McVey, Wayne, *The Demographic Bases of Canadian Society*, Toronto, McGraw Hill Ryerson, 1979

Kanaaneh, Rhoda Ann, *Birthing the Nation: Strategies of Palestinian Women in Israel*, Berkeley, University of California Press, 2002

Karpat, Kemal H., *Ottoman Population 1830–1914: Demography and Social Characteristics*, Maddison, University of Wisconsin Press, 1985

Kaufmann, Eric, 'Ethnic or Civic Nation? Theorizing the American Case', *Canadian Review of Studies in Nationalism*, 27 (1/2), 2000, pp. 133 – 55

——, *The Rise and Fall of Anglo-America*, Cambridge, MA, Harvard University Press, 2004

——, *Shall the Religious Inherit the Earth? Demography and Politics in the Twenty-First Century*, London, Profile Books, 2010

Kaufmann, Eric, and Oded, Haklai, 'Dominant Ethnicity: From Minority to Majority', *Nations and Nationalism*, 14 (4), 2008, pp. 743 – 67

Kaufmann, Florian K., *Mexican Labor Migrants and U.S. Immigration Policies: From Sojourner to Emigrant?*, El Paso, LFB Scholarly Publishing, 2011

Keegan, John, *The First World War*, London, Hutchinson, 1999

——, *The American Civil War*, London, Vintage, 2010

Kévorkian, Raymond, *The Armenian Genocide: A Complete History*, New York, I. B. Tauris, 2011

King, Leslie, 'Demographic Trends, Pro–natalism and Nationalist Ideologies', *Ethnic and Racial Studies*, 25 (3), 2002, pp. 367 – 89

Kirk, Dudley, *Europe's Population in the Interwar Years*, Princeton, NJ, League of Nations Office of Population Research, 1946

Klein, Herbert S., *A Population History of the United States*, Cambridge University Press, 2004

Klopp, Brett, *German Multiculturalism: Immigration, Integration and the Transformation of Citizenship*, Westport, CT, Praeger, 2002

Knight, John, and Traphagan, John W., 'The Study of Family in Japan: Integrating Anthropological and Demographic Approaches', in Traphagan, John W., and Knight, John (eds), *Demographic Changes and the Family in Japan's Aging Society*, Albany, University of New York Press, 2003, pp. 3 – 26

Kraut, Alan M., *The Huddled Masses: The Immigrant in America*, Arlington Heights, IL, Harlan Davidson, 1982

La Ferrara, Eliana, Chong, Alberto, and Duryea, Suzanne, 'Soap Operas and Fertility: Evidence from Brazil', *American Economic Journal: Applied Economics*, 4 (4), 2008, pp. 1 – 31

Leroy-Beaulieu, Paul, *La Question de la population*, Paris, Libraire Félix Alcan, 1928

Lewis, Robert A., Rowland, Richard H., and Clem, Ralph S., *Nationalist and Population Change in Russia and the U.S.S.R.: An Evaluation of Census Data 1897–1976*, New York, Praeger, 1976

Lieven, Dominic, *Towards the Flame: Empire, War and the End of Tsarist Russia*, London, Penguin, 2015

Lipman, V. D., *A History of Jews in Britain since 1858*, Leicester University Press, 1990

Livi–Bacci, Massimo, *The Population of Europe*, Oxford, Blackwell, 2000

——, *A Concise History of World Population*, Chichester, Wiley–Blackwell, 2012, 2017

Luce, Edward, *The Retreat of Western Liberalism*, London, Little, Brown, 2017

Lustick, Ian S., "What Counts is the Counting: Statistical Manipulation as a Solution to Israel's 'Demographic Problem'", *Middle East Journal*, 67 (2), 2013, pp. 185 - 205

Lutz, Wolfgang, Scherbov, Sergei, and Volkov, Andrei, *Demographic Trends and Patterns in the Soviet Union before 1991*, London and New York, Routledge, 1994

McCleary, G. F., *The Menace of British Depopulation*, London, Allen & Unwin, 1937

——, *Population: Today's Question*, London, Allen & Unwin, 1938

——, *Race Suicide?*, London, Allen & Unwin, 1945

Macfarlane, Alan, *The Savage Wars of Peace: England, Japan and the Malthusian Trap*, Oxford, Blackwell, 1997

MacKellar, Landis, Ermolieva, Tatiana, Hoclacher, David, and Mayhew, Leslie, *The Economic Impact of Population Ageing in Japan*, Cheltenham, Edward Elgar, 2004

McLaren, Angus, *Birth Control in Nineteenth Century England*, London, Croom Helm, 1978

McNeill, William, *Plagues and People*, Oxford, Basil Blackwell, 1976

Macunovich, Diane J., *Birth Quake: The Baby Boom and its Aftershock*, Chicago University Press, 2002

Maddison, Angus, *Phases of Capitalist Development*, Oxford University Press, 1982

Mahdi, Mushin, *Ibn Khaldun's Philosophy of History*, Abingdon, Routledge, 2016

Malthus, Thomas, *The Works of Thomas Robert Malthus*, vol. 1, *An Essay on the Principle of Population*, London, William Pickering, 1986

Maluccio, John, and Duncan, Thomas, *Contraception and Fertility in Zimbabwe: Family Planning Services and Education Make a Difference*, Santa Monica, Rand Corporation, 1997

Marshall, Alex, *The Russian General Staff and Asia 1800–1917*, London and New

York, Routledge, 2006

Marshall, Monty G., and Gurr, Ted Robert, *Peace and Conflict: A Global Survey of Armed Conflicts, Self-Determination Movements and Democracy*, Centre for International Development and Conflict Management, University of Maryland, 2005

Martin, George, 'Brazil's Fertility Decline 1965 – 1995: A Fresh Look at Key Factors', in Martine, George, Das Gupta, Monica, and Chen, Lincoln C., *Reproductive Change in India and Brazil*, Oxford University Press, 1998, pp. 169 – 207

Meacham, Carl, and Graybeal, Michael, *Diminishing Mexican Immigration into the United States*, Lanham, MD, Rowman & Littlefield, 2013

Merk, Frederick, *Manifest Destiny and Mission in American History*, New York, Alfred A. Knopf, 1963

Ming, Su Wen (ed.), *Population and Other Problems*, Beijing Review Special Features Series, 1981

Mirkin, Barry, *Arab Spring: Demographics in a Region in Transition*, United Nations Development Programme, 2013, https://www.yumpu.com/en/document/view/48347156/arab–spring–demographics–in–a–region–in–transition–arab–human–

Mokyr, Joel, 'Accounting for the Industrial Revolution', in Floud, Roderick, and Johnson, Paul (eds), *The Cambridge Economic History of Modern Britain*, vol. 1, *Industrialisation 1700–1860*, Cambridge University Press, 2004, pp. 1 – 27

Money, Leo Chiozza, *The Peril of the White*, London, W. Collins & Sons, 1925

Morland, Paul, 'Defusing the Demographic Scare', *Ha'aretz*, 8 May 2009, https://www.haaretz.com/1.5049876

——, 'Israel's Fast Evolving Demography', *Jerusalem Post*, 21 July 2013, https://www.jpost.com/Opinion/Op–Ed–Contributors/Israels–fast–evolving–demography–320574

——, 'Israeli Women Do It By Numbers', *Jewish Chronicle*, 7 April 2014, http://www.thejc.com/comment–and–debate/essays/117247/israeli–women–do–it–numbers

——, *Demographic Engineering: Population Strategies in Ethnic Conflict*, Farnham, Ashgate, 2014, 2016, 2018

Morton, Matilda, 'The Death of the Russia Village', *ODR*, 3 July 2012, https://www.opendemocracy.net/od–russia/matilda–moreton/death–of–russian–village

Mouton, Michelle, *From Nurturing the Nation to Purifying the Volk: Weimar and Nazi Family Policy 1918–1945*, Cambridge University Press, 2007

Mullen, Richard, and Munson, James, *Victoria, Portrait of a Queen*, London, BBC Books, 1987

Müller, Rita, and Schraut, Sylvia, 'Women's Influence on Fertility and Mortality

During the Industrialisation of Stuttgart 1830 – 1910', in Janssens, Ang é lique (ed.), *Gendering the Fertility Decline in the Western World*, Bern, Peter Lang, 2007, pp. 237 – 73

Myrskylä, Mikko, Goldstein, Joshua R., and Cheng, Yen Hsin Alice, 'New Cohort Fertility Forecasts for the Developed World: Rises, Falls and Reversals', *Population and Development Review*, 39 (1), 2013, pp. 31 – 56

Nakaruma, James I., and Miyamoto, Matao, 'Social Structure and Population Change: A Comparative Study of Tokugawa Japan and Ch' ing China', *Economic and Cultural Change*, 30 (2), 1982, pp. 229 – 69

National Birth–Rate Commission, *The Declining Birth Rate: Its Causes and Effects*, London, Chapman & Hall, 1916

Navarro, Armando, *The Immigration Crisis*, Lanham, MD, Altamira Press, 2009

Neillands, Robin, *The Hundred Years War*, London and New York, Routledge, 1990

Noin, Daniel, and Woods, Robert (eds), *The Changing Population of Europe*, Oxford, Blackwell, 1993

Novikoff–Priboy, A. (trans. Paul, Eden and Cedar), *Tsushima*, London, Allen & Unwin, 1936

Obuchi, Hiroshi, 'Demographic Transition in the Process of Japanese Industrialization', in Smitka, Michael (ed.), *Japanese Economic History 1600–1960: Historical Demography and Labor Markets in Prewar Japan*, New York and London, Garland, 1998, pp. 167 – 99

Offer, Avner, *The First World War: An Agrast World War: blockage to starve the civilian population of Germany in to import raw materials and particularly food whilerian Interpretation*, Oxford, Clarendon Press, 1989

Office for National Statistics (ONS), 'Ethnicity and National Identity in England and Wales: 2011', 2012, http://www.ons.gov.uk/ons/rel/census/2011–census/key–statistics–for–local–authorities–in–england–and–wales/rpt–ethnicity.html

Ogawa, Naohiro, Mason, Andrew, and Chawla, Amonthep, 'Japan's Unprecedented Aging and Changing Intergeneration Transfer', in Takatoshi, Ito, and Rose, Andrew K. (eds), *The Economic Consequences of Demographic Change in East Asia*, University of Chicago Press, 2009, pp. 131 – 66

Okie, Howard Pitcher, *America and the German Peril*, London, William Heinemann, 1915

Omran, Abdel–Rahim, *Population in the Arab World*, London, Croom Helm, 1980

Osterhammel, J ü rgen, *The Transformation of the World: A Global History of the Nineteenth Century*, Princeton University Press, 2014

Paddock, Troy R. E., *Creating the Russian Peril: Education, the Public Sphere and National Identity in Imperial Germany 1890–1914*, Rochester, NY, Camden House, 2010

Passell, Jeffrey S., and Cohn, D'vera, *US Population Projections: 2005–2010*, Pew Research Center Hispanic Trends Project, 2008, http://www.pewhispanic.org/2008/02/11/us-population-projections-2005-2050/

Passell, Jeffrey S., Cohn, D'vera, and Gonzalez-Barrera Ana, *Net Migration from Mexico Falls to Zero and Perhaps Less*, Pew Research Hispanic Trends Project, 2012, http://www.pewhispanic.org/2012/04/23/net-migration-from-mexico-falls-to-zero-and-perhaps-less/

Pearce, Fred, *Peoplequake: Mass Migration, Ageing Nations and the Coming Population Crash*, London, Eden Project Books, 2010

Pearlman, Moshe, *Ben Gurion Looks Back in Talks with Moshe Pearlman*, London, Weidenfeld & Nicolson, 1965

Pearson, Charles S., *On the Cusp: From Population Boom to Bust*, Oxford University Press, 2015

Pedersen, John, Randall, Sara, and Khawaja, Marwan (eds), *Growing Fast: The Palestinian Population in the West Bank and Gaza Strip*, Oslo, FAFO, 2001

Pelham, Nicolas, *Holy Lands: Reviving Pluralism in the Middle East*, New York, Columbia Global Reports, 2016

Perelli-Harris, Brienna, and Isupova, Olga, 'Crisis and Control: Russia's Dramatic Fertility Decline and Efforts to Increase It', in Buchanan, Ann, and Rotkirch, Anna (eds), *Fertility Rates and Population Decline: No Time for Children?*, Basingstoke, Palgrave Macmillan, 2013, pp. 141-56

Peritz, Eric, and Baras, Mario, *Studies in the Fertility of Israel*, Jerusalem, Hebrew University Press, 1992

Pew Research Center, *Religious Composition by Country 2010–2050*, 2015, http://www.pewforum.org/2015/04/02/religious-projection-table/2050/number/all/

Pinker, Steven, *The Better Angels of Our Nature: The Decline of Violence in History and its Causes*, London, Allen Lane, 2011

Pogson, Ambrose, *Germany and its Trade*, London and New York, Harper & Bros., 1905

Pomeranz, Kenneth, *The Great Divergence: China, Europe and the Making of the Modern World*, Princeton University Press, 2000

Poston, Dudley L., Jr, and Bouvier, Leon F., *Population and Society: An Introduction to Demography*, Cambridge University Press, 2010

Potter, David S. (ed.), *A Companion to the Roman Empire*, Chichester, Wiley-

Blackwell, 2010

Putin, Vladimir, 'Vladimir Putin on Raising Russia's Birth Rate', *Population and Development Review*, 32 (2), 2006, pp. 385‑9

Qobil, Rustam, 'Moscow's Muslims Find No Room in the Mosque', BBC Uzbek Service, 22 March 2012, http://www.bbc.co.uk/news/world‑europe‑17436481

Quilan, Sean M., *The Great Nation in Decline: Sex, Modernity and Health Crises in Revolutionary France c. 1750–1850*, Aldershot, Ashgate, 2007

Ransome, Stafford, *Japan in Transition: The Comparative Study of the Progress, Policy and Methods of the Japanese since their War with China*, London, Harper Bros., 1899

Rashid, Saharani Abdul, Ghani, Puzzlawati Ab, Daud, Noorizam et al., 'Fertility Dynamics in Malaysia: Comparison of Malay, Chinese and Indian Ethics', *Proceedings of INTCESS2016 3rd International Conference on Education and Social Sciences*, 8‑10 February 2016, Istanbul, Turkey, https://pdfs.semanticscholar.org/0355/29de3c6a18e9ab357ad33e6764520e8d1e26.pdf

Reggiani, Andreas H., 'Procreating France: The Politics of Demography, 1919‑1945', French Historical Studies, vol. 19, no. 3, 1996, pp. 725‑754

Reich, Emil, *Germany's Swelled Head*, London, Andrew Melrose, 1914

Reinhard, Marcel R., *Histoire de la populations mondiale de 1700 à 1948*, Paris, Éditions Domat–Montchrestien, 1949

Riddell, Katrina, *Islam and the Securitisation of Population Policies: Muslim States and Sustainability*, Farnham, Ashgate, 2009

Riezler, Kurt, *Tagebücher, Aufsätze, Dokumente*, Göttingen, Vandenhoeck & Ruprecht, 1972

Roediger, D. R., *The Wages of Whiteness: Race and the Making of the American Working Class*, New York and London, Verso, 1991

Rozanova, Marya S., 'Migration Process, Tolerance and Migration Policy in Contemporary Russia', in Popson, Nancy (ed.), *Demography, Migration and Tolerance: Comparing the Russian, Ukrainian and U.S. Experience*, Washington DC, Woodrow Wilson International Center for Scholars, 2010, pp. 36‑64

Saito, Hiroshi, *Japan's Policy and Purposes: Selections from Recent Addresses and Writings*, Boston, Marshall Jones, 1935

Schierbrand, Wolf von, Russia, *Her Strength and Weakness: A Study of the Present Conditions of the Russian Empire with an Analysis of its Resources and Forecast of its Future*, New York and London, G.P. Putnam's Sons, 1904

Schuck, Peter H., 'Alien Ruminations', in Capaldi (ed.), *Immigration*, pp. 62‑113

Seeley, J. R., *The Expansion of England: Two Courses of Lectures*, London, Macmillan, 1883

Segal, Ronald, *Islam's Black Slaves: The History of Africa's Other Black Diaspora*, London, Atlantic Books, 2001

Sen, Ragini, *We the Billion: A Social Psychological Perspective on India's Population*, Thousand Oaks, CA, Sage, 2003

Shaw, Stanford J., 'The Ottoman Census System and Population 1831 – 1914', *International Journal of Middle East Studies*, 9, 1978, pp. 325 – 38

Sherwood, Joan, *Poverty in Eighteenth Century Spain: Women and Children of the Inclusa*, University of Toronto Press, 1988

Sigmund, Anna Maria, *Die Frauen der Nazis*, Munich, Wilhelm Heyne, 1998

Slack, Andrew J., and Doyon, Roy R. L., 'Population Dynamics and Susceptibility for Ethnic Conflict: The Case of Bosnia and Herzegovina', *Journal for Peace Research*, 28 (2), 1998, pp. 139 – 61

Smith, James P., and Edmonston, Barry (eds), *The New Americans: Economic, Demographic and Fiscal Effects of Immigration*, Washington DC, National Academy Press, 2007

Smitka, Michael (ed.), *Japanese Economic History 1600–1960: Historical Demography and Labor Markets in Prewar Japan*, New York and London, Garland, 1998

Snyder, Timothy, *Bloodlands: Europe Between Hitler and Stalin*, London, The Bodley Head, 2010

Soloway, Richard Allen, *Birth Control and the Population Question in England, 1877–1930*, Chapel Hill, University of North Carolina Press, 1982

Sporton, Deborah, 'Fertility: The Lowest Level in the World', in Noin, Daniel, and Woods, Robert (eds), *The Changing Population of Europe*, Oxford, Blackwell, pp. 49 – 61

Statistics Canada, *Women in Canada: A Gender-Based Statistical Report*, 2011, http://www.statcan.gc.ca/pub/89–503–x/89–503–x2010001–eng.pdf

Statistics New Zealand, *Demographic Trends: 2011*, 2012, http://stats.govt.nz/browse_for_stats/population/estimates_and_projections/demographic–trends–2012.aspx

——, *Major Ethnic Groups in New Zealand*, 2013, http://www.stats.govt.nz/Census/2013–census/profile–and–summary–reports/infographic–culture–identity.aspx

Stockwell, Edward G., *Population and People*, Chicago, Quadrangle Books, 1968

Stoddard, Lothrop, *The Rising Tide of Color Against White World Supremacy*, New

York, Charles Scribner's Sons, 1920

Stolper, Gustav, *The German Economy 1870 to the Present*, London, Weidenfeld & Nicolson, 1967

Stone, Norman, *World War Two: A Short History*, London, Allen Lane, 2013

Sunak, Rishi, and Rajeswaran, Sarath, *A Portrait of Modern Britain*, London, Policy Exchange, 2014

Suny, Ronald Grigor, *They Can Live in the Desert but Nowhere Else: A History of the Armenian Genocide*, Princeton University Press, 2015

'Syndey', 'The White Australia Policy', *Foreign Affairs*, 4 (1), 1925, pp. 97 – 111

Szayna, Thomas S., *The Ethnic Factor in the Soviet Armed Forces: The Muslim Element*, Santa Monica, CA, Rand Corporation, 1992

Szporluk, Roman, *Russia, Ukraine and the Breakup of the Soviet Union*, Stanford, CA, Hoover Institution Press, 2000

Tabutin, Dominique, 'Les Relations entre pauvreté et fécondité dans les Pays du Sud et en Afrique–Sub–Saharienne – bilan et explications', in Ferry, Benoît, *L'Afrique face a ses défis demographiques: un avenir incertain,* Paris, Agence Française de Développement, 2007, pp. 253 – 88

Tarver, James D., *The Demography of Africa*, Westport, CT, Praeger, 1996

Tauber, Irene B., *The Population of Japan*, Princeton University Press, 1958

Teitelbaum, Michael, *The British Fertility Decline: Demographic Transition in the Crucible of the Industrial Revolution*, Princeton University Press, 1984

——, 'U.S. Population Growth in International Perspective', in Westoff, (ed.), *Towards the End*, pp. 69 – 95

Tessler, Mark, *A History of the Israeli-Palestinian Conflict*, Bloomington, Indiana University Press, 2009

Thomas, Antony, *Rhodes*, London, BBC Books, 1996

Tien, H. Yuan, *China's Strategic Demographic Initiative*, Westport, CT, Praeger, 1991

Thompson, Leonard, *A History of South Africa*, New Haven, CT, Yale University Press, 2001

Thompson, Warren S., and Whelpton, P. K., *Population Trends in the United States*, New York, McGraw Hill, 1933

Tolischus, Otto D., *Through Japanese Eyes*, New York, Reynal & Hitchcock, 1945

Tooze, Adam, *The Deluge: The Great War and the Making of the Global Order 1916–1931*, London, Penguin, 2014

Townsend, Charles, *Ireland in the Twentieth Century*, London, Edward Arnold,

1999

Trading Economics, https://tradingeconomics.com/japan/government–debt–to–gdp

Tranter, N. L., *Population since the Industrial Revolution: The Case of England and Wales*, London, Croom Helm, 1973

Udjo, Eric O., 'Fertility Levels, Differentials and Trends', in Zuberi, Tukufu, Sibanda, Amson, and Udjo, Eric, *The Demography of South Africa*, Armonk, NY and London, M. E. Sharpe, 2005, pp. 40 – 64

United Nations Development Programme, *Arab Human Development Report 2002: Creating Opportunities for Future Generations*, 2002, http://www.arab–hdr.org/Reports/2005/2005.aspx

——, *The Arab Human Development Report 2005: Towards the Rise of Women in the Arab World*, 2006, http://www.arab–hdr.org/Reports/2005/2005.aspx

——, *Arab Development Challenges Report: Towards the Developmental State in the Arab Region*, 2011, http://carnegieeurope.eu/2012/05/11/undp–s–arab–development–challenges–report–2011–towards–developmental–state–in–arab–region–event–3664

——, *The Arab Development Report 2016: Youth and the Prospects for Human Development in a Changing Reality*, 2016, http://www.arabstates.undp.org/content/rbas/en/home/library/huma_development/arab–human–development–report–2016–youth–and–the–prospects–for–.html

United Nations Economic and Social Commission for Western Asia, *Population and Development Report – Second Issue: The Demographic Window – An Opportunity for Development in the Arab Countries*, 2005, http://www.arab–hdr.org/Reports/2005/2005.aspx

United Nations Population Division, 2010 and 2012 Revisions, http://esa.un.org/unpd/wpp/Excel–Data/population.htm

United Nations Social Indicators: Literacy, 2012, http://unstats.un.org/unsd/demographic/products/socind/

United Nations World Population Year, *The Population of New Zealand*, n.p., Cicred Series, 1974

Urdal, Henrik, *The Clash of Generations?: Youth Bulges and Political Violence*, New York, United Nations Department of Economic and Social Affairs, Population Division, 2006, http://www.un.org/esa/population/publications/expertpapers/Urdal_Expert%20Paper.pdf

Waters, Mary C., and Ueda, Reed, *The New Americans: A Guide to Immigration Since 1965*, Cambridge, MA, Harvard University Press, 2007

Weber, Cynthia, and Goodman, Ann, 'The Demographic Policy Debate in the

USSR', *Population and Development Review*, 7 (2), 1981, pp. 279 - 95

Westoff, Charles F. (ed.), *Towards the End of Population Growth in America*, Englewood Cliffs, NJ, Prentice Hall, 1972

Westoff, Charles F., and Jones Elise F., 'The End of "Catholic" Fertility', *Demography*, 16 (2), 1979, pp. 209 - 17

White, Tyrene, *China's Longest Campaign: Birth Planning in the People's Republic 1949–2005*, Ithaca, NY, Cornell University Press, 2006

Wilcox, Walter F., *Studies in American Demography*, Ithaca, NY, Cornell University Press, 1940

Wilkinson, H. L., *The World's Population Problems and a White Australia*, Westminster, London, P. S. King & Son, 1930

Willetts, David, *The Pinch: How the Babyboomers Stole Their Children's Future – and Why They Should Give it Back*, London, Atlantic, 2010

Wilson, Peter H., *Europe's Tragedy: A New History of the Thirty Years War*, London, Penguin, 2010

Winkler, Onn, 'How Many Qatari Nationals are There?', *Middle East Quarterly*, Spring 2015

Winter, Jay, 'Demography', in Horne, John (ed.), *A Companion to World War One*, Chichester, Wiley–Blackwell, 2012, pp. 248 - 62

Wood, Clive, and Suitters, Beryl, *The Fight for Acceptance: A History of Contraception*, Aylesbury, Medical and Technical Publishing, 1970

Woods, Robert, 'The Population of Britain in the Nineteenth Century', in Anderson (ed.), *British Population History*, pp. 283 - 358

Woods, Robert, Williams, Naomi, and Galley, Chris, 'Infant Mortality in England 1550 - 1950: Problems in the Identification of Long Term Trends and Geographical and Social Variations', in Corsini, Carlo A., and Viazzo, Pierre Paolo (eds), *The Decline of Infant Mortality in Europe 1800–1950: Four National Case Studies*, Florence, UNICEF, 1993, pp. 35 - 51

Woolf, Leonard, *Sowing: An Autobiography of the Years 1880–1904*, London, Hogarth Press, 1960

Woycke, James, *Birth Control in Germany 1871–1933*, London and New York, Routledge, 1988

Wrigley, E. A., *Poverty, Progress and Population*, Cambridge University Press, 2004

Wrigley, E. A., and Schofield, R. S., *The Population History of England 1541–1871: A Reconstruction*, London, Edward Arnold, 1981

Wrigley, E. A., Davies, R. S., Oeppen, J. E., and Schofield, R. S., *English*

*Population History from Family Reconstitution 1580–1837*, Cambridge University Press, 1997

Zakharov, Sergei, 'Russian Federation: From the First to the Second Demographic Transition', *Demographic Research*, 19 (24), 2008, pp. 907 - 72

Zubrin, Robert, *Merchants of Despair: Radical Environmentalists, Criminal Pseudo-Scientists and the Fatal Cult of Antihumanism*, London and New York, New Atlantis Books, 2012

Zweig, Stefan (trans. Bell, Anthea), *The World of Yesterday: Memoirs of a European*, London, Pushkin Press, 2014